PAIS
CONSCIENTES, VÍNCULOS INDESTRUTÍVEIS

Dra. Shefali

PAIS CONSCIENTES, VÍNCULOS INDESTRUTÍVEIS

O mapa da criação consciente para redescobrir
a si mesmo e se reconectar com seus filhos

Tradução de Carol Christo

Rocco

Título original
THE PARENTING MAP
Step-by-Step Solutions to Consciously Create
the Ultimate Parent-Child Relationship

Copyright © 2023 *by* Shefali Tsabary

Ilustrações de miolo: Julia Ungerer

Todos os direitos reservados.
Nenhuma parte desta obra pode ser reproduzida
no todo ou em parte sob qualquer forma.

Edição brasileira publicada mediante acordo com HarperOne,
um selo da HarperCollins Publishers.

Direitos para a língua portuguesa reservados
com exclusividade para o Brasil à
EDITORA ROCCO LTDA.
Rua Evaristo da Veiga, 65 – 11º andar
Passeio Corporate – Torre 1
20031-040 – Rio de Janeiro – RJ
Tel.: (21) 3525-2000 – Fax: (21) 3525-2001
rocco@rocco.com.br|www.rocco.com.br

Printed in Brazil/Impresso no Brasil

Preparação de originais
MANU VELOSO

CIP-BRASIL. CATALOGAÇÃO NA PUBLICAÇÃO
SINDICATO NACIONAL DOS EDITORES DE LIVROS, RJ

S546p

   Shefali
      Pais conscientes, vínculos indestrutíveis : o mapa da criação consciente para redescobrir a si mesmo e se reconectar com seus filhos / Dra. Shefali ; tradução Carol Christo. - 1. ed. - Rio de Janeiro : Rocco, 2023.

      Tradução de: The parenting map step-by-step solutions to consciously create the ultimate parent-child relationship
      ISBN 978-65-5532-392-4
      ISBN 978-65-5595-231-5 (recurso eletrônico)

      1. Parentalidade. 2. Pais e filhos. 3. Psicologia infantil. I. Christo, Carol. II. Título.

23-86506	CDD: 649.1	
	CDU: 649.1	

Gabriela Faray Ferreira Lopes - Bibliotecária - CRB-7/6643

Nomes e características de identificação de certos indivíduos apresentados
neste livro foram alterados a fim de proteger a privacidade deles.

O texto deste livro obedece às normas do novo
Acordo Ortográfico da Língua Portuguesa.

Que este livro sirva como um alerta para todos os pais,
para que nos demos conta de que não somos donos dos nossos filhos,
e não estamos aqui para controlá-los, gerenciá-los, exibi-los ou moldá-los.
A presença deles nos é concedida por um único motivo:
para provocar dentro de nós uma revolução profunda e profética.
Que todos possamos atender a este chamado
e sejamos capazes de libertar nossos filhos
para serem quem realmente são.

Meu filho...

Não sinto dor maior do que o seu sofrimento,
Nenhuma alegria maior do que o seu sucesso,
Nenhuma agitação maior do que a sua confusão,
Nenhum desespero maior do que o seu abandono.

Não há emoção comparada ao que você invoca,
Nenhuma experiência chega perto da de criá-lo,
Nenhum caminho que eu prefira percorrer do que aquele ao seu lado,
Nenhuma aventura que eu escolheria no lugar de ver você crescer.

Você, meu amado filho, é meu maior professor.
Através de você eu aprendo a amar sem controle,
A zelar sem posse,
E a cuidar de mim antes de cuidar de você.

Diante de seu esplendor maravilhoso, percebo que não sou nada.
No entanto, o fato de você existir sugere que sou tudo —
Tão grande quanto o seu coração
E tão ilimitado quanto o seu potencial.

Não há nada que eu possa te dar
Pois você já abriga o sol dentro de si,
Iridescente e prismático,
Inesgotável e com um poder ilimitado.

Posso ter te dado à luz e lhe oferecido lar,
Mas, sem dúvida, foi você quem me deu a vida
E um despertar que eu nunca poderia ter imaginado sozinha.
E, portanto, é você quem recupera e devolve minha alma.

Sumário

Prefácio 11
Introdução 17

Etapa um: Da frustração à clareza 21

    Passo Um: Concentre-se no problema certo 25
    Passo Dois: Destrua a fantasia 37
    Passo Três: Abandone o controle! 48
    Passo Quatro: Encerre a busca pela felicidade e o sucesso 59
    Passo Cinco: Livre-se do complexo de salvador 69
    Passo Seis: Descarte os rótulos 78

Etapa dois: De padrões disfuncionais a escolhas conscientes 89

    Passo Sete: Descubra seus dois *Eus* 96
    Passo Oito: Capture seu ego 107
    Passo Nove: Enfrente seus gatilhos 143
    Passo Dez: Quebre seus ciclos disfuncionais 152
    Passo Onze: Ative seu terceiro *Eu* 164

Etapa três: Do conflito à conexão 183

    Passo Doze: Aprenda psicologia infantil 187
    Passo Treze: Identifique o ego do seu filho 220
    Passo Catorze: Domine a linguagem das crianças 229
    Passo Quinze: Em vez de punir, faça isso 241

Passo Dezesseis: Reformule os erros assim 262

Passo Dezessete: Mergulhe no coração 271

Passo Dezoito: Encontre o SIM! 285

Passo Dezenove: Comece agora 299

Passo Vinte: Abrace o seu novo eu 308

Nota da autora 317

Agradecimentos 319

Prefácio

"Eu simplesmente não sei o que fazer! A única coisa que sei é que, seja lá o que estou fazendo, não está mais funcionando!" Os olhos de Diane estavam vermelhos das lágrimas de frustração e desamparo, seu corpo estava curvado e as mãos tremiam de forma incontrolável. Ela falava sobre os desafios que estava vivenciando com o filho de nove anos, que ficava cada vez mais agressivo e recluso. Ela não sabia onde procurar respostas. Seria o vício em redes sociais o responsável por essa mudança no filho? Ou seria seu círculo de amizades? Ou pressões da escola? Ou o treinador de beisebol controlador? Ou era *ela* a causa, considerando o fato de que ela estava ocupada com a filha de quatro anos, que apresentava seus próprios desafios? Qual era o problema e como ela poderia resolver isso? Diane estava exausta de lidar com as batalhas diárias, todas as discussões e brigas. Como as coisas chegaram a esse ponto? Ela estava em um beco sem saída.

Refletido em sua angústia, estava o desespero de milhares de pais com quem trabalhei ao longo de décadas. Na verdade, eu mesma me identificava com a angústia de Diane. Compreendia completamente seu pânico, o medo enorme de perder a conexão com o filho. Suas palavras ecoavam todos os impasses que vivenciei com minha filha, Maia. Se você é pai ou mãe, aposto que também se identifica com a sensação de desânimo ao perceber que está em um impasse com seu filho, mas não sabe como reverter a situação. Ou a sensação de peso no estômago de que, não importa o quanto você se esforce, simplesmente não consegue se conectar da maneira que gostaria. Diane estava em um impasse e cansada de dar murros em pontas de faca. Estava exausta.

Assim como Diane, a maioria dos pais está desesperada para melhorar ou "consertar" o relacionamento com os filhos. Para muitos de nós, este é, sem dúvida, o relacionamento mais importante. Quando nossos relacionamentos com os filhos sofrem, nós também sofremos. Poucas coisas nos incomodam mais do que um relacionamento difícil com eles. Faríamos qualquer coisa para ajudá-los a sentir que os apoiamos e que temos uma conexão, mas muitos de nós simplesmente não sabem *como* alcançar isso. Eu realmente acredito que, não importa a idade, raça ou classe social, todo pai ou mãe já experimentou algo parecido com as aflições de Diane. Todos nós já estivemos lá, já passamos por isso. Esta é a natureza da parentalidade: muitas vezes parece que estamos perdidos em alto-mar sem uma bússola.

Assim como fiz com muitos pais, ajudei Diane com um planejamento passo a passo para recuperar e renovar o relacionamento com o filho. Depois de muitos avanços, ela foi capaz de aprender novas estratégias para transformar a relação caótica em conexão. Ver o relacionamento deles se tornar alegre e empoderado foi muito gratificante. Esta é a razão pela qual sou tão apaixonada pelo meu trabalho de ajudar pais a se tornarem mais conscientes, já que isso cria mudanças transformadoras em seus relacionamentos com os filhos. Testemunhar essas mudanças é, com certeza, um dos presentes mais gratificantes que existem.

Houve dias durante a infância da minha filha em que me senti completamente perdida e impotente, sem saber o que fazer. Sentia que estava fracassando por completo na tarefa de ser mãe dela, o que, por sua vez, fazia com que eu me sentisse muito solitária e culpada. O ciclo previsível era o seguinte: ela fazia algo que eu não gostava, eu ficava chateada, gritava ou era rude, ela chorava e eu me sentia culpada. Sentir-me culpada me levava a tentar compensar a situação e a ser permissiva demais, o que fazia com que ela se aproveitasse da minha gentileza, o que me levava a ceder novamente, e ela não me escutava outra vez. Os ciclos eram tão previsíveis que era trágico. Eu me sentia desconectada e sem esperanças. E mais ainda, me sentia furiosa e ressentida. Sabia que isso não era um bom sinal. Precisava desesperadamente resolver a situação.

Apenas quando comecei a desenvolver a abordagem da parentalidade consciente foi que rompi meus intermináveis ciclos negativos e comecei de novo. Implementando as ferramentas e as estratégias dessa abordagem incrível, comecei a encontrar o caminho de volta para uma conexão agradável e renovada com minha filha. Ao me oferecer um mapa, a parentalidade consciente literalmente salvou nossa relação. Eu não estava mais à deriva, mas, em vez disso, tinha um caminho concreto para construir um relacionamento forte e profundo com ela.

Compreendo as dores e as alegrias da criação dos filhos. Tenho me envolvido nisso há mais de vinte anos, tanto pessoal quanto profissionalmente, e sentido suas rosas e seus espinhos quase todos os dias. O amor que sentimos pelos nossos filhos é capaz de nos tirar o fôlego, tanto por sua força imensurável quanto pela ansiedade avassaladora. É a mistura perfeita da adoração mais intensa e do medo mais excruciante. É isso que nossos filhos fazem: eles expandem nossas almas para além do que elas jamais foram, mas também a torcem e ferem. E aí vão embora sem nem mesmo se darem conta disso.

Nunca imaginei que uma mistura de *amor* e *medo* fosse possível até me tornar mãe. Não tinha ideia de que ser mãe podia exigir tanto. Os filhos nos sugam quase vinte e quatro horas por dia, não só financeira e fisicamente, mas também emocional e psicologicamente. Eles impactam cada parte de nossas vidas o tempo todo, e, provavelmente, pelo resto delas. A imensidão dessa responsabilidade só se tornou clara para mim quando me tornei mãe. Antes, não fazia ideia do que isso realmente envolvia. Comprava a versão idealizada de maternidade que é vendida nos comerciais, a versão dos "bolos de aniversário, cachorrinhos e brincadeiras no parque".

Veja bem, ninguém nos conta sobre o *outro* lado da criação dos filhos e como ele nos afeta em um nível psicológico. Antes de nos tornarmos pais, acho que nenhum de nós sabia sobre esse "lado sombrio". Não sabíamos sobre todas as vezes em que nos sentiríamos completamente impotentes, sem saber como lidar com as diversas situações que a criação dos filhos nos apresenta. Pode ser que nossos filhos estejam sofrendo bullying ou estejam tirando notas baixas na escola. Ou ainda, não se deem bem com os colegas, se recusem a cursar uma faculdade, ou vivam um relacionamento abusivo. Não recebemos um manual de instruções para lidar com essas situações angustiantes, não é verdade? Somos deixados à nossa própria sorte. E certamente ninguém nos avisa sobre como ficamos arrasados quando nossos filhos nos rejeitam — nossa influência ou autoridade — ou como podemos reagir de forma imatura em resposta a essa rejeição. Somos lançados no mar revolto desse relacionamento emocional, talvez o *mais* emocional de nossas vidas, sem um remo, colete salva-vidas ou mapa.

Tenho ajudado pais há vinte e cinco anos, acompanhando-os durantes os altos e baixos. E, com isso, tenho sido profundamente tocada por esse relacionamento singular e abrangente que nunca falha em evidenciar a universalidade da experiência humana. Como profissional e mãe, desenvolvi uma abordagem específica para ajudar pais e filhos a se curarem: a *parentalidade consciente*. Meu primeiro livro sobre esse tema, *Pais e mães conscientes: Como transformar nossas vidas para empoderar nossos filhos* (Rocco, 2021), foi publicado em 2010. Tornou-se um best-seller do *New York Times*, foi prefaciado por Sua Santidade Dalai Lama, endossado por Eckhart Tolle e aclamado por Oprah Winfrey como uma obra revolucionária. Desde então, escrevi mais três best-seller sobre a criação de filhos. Talvez você esteja se perguntando por que este livro é tão diferente. Aqui está o motivo: meus livros anteriores sobre parentalidade foram instrumentais ao definir *o que é* a parentalidade consciente e *por que* ela é eficaz. Este livro é a resposta para o *como*. Eu fui questionada diversas vezes sobre fornecer aos pais um *mapa* para que possam seguir um passo a passo para transformar seu relacionamento com os filhos. Bem, aqui está o mapa que os pais estavam esperando.

Não sei você, mas quando chegou a hora de criar minha própria filha, me senti perdida. Mesmo tendo ajudado centenas de pais antes, aquela experiência teve pouca influência na criação da minha filha. É uma história completamente diferente quando se trata dos nossos, não é mesmo? Todos podemos ser especialistas na vida de outras pessoas, mas quando se trata da nossa própria vida, não é tão fácil assim!

Posso dizer com sinceridade que, se não tivesse seguido os princípios da parentalidade consciente, teria destruído não apenas o senso de valor próprio da minha filha, mas também teria me tornado uma pessoa extremamente infeliz e insatisfeita. É por isso que escrevi este livro, para dar aos pais o que eu gostaria de ter tido quando era uma jovem mãe: um guia concreto sobre *como* criar os filhos.

Deixe-me avisar de antemão: o que você está prestes a ler é transformador. Ao final deste livro, é muito provável que a sua perspectiva sobre si mesmo e sobre as pessoas que você ama mude radicalmente. Portanto, essa leitura pode ser desafiadora. Você poderá descobrir coisas sobre si mesmo que podem deixá-lo perplexo, por assim dizer. As coisas podem não ser mais as mesmas depois que você terminar este livro. Meus livros têm sido chamados de revolucionários nesse quesito, e por quê? Eles quebram paradigmas, mudam culturas, desafiam o *status quo*. Eles confrontam crenças limitantes e expõem tudo que temos de disfuncional em nós mesmos. Eles fazem cada fantasia falsa que você já teve sobre si mesmo, seus filhos e sua vida em pedaços, obrigando-o a enfrentar a realidade em sua crua brutalidade. Meus livros o instigam a acordar e deixar para trás os padrões que estão sugando a sua vida.

Este tipo de livro exige leitores corajosos, ousados e em busca da verdade. O fato de você ter lido até aqui demonstra que já possui essas qualidades. Não desista quando as palavras deste livro expuserem ou cutucarem feridas abertas. Pare um pouco. Reflita sobre seus sentimentos. As palavras buscam provocar, balançar, mudar, sacudir e incentivar você a pensar e agir de maneiras completamente novas. Nossos filhos merecem pais corajosos o suficiente para abandonar formas antigas de ser e fazer, e abraçar novas maneiras de se conectar com eles. Você pode ser esse pai ou essa mãe. E o fato de que você começou a ler este livro significa que você já é.

Como pais, estamos enfrentando uma interseção crítica no tempo. Nunca antes tivemos de lidar com as pressões de um mundo tecnológico tão acelerado. Enquanto nossos pais se preocupavam com nosso sucesso no futuro, os pais de hoje têm esses medos ainda mais exacerbados. Vemos o mundo mudando tão rapidamente ao nosso redor que não conseguimos acompanhar. Sentimo-nos impotentes e temerosos. Então, o que fazemos com esses medos? Nós os transformamos em expectativas altas e pressionamos nossos filhos a serem ainda mais perfeitos do que todos esperavam que fôssemos. Nossos filhos sentem essa pressão — e como sentem! Estamos vivenciando isso na prática: os distúrbios de saúde mental estão aumentando em níveis nunca antes vistos e sem perspectivas de queda. As estatísticas sobre automutilação e suicídio entre adolescentes são alarmantes. A ansiedade e a depressão entre os jovens atingiram níveis sem precedentes. Nossas crianças estão em perigo, e muitas vezes nos sentimos como espectadores impotentes.

Mas aqui está a verdade: não somos impotentes, e não precisamos ser espectadores. Há muito que podemos fazer, só precisamos saber como. Estas páginas irão ajudar. Elas vão mostrar como você pode superar as dificuldades na relação com seus filhos e começar a construir uma nova base, na qual você, como pai ou mãe, se sentirá empoderado e conectado. Se começar a seguir os passos descritos neste livro, você gradualmente (e às vezes imediatamente) começará a testemunhar mudanças sísmicas na dinâmica com seus filhos. As estratégias da parentalidade consciente vão funcionar como um farol enquanto você abandona a densa selva de confusão em que talvez tenha ficado preso, e avança em direção a uma nova conexão com seus filhos.

A parentalidade consciente não é para os fracos. É para os corajosos e valentes. É para os que quebram ciclos e estouram bolhas. Para aqueles que se atrevem a deixar a multidão e começar de novo, mesmo que isso signifique ficar sozinho por um tempo. Por mais assustador que pareça, e não vou mentir, é assustador, a parentalidade consciente oferece a promessa de algo que nunca foi oferecido antes na criação dos filhos: a incorporação de uma conexão autêntica entre você e seus filhos que o permite respeitar quem vocês são sem precisar recorrer à manipulação ou ao controle. A parentalidade consciente fala de uma conexão em que ambos podem sentir seu valor, se apropriar dele e celebrá-lo. Se esse tipo de conexão é algo pelo que você tem ansiado, então este livro é para você.

E saiba que simplesmente ao estar aqui, você deu o primeiro passo para uma grande transformação na criação de seus filhos e sua vida. Só por se interessar, declarou que seu *status quo* é inaceitável. Nem todos os pais e mães conseguem perceber a importância do chamado à parentalidade consciente. Mas você não está apenas ouvindo o chamado, está atendendo a ele.

A parentalidade consciente possui o poder de dar a cada um de nós o que sempre ansiamos: uma sensação profunda e permanente de valor e merecimento. O desejo de ser verdadeiramente visto e validado por nosso eu intrínseco não é algo que todos nós buscamos profundamente? Cada ser humano anseia por sentir-se livre para ser quem realmente é sem julgamento, culpa ou vergonha. Nossos filhos também desejam muito isso, e aqui está a incrível verdade: a parentalidade consciente pode ensiná-lo como atender esse desejo. Quando seus filhos começarem a ser vistos por quem são, separados do que a sociedade espera deles, você verá que não há presente maior que eles poderiam receber do que terem espaço para exercerem sua autenticidade.

Agradeço em nome deles.

Vamos começar!

Introdução

O vínculo com seus filhos é como nenhum outro.
Ele fará duas coisas: dar a você superpoderes
E ao mesmo tempo partir seu coração.
Irá expandi-lo até um infinito sem limites
E ao mesmo tempo esmagá-lo até que se torne nada.
Irá acender e inspirar sua criatividade e imaginação
E ao mesmo tempo destruir suas fantasias e sonhos.
Será o maior professor e agente transformador de sua alma
E ao mesmo tempo o destruidor e maior inimigo do seu ego.
Está aqui para alegrá-lo e elevá-lo às maiores alturas
E para puxá-lo com força e humilhá-lo até seus níveis mais baixos.
Somente esse vínculo tem esses poderes
E é o único vínculo diante do qual você irá permitir
Esse grau de impotência.

Sua relação com seus filhos é única por duas razões:

(1) Eles são de sua total responsabilidade. Do momento em que nascem até se tornarem adultos, e depois disso. (2) Nenhuma criança é igual à outra. Por essas duas razões distintas, essa relação é uma das mais desafiadoras, assustadoras e complicadas que enfrentaremos. Para que ela sobreviva e prospere, os pais precisam cuidar dela usando um conjunto único de habilidades e ferramentas.

Porque eles "vêm de você", seja biologicamente ou não, seus filhos são sua maior responsabilidade. Por essa razão, o nível de seu investimento e apego ao bem-estar deles é excepcional. Você não tem esse tipo de conexão com nenhum outro ser humano em sua vida, apenas com seus filhos. Essa conexão tem o potencial de criar uma alegria eufórica quando as coisas vão bem, mas também muita ansiedade, frustração e sofrimento quando elas não vão.

Você pode cortar laços e se afastar de outros adultos em sua vida. Amizades podem terminar ou desaparecer. Relacionamentos acabam. Divórcios acontecem. Mas sua conexão com seus filhos? Não. Eles são seus, para o bem ou para o mal; você está preso a eles. Suas únicas duas opções são abraçar de forma consciente a árdua subida da montanha, com todas as suas curvas erradas, subidas íngremes e exaustão, ou cair do penhasco para dentro do abismo impiedoso da desconexão.

A segunda razão pela qual esse relacionamento é como nenhum outro é que eles são "crianças". Coloquei essa palavra entre aspas por uma razão. As crianças são uma categoria única de seres humanos. Elas seguem um conjunto diferente de regras, têm um cérebro diferente e exigem uma linguagem completamente diferente. Acho que subestimamos o quanto as diferenças são grandes entre nós e elas. Pensamos: "Como pode ser tão difícil? Elas são apenas versões menores de nós."

As crianças *não* são versões menores de nós. Elas são seres humanos como nós, é claro, mas a comparação acaba aí. Em todos os outros níveis, não há comparação. Elas são completamente diferentes. E como não nos equipamos com as ferramentas para lidar com essa diferença, estragamos as coisas uma vez após outra. A maioria dos adultos não está capacitada para se comunicar em "criancês". Você frequentou alguma aula de linguagem infantil, ou aprendeu sobre psicologia infantil no ensino médio? Claro, alguns de vocês podem ter estudado psicologia infantil, mas isso não se compara a ter seus próprios filhos e descobrir como eles funcionam.

Isso nos leva à dura e brutal realidade da parentalidade: não importa em que estágio estejamos na criação dos nossos filhos, sentimos a enorme pressão de saber que eles são nossa responsabilidade, ao mesmo tempo em que estamos plenamente conscientes de que não temos as habilidades necessárias para entendê-los, nos comunicar ou nos conectar com eles de forma efetiva.

Para iniciar este processo de crescimento e mudança, precisamos reconhecer o quanto não sabemos. Nenhuma quantidade de ensino vai impactar um aluno que não está disposto a aprender. Tudo começa com a aceitação de nossa ignorância parental. Acolher de forma honesta essa ignorância abre nossos corações e mentes para aprender e crescer. Quando sentimos as dores do desconforto, não simplesmente viramos as costas. Em vez disso, enfrentamos a dor e a dificuldade para que possamos nos transformar.

O fato de nós, pais e mães, fingirmos que sabemos, ou que *deveríamos* saber, tudo sobre como criar esses seres humanos que chamamos de filhos revela esse delírio coletivo parental. O nosso desejo de fingir que somos perfeitos e que tudo está indo conforme o planejado é tão intenso que, quando as coisas não vão bem, escondemos nossas dificuldades do mundo sofrendo em silêncio, envergonhados. Não procuramos ajuda, não compartilhamos, não buscamos aprender e não encontramos novas soluções. O resultado? Nossos filhos são vítimas da nossa recusa em admitir nossa própria ignorância.

Aqui está a verdade: não sabemos intuitivamente como criar filhos. Você não perdeu a cabeça por se sentir louco fazendo isso. Você não é estranho ou "ruim" por se sentir totalmente inepto e impotente. *Não é*. Quero que essas palavras sejam digeridas. Você não é obrigado a saber.

O guia passo a passo que descrevo nas páginas a seguir está prestes a reverter isso. Ele vai ensinar você, pai ou mãe, o *como fazer* da parentalidade consciente de maneira direcionada e gentil. Ao implementar esses passos, você vai transformar sua mentalidade, abordagem e comunicação. Depois de fazer isso, o relacionamento com seus filhos vai mudar, assim como seu relacionamento consigo mesmo.

Eu descrevi três estágios-chave neste livro. Cada um deles envolve crescimento em um aspecto diferente de você como pai ou mãe. O primeiro estágio é chamado "Da frustração à clareza". Este estágio começa desconstruindo sua mentalidade e crenças. Nós, pais, somos profundamente doutrinados com crenças culturais sobre quem e como nossos filhos devem ser. Essas crenças nos fazem impor padrões e expectativas em nossos filhos que muitas vezes prejudicam nossa capacidade de nos conectar com quem eles são de verdade. É somente evoluindo nesse estágio que estaremos equipados para avançar.

O segundo estágio é chamado "De padrões disfuncionais a escolhas conscientes". Aqui, exponho você às formas pelas quais padrões do passado o condicionaram a estilos de vida e decisões inconscientes. Você vai aprender a interromper esses padrões para que possa começar a fazer novas escolhas conscientes e empoderadas, que estejam de acordo com quem você é aqui e agora. Conforme isso acontece, sua conexão com seus filhos vai florescer de maneira direta e poderosa.

A terceira etapa é chamada de "Do conflito à conexão". Trata-se de construir um relacionamento mais próximo com seus filhos. Você vai aprender a entendê-los melhor, a decifrar sua comunicação e a construir um vínculo mais profundo com eles.

Durante cada estágio, há passos que você pode seguir para ajudá-lo a alcançar seus objetivos. A mudança não acontece da noite para o dia. Ocorre por meio de minúsculos passos ao longo do caminho. Ao ler o livro, é bem provável que você sinta uma sensação nauseante de culpa e vergonha ao se lembrar de momentos do passado em que estragou tudo. Por favor, esteja ciente de que esses sentimentos são normais e naturais. Insisto que você tenha compaixão por si mesmo quando esses sentimentos surgirem. Como Maya Angelou certa vez escreveu: "Faça o melhor que puder até saber mais. Então, quando souber mais, faça melhor." Seja gentil com você mesmo. E lembre-se, acima de tudo, de que foram precisamente aqueles momentos de inconsciência que o trouxeram até este momento, a ler estas páginas. O passado é o passado, mas é o momento presente que mais importa. E você está aqui agora lendo esta mensagem poderosa — esse é, de fato, um ato de coragem.

Seja paciente consigo mesmo ao ler estas páginas, pois a mudança muitas vezes leva tempo. Você não está apenas tentando mudar a dinâmica com seus filhos, mas também está alterando a dinâmica de gerações passadas. Por esse motivo, vá com calma. Não existe um lugar perfeito que precisamos alcançar, nem uma corrida que precisamos vencer. Você está mostrando boa intenção apenas por estar aqui. E eu estou com você, torcendo por sua nova consciência e sua transformação crescente. Estamos juntos nisso.

E lembre-se disso conforme avança: nenhum pai ou mãe é perfeito. Isso simplesmente não existe. Podemos projetar a perfeição nos outros; mas, como uma terapeuta que trabalhou com milhares de pais, posso dizer com confiança que nenhum de nós é perfeito. Pelo contrário, todos nós somos atormentado pela confusão e pela dúvida. E, se você projetar qualquer tipo de perfeição em mim, deixe-me dissipar imediatamente esse mito e dizer que a razão pela qual ajudo os outros é porque procuro desesperadamente essa ajuda para mim mesma. Portanto, sou como você. Experimentei sentimentos semelhantes aos seus — assim como todos os pais em todo o mundo. A parentalidade é um dilema universal, daí a necessidade profunda e crucial do caminho que este livro oferece.

Vamos partir para a primeira etapa desta jornada: "Da Frustração à Clareza".

ETAPA UM
Da frustração à clareza

É com você, meu filho, que desejei a perfeição.
Ah, que tolo eu fui, de fato,
Pois foi você quem revelou a mim
Que a perfeição não é apenas impossível,
Mas que ansiar por ela é meu delírio.

A verdade é que, se você é pai ou mãe, vai cometer grandes erros — erros colossais. Não há como escapar desse destino. Na verdade, é bem provável que em nenhum outro relacionamento você cometa tantos erros quanto com seus filhos.

Aqui está o motivo: nossos filhos estão conosco o tempo todo durante seus anos mais cruciais, anos em que nós mesmos ainda estamos evoluindo e tentando entender a nós mesmos. A maioria de nós ainda é emocionalmente imatura e ingênua nessa fase. Então, essa é a combinação mortal: nossos filhos precisam que estejamos no nosso melhor durante seus anos formativos, mas é provável que ainda estejamos nos formando e ainda não sejamos as melhores versões de nós mesmos; talvez não sejamos nem mesmo metade de nossas melhores versões. Aqui, nesta incompatibilidade, está o grande problema. Nossos filhos ainda não estão formados em nenhum aspecto, e nós, como pais, também somos um trabalho em andamento. Essa discrepância é inevitável e inescapável. Culpe a natureza.

Então, a realidade é que não há um pai ou uma mãe que eu conheça que não tenha cometido grandes erros. Nem sequer um! Então, se está se sentindo culpado ou envergonhado em relação à sua própria parentalidade, pode respirar aliviado. Não se trata de ser perfeito, ou mesmo excelente. Trata-se de se tornar atento e consciente.

Tornar-se consciente significa entender as razões essenciais pelas quais vivenciamos situações difíceis. Por que, por exemplo, você perdeu o controle e bateu o pé no chão como uma criança de três anos de idade ou gritou como um adolescente louco? O objetivo não é *nunca* ter esses momentos loucos. O objetivo é entender o *porquê*. Essa compreensão não só leva a menos explosões loucas, mas também — e ainda melhor — nos permite entender por que elas acontecem. Imagine entender por que um bebê de seis meses que não dorme o fez cair no choro. Ou por que a birra de uma criança de cinco anos fez você dizer algo de que se arrependeu imediatamente. Ou por que uma resposta mal-humorada do seu filho adolescente fez você ter um acesso de raiva tão grande quanto o que o seu filho de sete anos teve outro dia.

Portanto, para fazer um trabalho melhor como pais, precisamos começar com o *porquê*. Se não entendermos o porquê, não poderemos entender o *como*. Se as razões *pelas quais* nós fu* não estiverem claras, como podemos fazer mudanças? Assim como com nossas dores e sofrimentos físicos, primeiro precisamos entender por que estamos sofrendo para depois tentar medicar a condição. É disso que esta fase se trata: compreensão.

O mapa que tracei é o que eu segui na criação da minha filha. Levei tempo para passar pelas etapas e aprender os passos. Por meio de tentativa e erro, de desvios intermináveis e tropeços, finalmente comecei a mudar minha forma de agir. Como resultado, deixei de ser uma pessoa controladora e cheia de medos e me tornei uma mãe pacífica e alegre. A criação da minha filha deixou de ser estressante e tornou-se divertida. E o maior prêmio de todos? Minha filha assumiu cada vez mais seu valor e seu poder interior, sem se deixar intimidar ao expressar sua autenticidade, tão feliz em sua normalidade quanto em sua excelência. Acima de tudo, as discussões e os conflitos acabaram. Quanto menos eu controlava, menos ela precisava reagir. Logo, começamos a fluir uma com a outra com maior facilidade e confiança.

Esta abordagem à parentalidade requer paciência e coragem. Cada passo vai aproximá-lo da sua verdade interior e de sua cura. Com cada desdobramento, você não só vai retornar à sua própria essência, mas também vai parar de impedir que seu filho encontre a dele. Até que você faça essa jornada, ambos irão viver sobrecarregados e escravizados por velhos padrões e feridas geracionais. Este método rompe com suas maneiras arraigadas de ser; ajuda você a se transformar em alguém novo; e, por sua vez, liberta seus filhos.

Pronto? Respire fundo e vamos lá!

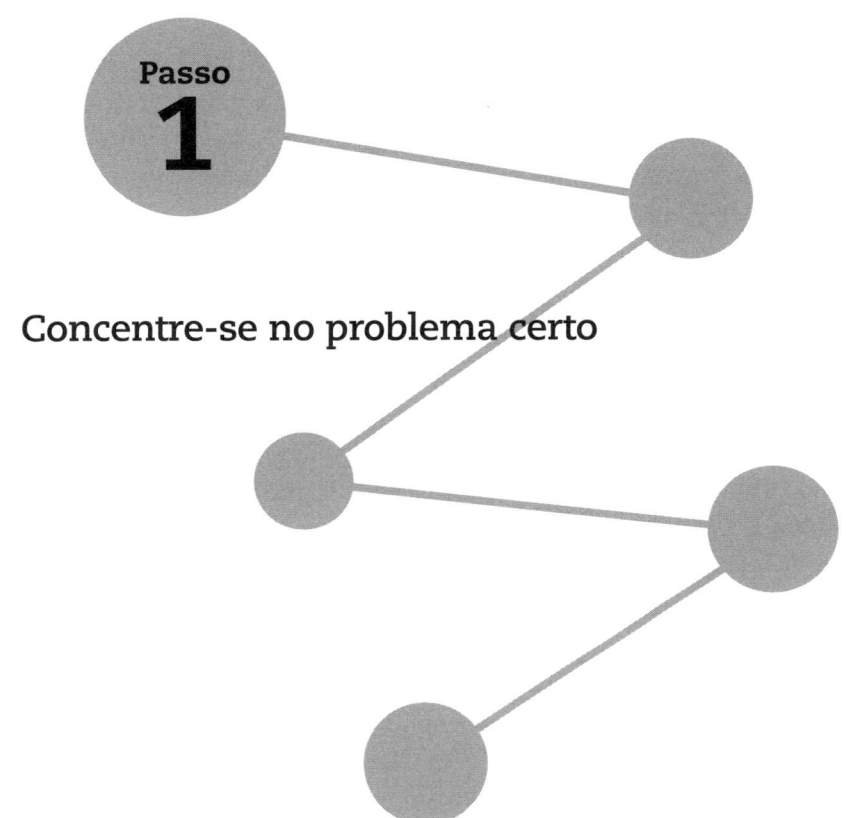

Passo 1

Concentre-se no problema certo

Eu tentei cercear seus humores
E consertar seus sentimentos
E dominar seu destino
E controlar sua alma
Até perceber que estava completamente confusa.
Não era você quem precisava de uma solução.
A pessoa com o problema era eu!

Estou traumatizada até hoje por uma experiência que tive com minha filha quando ela tinha três anos. Está tão fixada em minha mente que poderia ter acontecido ontem. Só depois de muitos encontros com pais que descobri que minha experiência era bastante comum. Ah, se eu soubesse disso naquela época, não me sentiria um fracasso tão grande!

Era hora de ir embora do parque, já que tinha de preparar o jantar. Eu garanti que teria tempo para permitir atrasos e protestos causados pela minha filha. Pensei que estava preparada, mas, na verdade, nada poderia ter me preparado para o caos que se seguiu. Ela terminantemente, veementemente, se recusou a deixar o parque. Quando chegou a hora de ir, minha filha se transformou de um anjinho doce e brincalhão em um demônio possuído. Já aconteceu com você? Quando em um momento sua criança parece normal e, em seguida, se transforma em um completo lunático? Bem, esta foi a primeira vez que aconteceu comigo. Dizer que fiquei totalmente chocada, envergonhada e mortificada seria um eufemismo.

Minha filha literalmente gritou. Não, ela berrou, chorou, uivou, se esgoelou, rugiu e ganiu durante toda a caminhada de vinte minutos até em casa. Tive de colocá-la no carrinho de bebê quando ela se recusou a sair do parque. Pela maneira como protestava, parecia que o carrinho era uma cadeira elétrica. Com os braços balançando e o corpo rígido, ela fez com que todas as pessoas se virassem para ela na rua. Olhares acusatórios me atingiam enquanto estranhos me sentenciavam como a pior mãe do mundo. Ela não desistiu. Pensei que fosse desmaiar de exaustão. Mas não, ela ficou ainda mais estridente e feroz. Cada segundo parecia uma tortura.

Tentei muitas táticas desesperadas. Distraí, gritei, murmurei, grunhi, chorei, praguejei e entrei em pânico. Nenhuma delas funcionou. Eu parei, cantei, tentei acalmá-la, ameacei e subornei. Usei minha voz assustadora, minha voz doce, minha voz brava, minha voz gentil. Brinquei, fiz piadas e bajulei. Tentei usar a lógica e a razão. Por fim, simplesmente deixei pra lá e me rendi ao meu destino na caminhada da vergonha de volta para casa. Foram os vinte minutos mais longos da minha vida. Eu soluçava a cada longo milissegundo. Aquele foi o momento mais humilhante da minha vida.

Quando cheguei em casa, minha filha havia vencido. Ela conseguiu me fazer jogar a toalha. Entrei pela porta da frente e caí de joelhos soluçando de chorar. Tive uma intensa sessão de dez minutos de autopiedade. "Eu sou a pior mãe do mundo", pensei. "Deveria ser levada para uma câmara de tortura e ser queimada como uma bruxa." Quando a impotência e o pânico que eu havia experimentado surgiram como lava em meu corpo, soltei um grito ensurdecedor de raiva e frustração. O pai da minha filha a colocou em um lugar onde ela não podia nos escutar, e com voz de desdém disse para eu me recompor, o que aumentou ainda mais minha vergonha e pânico. Saí de casa e fui fazer uma longa caminhada.

Aquele momento foi um divisor de águas na minha vida. Naquela caminhada, finalmente confrontei a realidade sombria de que eu literalmente não tinha ideia de como administrar emocionalmente o humor, os pensamentos e as emoções da minha filha. Zero. Foi então que percebi que minha filha tinha — e possivelmente todas as crianças têm — a capacidade de deixar os pais impotentes, e é essa impotência que invoca raiva e insanidade nos pais. O problema não tem a ver com o comportamento da criança, mas o que ele provoca no pai ou na mãe.

Senti a verdade causar um tremor dentro de mim. Eu vi a luz. Minhas reações naquele dia não tinham *nada* a ver com minha filha. Nada. Ela estava apenas sendo ela mesma, uma criança que queria brincar por mais tempo. Cada pensamento, sentimento e comportamento que eu tinha exibido tinha a ver com algo muito mais profundo dentro de mim. *Era tudo sobre mim!*

Comecei a chorar. Imagens de mim mesma quando criança entraram na minha mente. Eu me vi como uma menininha indefesa, desesperada por controle em seu mundo. Eu me vi como uma menininha buscando a validação e a valorização de seus pais e professores. Aquela menininha era insegura e incerta, ansiando pela atenção e pelo poder dos adultos em seu mundo. Ela estava tão perdida.

Percebi que minha filha de três anos havia evocado uma ferida antiga dentro de mim. Quando ela não me ouviu naquele dia e se recusou a ceder à minha vontade, ela incitou uma sensação de impotência. Eu me senti incompetente e impotente, exatamente como eu era quando criança. Feridas antigas ressurgiram e me cegaram. Eu estava em um estado de pânico tentando resgatar aquela menina dentro de mim. Como resultado, vi minha filha, a "menina real" como uma inimiga a ser vencida. Perdi toda a empatia em relação a ela ou qualquer consciência de suas dificuldades. A menina em mim havia assumido o controle e feito as coisas serem só sobre ela. Ela só queria ganhar, ganhar, ganhar, a todo custo.

A dor da minha infância era tão forte que me catapultou para o modo de sobrevivência. A vontade da minha filha colidiu com a minha, o choque evocou o terror. Eu queria ter controle sobre ela, e, quando ela não se submeteu ao meu controle, perdi a cabeça. Imediatamente fiz dela uma "malcriada" e uma inimiga — tanto que eu quis fugir e abandoná-la. Ondas de culpa vieram à tona. Sentia tanta vergonha e constrangimento. Não conseguia acreditar que era capaz de tal frieza brutal.

Então, como um soco na cara, eu percebi: não era "eu" em si que havia reagido daquela maneira. Era algo dentro de mim que estivera enterrado bem fundo, uma parte de mim da qual tinha pouca consciência. Era a minha criança ferida. Veja bem, há uma separação emocional que existe entre o presente e o passado que é fundamental para entender minha reação. Eu estava reagindo ao momento presente com base em feridas da minha própria infância. E essas velhas feridas eram exatamente isso: velhas. E essa percepção foi um estalo me despertando para um estado de consciência. Tudo ficou claro naquele momento e as sementes da parentalidade consciente foram plantadas.

Quando digo aos clientes "seu filho não é o problema", muitas vezes sou recebida com uma resistência instantânea.

Eles perguntam: "Então quem é o problema?"

Quando eu digo "você é o problema", vejo que eles imediatamente se retraem.

Olha, eu entendo, é difícil engolir que talvez você seja o problema no que diz respeito à criação dos seus filhos. No entanto, perceber essa verdade é o primeiro passo na parentalidade consciente. Até agora, por causa do modelo parental tradicional com o qual todos nós fomos criados, fomos treinados a fazer da criança o foco da parentalidade. Essa abordagem é falha e tóxica. O foco da parentalidade precisa ser os pais, *não a criança*. Se o foco fosse a criança, não se chamaria *parent*alidade.

Nas minhas palestras, essa mensagem é frequentemente recebida com resistência. As pessoas dizem coisas como: "Isso soa tão presunçoso!" ou "O que você quer dizer com a parentalidade ser sobre mim? Está tentando dizer que é nossa culpa?" Você pode estar pensando: "Como diabos é minha responsabilidade que meu filho tenha TDAH ou tenha acessos de raiva o tempo todo?" ou "O que tenho a ver com o fato do meu filho ter ansiedade social?" Nós, pais, odiamos nos sentir culpados ou julgados. Levamos nossa identidade de "pai" ou "mãe" tão a sério que qualquer ataque parece prejudicial aos nossos egos frágeis, até mesmo calunioso. Como alguém ousa insinuar que estamos contribuindo para os problemas dos nossos filhos — *de jeito nenhum*!

Como muitos de vocês, eu também tinha ideias erradas sobre ser mãe antes de me tornar uma. Achava que se eu me dedicasse à minha filha e a amasse, tudo ficaria bem, que focar nela era o que significava ser uma "boa" mãe. A ideia de que ela *não* fosse o foco parecia egocêntrica e egoísta. Mas vou mostrar como essa perspectiva é confusa e como focar nos filhos é realmente prejudicial.

A cultura nos confundiu totalmente, levando nosso cérebro a acreditar que uma boa mãe ou pai é aquele que se concentra inteiramente em criar a criança perfeita. Acreditamos que devemos criar, cultivar e produzir a criança perfeita com a infância perfeita. Tanta pressão, certo? Quando falhamos, sentimos imediatamente vergonha e culpa.

Sabe quão grande é o fardo que você e seus filhos carregam por causa dessas expectativas inalcançáveis? Nós, pais, sentimos que devemos gerar e criar uma criança que seja criativa, artística, musical, atlética, intelectual, amável, sociável, aventureira e, acima de tudo, feliz o tempo todo. Fomos tão iludidos pela cultura e pelos nossos egos enormes que realmente acreditamos que somos tão especiais que podemos alcançar tudo isso.

Então, a realidade nos atinge. Percebemos que não somos tão poderosos e que o nosso filho não é tão "super-isso" ou "super-aquilo". Percebemos que eles são, atrevo-me a dizer, medianos. Mas porque a cultura nos disse que ser mediano é inaceitável, sentimos — e colocamos em nossos filhos — a pressão hercúlea e irracional de ser extraordinário. Toda essa pressão surge de um sistema de crenças fundamentalmente tóxico: a crença de que *ser um bom pai ou uma boa mãe* é criar uma criança *excepcional em tudo*.

Enquanto sua noção de boa parentalidade for a de que precisa "consertar" os filhos, vai controlá-los de forma obsessiva. Vai tentar manipulá-los e mudá-los. E sabe o que acontece quando tentamos mudar alguém que não nós mesmos? Nós falhamos, nos damos mal, é tudo um fiasco.

Se você tem mais de quarenta anos, provavelmente percebeu a essa altura que a única pessoa que pode mudar é você mesmo. E é assim com a criação dos filhos. Mas aqui está o perigo real: como os pais foram ensinados que uma de suas principais missões é consertar as crianças, adivinhe o que acontece quando nossos filhos não respondem a isso? Nos sentimos impotentes e, depois, enfurecidos. Gritamos, xingamos e punimos — e achamos que temos razão. Acreditamos que *consertar nossos filhos* é uma obrigação e nosso dever sagrado.

A parentalidade consciente é o primeiro modelo a expor a toxicidade dessa mensagem e, por esse motivo, é um modelo revolucionário. Ela entende que o modelo antigo, com sua pressão irrealista e prejudicial para ser perfeito, faz com que tanto o pai quanto a criança fracassem.

Então, o que fazemos em vez disso?

Mudamos o foco da parentalidade de *criar uma criança* para um novo foco. Sabe qual foco é esse?

Você!

Sua tarefa é *criar um novo eu*. Quando você muda o foco, o jogo todo muda.

Imagine a diferença que faria se cada pai e mãe soubesse desde o início que essa jornada é sobre criar *a si mesmo* em vez de seus filhos. Os pais voltariam o holofote para si e começariam a trabalhar para se tornarem suas melhores versões. Em vez de tentar consertar os filhos, os pais tentariam consertar a si mesmos. Eles entenderiam que, até que eles reeduquem a si mesmos, não serão realmente capazes de criar os próprios filhos.

Quando nos concentramos em consertar e produzir a infância dos nossos filhos, estamos na posição de gerentes e tiranos. Somos capatazes e controladores. Agimos como os chefes dos nossos filhos. Em resumo, é um pesadelo viver com a gente.

A parentalidade consciente muda essa situação. Ao se concentrar em você, pai ou mãe, a parentalidade consciente o força a mudar toda a sua energia em relação aos filhos. Em vez de tentar controlá-los, seu trabalho é se conectar com eles. Em vez de tentar ensiná-los, você aprende com eles. Em vez de tentar liderá-los, você os guia. Em vez de ser seu gerente e chefe, você se torna um aliado. Sua energia e sua abordagem são fundamentalmente diferentes.

Essa mudança de foco insere em você a nova consciência de que a parentalidade não se trata do que seu filho faz ou deixa de fazer. Trata-se do que *você* faz em resposta. Trata-se do que *você* sente em reação a isso. Trata-se de como *você* lida emocionalmente com tudo.

Aqui é onde seu passado entra no jogo. Se seu filho está tendo uma crise emocional ou sendo desrespeitoso, o que acontece dentro de *você*? Que pensamentos passam por *sua* mente? *Você* quer gritar ou berrar? *Você* leva para o lado pessoal? *Você* briga, foge ou congela?

É tudo sobre você.

Sua parentalidade é precisamente isto: *sua*. Não se trata dos sentimentos, humor ou reações do seu filho. Não se trata de se eles são alunos nota dez ou se desistem de estudar. Não se trata de se são obedientes, desrespeitosos ou felizes. Trata-se de você e apenas você. Você detém o poder: ele está em como *você* reage.

Aqui está um dos nossos maiores equívocos: acreditamos que a maneira como reagimos depende do comportamento dos nossos filhos. É aqui que estamos drasticamente errados, já que a maioria das nossas reações não tem nada a ver com nossos filhos ou suas ações. Na maioria das vezes, nossas reações estão completamente desconectadas de nossos filhos ou da situação em que estamos. Elas vêm do nosso passado e, como tal, nem podemos chamá-las de respostas ao momento presente; são reações ao nosso passado. Portanto, grande parte de nossa desconexão com nossos filhos vem do quanto nos curamos de nosso passado.

Suas reações dependem totalmente da sua cura interior. Quanto mais curadas as feridas de sua própria infância estiverem, mais você vai responder de forma consciente. Este é o foco, a essência e o coração de tudo: sua cura interior. A parentalidade consciente é um processo profundamente transformador, quase espiritual, no qual seus filhos são os maiores responsáveis pelo seu despertar. Eles expõem suas feridas e carências interiores. Ao espelhar seu próprio eu interior, seus filhos revelam como você precisa se curar e crescer.

Como já mencionamos, todo conflito e discordância com seus filhos não se trata tanto deles, mas sim de como você precisa elevar sua própria consciência. É sobre o quanto seus traumas e feridas do passado afetam seu atual estado emocional. Quanto mais bagagem do passado você tiver para ser curada, mais o momento presente fica cheio de sofrimento e conflito. Portanto, quando olhamos para nossos problemas da paternidade como um reflexo desse estado de cura, ou da falta dela, começamos a crescer e evoluir. Em vez de consertar nossos filhos, começamos a consertar a nós mesmos.

A parentalidade, então, torna-se um veículo precioso e poderoso para elevar você ao próximo nível de integração emocional e bem-estar.

Mais do que qualquer outro ser, nossos filhos nos mostram todas as maneiras como estamos feridos. Quanto maior é nosso desejo de que sejam algo além do que aquilo no que eles estão naturalmente se desenvolvendo, mais nos falta internamente. Querer que nossos filhos sejam "os melhores" indica como nos sentimos "diminuídos" por dentro. Quando percebemos que nossos desejos e expectativas para nossos filhos surgem do nosso subconsciente, toda a nossa relação com eles muda.

Conforme nos curamos por dentro, começamos a viver em um estado mais autêntico. Isso afeta diretamente nossa capacidade de nos conectar com nossos filhos. Quanto mais sintonizados estamos com nós mesmos, mais sintonizados estamos com eles. Quanto mais nos sentimos abundantes por dentro, mais abundantes eles se tornam. Nossa conexão externa começa a refletir nossa conexão interna com nós mesmos. Este é o crescimento de uma profunda parceria espiritual com nossos filhos, na qual de forma lenta e gradual fica claro para nós que eles nos ajudam a crescer muito mais do que nós fazemos por eles. Aqui está o poder de todo esse processo. Mudar o foco para o nosso crescimento em vez do deles nos permite usar cada momento com eles para o nosso próprio despertar. Agora, não se trata de consertá-los ou mudá-los, mas sim da nossa própria evolução.

Você sente o poder desse potencial para sua própria cura e crescimento? Se sim, você está pronto para acordar e se tornar um pai ou uma mãe mais consciente. Vamos tentar colocar o primeiro passo em prática.

COLOCANDO EM PRÁTICA

Perceber que suas frustrações e conflitos com seus filhos têm mais a ver com você e suas feridas emocionais do passado e bagagem da infância do que com eles é um grande passo para alterar a conexão de vocês. Em vez de culpá-los e envergonhá-los, você passa a se responsabilizar por suas próprias reações. Quando você realmente aprecia o modo como seus próprios problemas têm desempenhado um papel importante em seu papel de pai ou mãe, você pode mudar o foco de seus filhos para você mesmo. Este exercício o ajuda a entender como são grandes os seus medos, feridas, sonhos e expectativas do passado nesta jornada, e como eles têm um impacto profundo em seus filhos.

Complete a frase: *Eu me tornei pai/mãe porque...*

_____

_____

_____

Suas respostas provavelmente são algo como:

Eu amo crianças.
Eu sonhava em ser mãe ou pai.
Eu queria uma família grande.
Eu queria estar rodeado de amor e aceitação.

Com que palavras suas frases começam? Começam com "eu"? Se sim, então a razão pela qual você decidiu ter filhos teve pouco a ver com eles e tudo a ver com suas próprias esperanças, sonhos e fantasias.

Por que se dar conta disso é importante? Porque isso aponta para o seu ego parental, o *Eu*. Isso permite que você enxergue que, mesmo antes de seus filhos nascerem, você já estava carregado com necessidades, desejos, sonhos e expectativas. Sem nenhuma consciência, estava pronto para "descarregar" tudo isso em seus filhos sem nem considerar se seus sonhos combinam com quem seus filhos realmente são. Pense nisso por um momento, pois é algo importante. Isso permite que você veja como adentrou o processo da parentalidade com uma carga pesada de ego que começou a colorir e enquadrar todas as suas decisões subsequentes sobre seus filhos: como você os elogiou ou envergonhou, como se sentiu decepcionado ou animado com eles, e muito mais. Todas as suas decisões decorrem de como suas expectativas moldaram esse processo muito antes de você se tornar mãe ou pai.

Agora vamos fazer outro exercício. Pense no que te estressa em relação aos seus filhos. Complete a frase a seguir:

Sinto-me estressado com meu filho porque...

_____

_____

_____

Como você completou a frase? Qual foi a primeira palavra depois de "porque"? Foi o nome da sua filha ou filho ou os pronomes "ele" ou "ela"? Ou o nome de outra pessoa em sua vida? Se for o caso, você está atribuindo seu estresse a outra pessoa que não a você mesmo. Se foi qualquer palavra que não "eu", temos um problema e precisamos verificar se estamos focando a pessoa errada. Deixe-me mostrar pelo exemplo da minha cliente Ellie, que estava em constante conflito com sua filha de catorze anos, Becca. Elas discutiam o tempo inteiro. Pedi a Ellie para completar a frase "Eu fico estressada porque...".

Ela respondeu: "Porque Becca é um pesadelo de filha. Ela é desafiadora e obstinada. Ela simplesmente não me escuta." Então ela explicou que tinha tentado todas as técnicas de criação de filhos com as quais tinha sido criada. Ela tinha tentado gritar com a filha, dar tempo para ela se acalmar, até mesmo castigá-la. Mas nada parecia funcionar. "Ela é literalmente a criança mais difícil do mundo. Ela faz da minha vida um pesadelo!"

Você entende o que quero dizer? Todo o foco de Ellie estava em Becca e em seu comportamento. Enquanto as coisas continuassem assim, nada iria mudar. Somente quando Ellie percebesse que fazia parte dessa dinâmica é que a situação poderia mudar. Até lá, ela continuaria perpetuando o ciclo tóxico.

Eu perguntei a Ellie: "Você quer mudar essa dinâmica?"

Ela quase gritou: "Sim! Por que acha que estou tão estressada?"

Eu continuei: "Para realmente mudar isso, você vai ter que olhar para si mesma!"

Ela ficou chocada. "Eu? Como isso é culpa minha? Becca não ouve, não faz suas tarefas, não faz os trabalhos escolares. Como é minha culpa que ela seja preguiçosa e desobediente?"

Eu respondi: "Sua conexão com ela está sofrendo, não florescendo. Isso tem um grande efeito no seu bem-estar mental. Você faz parte dessa dinâmica. Foque esta parte do problema, a sua desconexão."

Eu repeti o exercício com Ellie e pedi a ela para completar a frase "Eu estou estressada com Becca porque...". Ela respondeu: "Eu me sinto um fracasso terrível! Espero que ela seja de um jeito específico, e ela sempre é completamente diferente. Eu me sinto totalmente inapta perto dela. É como se eu fosse ninguém. É como se ela me odiasse!" Finalmente, Ellie havia mudado para o verdadeiro foco da dinâmica: seus próprios sentimentos.

Conforme continuamos a terapia, Ellie foi capaz de rastrear seus sentimentos de volta para o relacionamento com sua mãe. "Minha mãe nunca estava por perto. Ela era CEO da empresa dela e estava sempre ocupada. Nunca senti que era importante o suficiente para receber a atenção dela. Tentei ser a filha mais obediente e esforçada, mas mesmo assim eu não era importante o suficiente para minha mãe me dar a atenção que eu desejava. Sempre me senti como se não fosse boa o suficiente para ela, e que eu era defeituosa de alguma forma." Ao longo das nossas sessões, Ellie foi capaz de entender que ela ansiava por atenção e valorização de sua mãe e estava transferindo essas necessidades para a filha. Quando Becca desafiava a autoridade de sua mãe ou, pior ainda, a ignorava completamente como muitos adolescentes fazem, Ellie levava para o lado pessoal. Assim como na infância, ela se sentia negligenciada, desvalorizada e não se sentia amada. Em vez de entender que Becca estava passando por uma fase normal de desenvolvimento,

Ellie fez com que tudo fosse sobre suas próprias necessidades de poder e importância. Ela estava, no fundo, projetando suas próprias necessidades na filha. Ellie não era capaz de ver que Becca estava apenas sendo ela mesma e não era responsável por atender às necessidades negligenciadas da infância de sua mãe. Por intermédio do nosso trabalho juntas, Ellie começou a entender que não foi criada pela própria mãe da maneira que precisava, e como isso estava bloqueando sua capacidade de criar a filha. Ellie começou a perceber como suas reações à filha eram alimentadas pela raiva em relação à própria mãe. Quando se deu conta disso, começou a acalmar essa raiva interior e a mudar de dentro para fora. Esse novo maternar que ela começou a fazer em si mesma transformou não apenas ela, mas todo o relacionamento com a filha.

Agora que você tem uma compreensão melhor de como podemos projetar nossa dor interna em nossos filhos, vamos tentar o exercício novamente. Complete a frase e veja se você é capaz de afastar a ideia de culpar seus filhos por suas frustrações e, em vez disso, chegar aos sentimentos reais dentro de si.

Eu me sinto estressado com meu filho porque...

_____

_____

_____

Quando for capaz de admitir que é *você* quem possui sentimentos em relação ao seu filho, principalmente porque suas fantasias e expectativas trazidas do passado não estão sendo atendidas, então você vai começar esse caminho com o pé direito. Quando chegamos a essa nova consciência, podemos começar a implantar uma nova consciência do "verdadeiro" problema: nós mesmos. Agora, em vez de culpar nossos filhos ou tentar consertá-los, podemos começar a fazer perguntas mais reflexivas e responsáveis, como estas:

Por que estou me sentindo assim em relação ao meu filho?
Que medos e necessidades negligenciadas são despertados dentro de *mim* **quando estou perto do meu filho?**
Como este momento com meu filho está *me* **lembrando de algo do passado?**

Quando *me* senti de forma parecida em outras áreas da minha vida?

Quando você é capaz de processar a ideia de que ser pai ou mãe é sobre maternar ou paternar a si mesmo, seu músculo de autorreflexão se torna bem treinado. Você é capaz de rapidamente virar o holofote para dentro e se concentrar em seu estado interno. A cada vez que você faz isso, seu músculo de autorreflexão fica mais forte. É assim que o processo da parentalidade consciente nos ajuda a evoluir: usando as oportunidades que a parentalidade nos dá para sermos mais conscientes sobre nós mesmos.

Nos próximos dias, eu o desafio a notar todas as formas pelas quais você culpa seu filho por seu estresse e tentar substituir essa culpa por consciência. Faça a si mesmo esta pergunta decisiva: "Como o meu estado emocional do passado ou do presente está afetando meu julgamento sobre o comportamento do meu filho?" Tomar consciência das nossas projeções internas sobre nossos filhos é um grande primeiro passo na jornada para longe da inconsciência em direção à consciência.

Passo 2

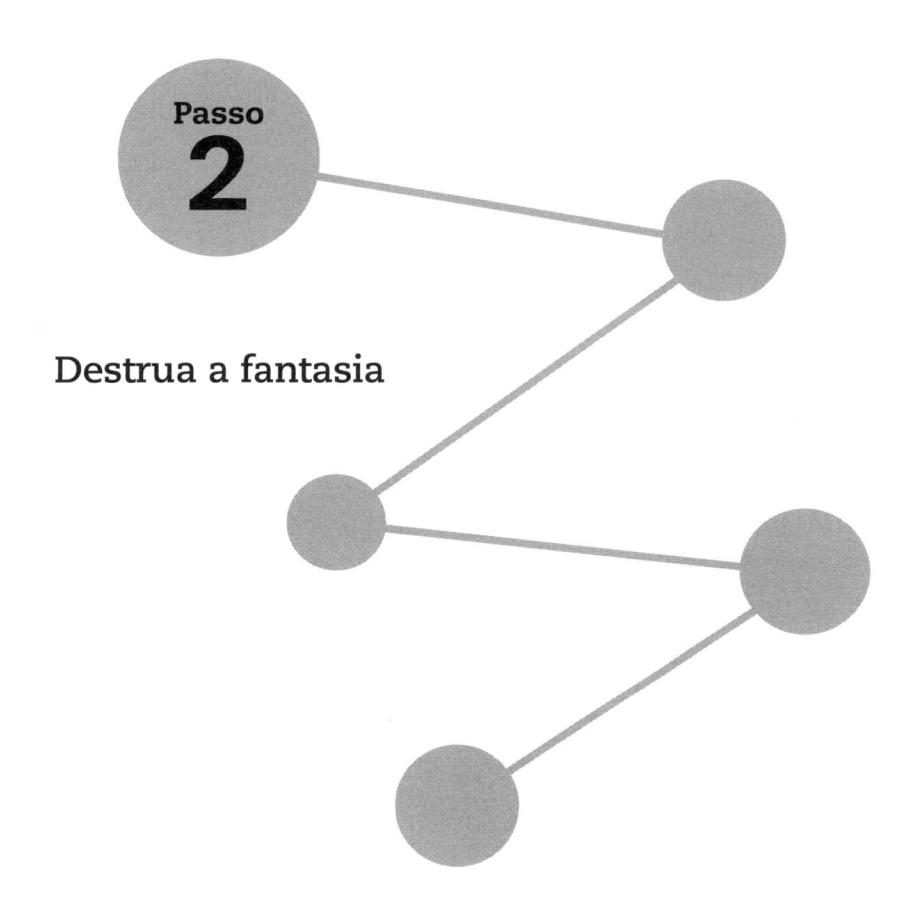

Destrua a fantasia

Eu havia editado o roteiro com perfeição.
Os atores tinham sido escolhidos e o diretor também.
O cenário estava pronto e as luzes acesas.
O espetáculo estava prestes a começar.
Então, você chegou e interrompeu a produção.
Você não queria estar no meu filme.
Você rejeitou os papéis para os quais eu havia lhe escalado.
Rasgou os figurinos e as máscaras,
Destruiu o palco e o cenário,
Você queimou meus sonhos de prêmios e glória,
Ao insistir em ser você mesmo.
Fui obrigado a fazer o impensável.
Tive de jogar minhas expectativas no lixo
E devastar minhas fantasias.
Em vez de escrever um roteiro perfeito para você,

> E imaginar um futuro perfeito para a sua vida,
> E sonhar objetivos perfeitos para você,
> Eu queimei tudo até as cinzas.
> Mas algo inesperado aconteceu.
> Eu salvei algo que nem sabia que tinha perdido...
> minha própria alma.

Nós, pais, somos cineastas completos. Estamos sempre no processo de pré-produção escrevendo roteiros e escolhendo finais para nossos filmes. Alguns são curtas-metragens que retratam um momento ou evento em particular, e outros são épicos que cobrem o passar de anos. Nem nos damos conta de quantos roteiros passam por nossa mente ao mesmo tempo. Esses filmes confundem completamente nossa mentalidade. Nossos roteiros nos mantêm presos à fantasia e bloqueiam nossa capacidade de interagir com nossos filhos como eles são de verdade. Esses roteiros também carregam, inevitavelmente, a quebra de expectativas, pois os filmes nunca saem do papel.

Há tantos filmes que os pais inventam em suas fantasias:

Meu Filho Excepcionalmente Talentoso
Nossa Família Perfeita Sai de Férias
O Melhor dos Pais Salva o Dia

Trilogias foram roteirizadas, personagens foram escalados, e nossos nomes estão pintados na cadeira do diretor — tudo isso antes do nosso filho sequer nascer. Moldamos de forma exata quem nossos filhos serão, como iremos educá-los e como nossa família será. Lamento dizer, mas os pais não são muito criativos. Todos queremos a mesma coisa: alguma versão da perfeição, felicidade infinita e sucesso estrondoso. Você concorda?

A criança em nosso filme é nada menos que um gênio. Nosso filho "deve" ser alguém que acabe com a pobreza mundial, encontre a cura para o câncer, lute a guerra contra as drogas, resolva o problema do clima ou, no mínimo, se torne o próximo líder mundial ou superstar: um Nelson Mandela, um Martin Luther King Jr., ou uma Oprah Winfrey — um minideus.

Em nossas fantasias, pedimos pela criança perfeita como se estivéssemos pedindo uma refeição gourmet. Duas colheres de Albert Einstein, uma pitada de Mahatma Gandhi, uma colherada de Madre Teresa, uma colher cheia de Barack Obama, um toque de talento de alguma celebridade: Adele, Tom Brady, Leonardo DiCaprio, Julia Roberts ou Beyoncé. Não somos exigentes, desde que nossa criança incorpore uma porção generosa das pessoas mais ricas, inteligentes e bem-sucedidas do mundo no momento da nossa fantasia. Não importa que nenhum de nós tenha chegado perto disso em nossas próprias vidas; essa realidade não tem relação com nossas crianças fantasiosas.

Nosso cenário de filme ideal é alguma versão do parque temático da Disney. Aqui, as crianças são felizes o tempo todo, amam seus pais o tempo todo e são sempre obedientes e gratas. Também têm boas maneiras, escrevem cartas de agradecimento à mão, visitam voluntariamente os doentes, lavam a louça, dão descarga no vaso sanitário, arrumam suas camas, comem legumes, tiram notas dez e ganham dinheiro aos treze anos. Tudo isso sem precisarmos implorar.

Eu sei que você tinha fantasias. Todos nós tínhamos muitas dessas antes de nos tornarmos pais. É por isso que embarcamos na paternidade como se estivéssemos prestes a admirar um lindo pôr do sol, com um milhão de dólares nos esperando no final. Em algum momento após as vigésima segunda hora, a compreensão de que isso não era nenhum passeio no parque caiu como uma bomba em nossas cabeças. Nada de pôr do sol, nada de um milhão de dólares, nada de prêmio, nada. É uma condenação perpétua ao trabalho forçado. Agora temos um novo chefe na cidade, e ele não paga hora extra. Somos trabalhadores multitarefa contratados por esses implacáveis pequenos chefes que não têm pena de nós.

Fomos tão tolos. Permitimos que nossa bolha de fantasia crescesse tão monstruosamente durante aqueles nove meses de incubação, que ela sobrepujou nossas mentes racionais. Na verdade, pensamos estar "produzindo" e "gerando" crianças angelicais que estariam sob nosso controle supremo, como animais de estimação, ou melhor ainda, como bonecas ou marionetes. Afinal, se os estamos criando vinte e quatro horas por dia, sete dias por semana, isso não significa que somos donos deles?

Não sobrecarregamos as crianças com uma atividade após a outra apenas porque queremos "expô-las" às melhores oportunidades do mundo. Fazemos isso porque queremos que nossas fantasias se tornem realidade de alguma forma. Queremos ir a pelo menos uma peça em que nosso filho não seja apenas uma árvore no fundo, um concerto em que não precisemos forçar os olhos para vê-lo na última fila, ou um jogo em que não esteja no banco aproveitando o tempo livre.

Ninguém se torna pai acreditando que "vou criar um filho perdedor" ou "vou passar os próximos dezoito anos da minha vida implorando para o meu filho tomar banho, dizer obrigado, limpar o que sujar", ou "vou ser péssimo nessa coisa de ser pai/mãe". Não. Todos nós temos filhos porque existe alguma ilusão de grandeza envolvida. Vamos ser ótimos pais e criar ótimos filhos.

Mesmo depois que nossos filmes de fantasia pré-nascimento são destruídos pela realidade, não paramos de fazer filmes em nossas cabeças. Essas projeções e expectativas continuam a mudar e evoluir o tempo todo. Continuamos leais às nossas fantasias de perfeição e grandeza. Nós entendemos que ser pai ou mãe é difícil, mas nos apegamos às nossas visões de que um dia no futuro, se apenas controlarmos nosso filho o suficiente, ele vencerá um concurso de soletração, ou algum campeonato estadual, ou, até mesmo, se todos os ingredientes certos estiverem no lugar, ganhará um Oscar ou uma medalha de ouro olímpica.

Você sabe que o que estou dizendo é verdade em algum nível. O coitado do seu filho só precisa dizer que gosta de batucar em mesas e você compra uma bateria e o matricula em uma aula de música. Ou seu filho gosta de contar até dez e você o matricula em uma aula extra de matemática. A fantasia de ser um ótimo pai ou ótima mãe é tão forte dentro de nós que ela sai das sombras de forma furtiva e nos domina à menor provocação. Antes que possamos perceber, somos o protótipo da temida "mãe de miss" ou "pai de jogador de futebol" gritando dos bastidores, totalmente descontrolados.

As crianças que crescem sendo forçadas a participar dos filmes de seus pais se sentem sempre deslocadas, incompreendidas e claustrofóbicas. Elas querem gritar: "Ei, eu só quero viver minha própria vida. Me tire do seu filme!" Mas não podem fazer isso porque seus papéis já foram escolhidos desde bebês. E ao longo de toda a sua infância, as crianças são lançadas em papéis, e é impossível se livrar deles. Talvez você se lembre de sentir essa frustração insana durante sua própria infância, quando se sentiu preso em um papel que não queria interpretar, mas as consequências eram muito grandes para que deixasse de atuar, então você apenas seguiu em frente. Você então percorreu o percurso até a idade adulta com essa sensação de inautenticidade e deslocamento.

É porque não fomos completamente vistos e respeitados por quem éramos de verdade quando crianças que temos essa sensação de falta, um vazio interior, tanto que acabamos vivendo nossas vidas como catadores procurando desesperadamente por algo, alguém, alguma conquista ou alguma posse para preencher aquele espaço vazio dentro de nós. Embora o grau em que cada um de nós experimenta esse desejo e sente-se compelido a empreender essa busca infrutífera, há um denominador comum dentro de todos nós: o desejo desesperado de preencher um vazio interior. Iniciamos a maternidade e a paternidade com esse desejo desesperado e projetamos isso em nossos filhos. Eles agora se tornam nossa última salvação, nosso último esforço desesperado para finalmente nos sentirmos importantes e dignos. Essa é a característica principal da parentalidade inconsciente que estou tentando reverter por intermédio de uma abordagem radicalmente nova. Sua presença aqui comigo neste caminho demonstra seu próprio desejo de se tornar mais consciente e realizado.

Quanto maior o nosso desejo pela criança perfeita e pela vida perfeita, maior a nosso senso interior de falta de valor. Não percebemos como esses dois elementos da psique se correlacionam, mas eles estão profundamente entrelaçados e inter-relacionados. Se eu lesse os roteiros dos pais com quem já trabalhei, descobriria que são basicamente iguais. Todos incluem esse desejo inconsciente por uma "vida perfeita". Quem não quer uma maravilhosa vida perfeita? Seria incrível ter uma vida assim. Mas, como todos sabemos, isso é uma ilusão. Algo que não existe. Queremos essa sensação externa de perfeição porque queremos controle. Quando as coisas se encaixam perfeitamente e previsivelmente, sentimos que estamos no controle. E por que queremos controle? Porque ele nos dá uma sensação de conforto e segurança. Permite que a gente se sinta bem-sucedido.

Este sucesso nos faz sentir valorizados. Quanto menos nos sentimos valorizados por dentro, mais buscamos controle e perfeição por fora. Tentamos controlar tudo o que podemos do lado de fora e, de todas as pessoas em nossas vidas, quem são as que sentimos que podemos controlar mais? Você adivinhou: nossos pequenos. Sabemos que não podemos controlar nossos parceiros ou a maioria das pessoas da nossa idade. Então, apontamos para os fracos e vulneráveis: nossos filhos. Começamos com fantasias sobre como eles vão se parecer, seus nomes, seus hobbies, seus maneirismos, suas qualidades, seus sonhos, com quem vão se casar. Então, nos incluímos. Como nossos filhos nos farão sentir? Quão bons, merecedores, importantes e bem-sucedidos nos sentiremos perto deles?

Todos os futuros pais têm as mesmas exatas fantasias. Quanto mais o futuro pai ou mãe experimenta um vazio interior, mais elaborada é a fantasia e maior é a agitação quando ela não se realiza.

Assim que nosso bebê nasce, tudo é mapeado em detalhes e a preparação começa. Pintamos o quarto do bebê; compramos os brinquedos; e começamos a criar, controlar e selecionar. Começamos a moldar, produzir e aperfeiçoar nossos filhos à imagem de nossas fantasias. Quando eles nos obedecem, aplaudimos. Quando protestam ou resistem, ficamos irritados, com raiva e soterramos sua identidade.

Perceber que estamos criando filmes a partir de nosso próprio desespero é um alerta importante para os pais. Também é um remédio amargo. Nosso ego envolve tão fortemente nossas emoções que perdemos toda a consciência de como estamos sendo levados para longe. Um exemplo perfeito é a situação de Lauren, uma de minhas clientes. Ela me ligou com urgência um dia para falar sobre seu filho adolescente, Brian. Ela estava furiosa e reclamando ao telefone sobre o fracasso dele em entrar para o time de basquete da escola. Lauren estava horrorizada e também furiosa. "Durante todo o verão, implorei para que ele praticasse e ficasse em forma, mas ele me ignorou completamente. Preferiu sair com os amigos e desperdiçar o tempo. Agora ele não foi escolhido para o time de basquete. Não vai ter nenhuma atividade extracurricular e vai simplesmente ficar arrumando confusão. Estou muito brava com ele." Eu podia ouvir como ela estava dividida e como estava levando tudo para o lado pessoal.

Sempre que reagimos a um gatilho externo com uma intensidade emocional aguda, especialmente quando se trata dos nossos filhos, é sinal de que algo mais profundo está acontecendo. É preciso coragem e autoconhecimento para investigar mais a fundo. Como terapeuta, estou ciente desse fato e posso guiar meus clientes em direção a essa consciência. Eles muitas vezes resistem ao meu feedback.

"Sua raiva vem de um lugar profundo dentro de você, Lauren. Não se trata apenas do seu filho e do basquete. Provavelmente é sobre sua própria fantasia para a vida dele", eu expliquei.

À princípio, Lauren ficou tão chocada que ficou sem palavras. "O que você quer dizer com a minha fantasia? Eu não fantasiava que ele fosse um atleta. Sempre foi ideia dele. Só estou chateada porque ele se transformou em um completo perdedor. Ele poderia ter entrado no time da escola e até ganhado uma bolsa de estudos! Ele era incrível o suficiente no basquete para isso. Mas agora ele jogou tudo fora. É por isso que estou com raiva!"

Os pais sempre têm maneiras incríveis de justificar a raiva em relação aos filhos, não é? Eu sei porque eu mesma costumava ser mestre nisso. Também usava de lógicas do tipo "Só gritei porque estava preocupada" quando minha filha procrastinava uma tarefa ou perdia a carteira, ou qualquer coisa. Nunca queremos olhar para nós mesmos e enxergar as verdadeiras raízes de nossa raiva ou medo.

Expliquei a Lauren que, é claro, alguma decepção era natural, mas seu nível de raiva denunciava algo mais profundo dentro dela. O que era? Por que ela estava tão zangada com o filho por desistir de sua carreira no basquete? Ela havia comprado completamente essa ideia para si mesma? Era parte de sua própria visão para si mesma ser mãe de um filho atleta? Sua raiva era, em parte, suas fantasias sendo destruídas? Levei um tempo para mudar a ideia defensiva de Lauren de que ela estava com raiva apenas porque se importava com o filho.

Gentilmente, lembrei-a: "Se você se importa, há um milhão de outras maneiras de mostrar isso. Você pode ser empática e compassiva, mas está com raiva." Depois de semanas de terapia, ela finalmente cedeu e admitiu: "Eu amava vê-lo jogar. Era algo que me fazia tão feliz. Ele era tão bom nisso. Eu ficava tão orgulhosa. Conseguia ver todo o futuro dele pela frente, e era brilhante e cheio de sucesso. Aquilo me fazia sentir que estava sendo uma boa mãe. Fazia eu me sentir tão feliz."

Finalmente, ela reconheceu que estava chateada porque seus sentimentos haviam sido ignorados. Ela assumiu suas intenções egocêntricas: "Quero que meu filho seja um atleta porque isso me faz sentir como se eu tivesse feito um bom trabalho." Lauren começou lentamente a compartilhar um pouco da história de sua infância, o que começou a juntar as peças do quebra-cabeça. "Eu sempre quis ser atriz quando crescesse, mas nunca fui realmente boa em atuar. Sempre era escolhida para papéis ruins nas peças da escola e ansiava por ser a estrela. Meus pais nunca me encorajaram. Eles me disseram que eu nunca seria bem-sucedida nisso, então abandonei meu sonho e me tornei farmacêutica para deixá-los orgulhosos. Mas nunca esqueci a sensação de rejeição e falta de apoio deles em me ajudar a ir atrás dos meus sonhos."

Assim que ela disse essas palavras, entendeu. Ela viu a conexão. Seu rosto mudou e ela disse: "Ah, meu Deus! Você acha que fiquei tão brava com meu filho porque isso está me lembrando de todos os meus antigos sentimentos de rejeição e por nunca ter tido a chance de ir atrás dos meus sonhos? Talvez ele nem esteja chateado com isso, mas está me lembrando de tudo o que eu não pude fazer quando era criança?"

Lauren foi capaz de ver como suas velhas feridas haviam ressurgido na maternidade. Sem a consciência disso, ela havia inadvertidamente colocado grande importância na carreira de basquete de seu filho no ensino médio. Sem perceber, havia ficado mais emocionalmente envolvida e investida nas escolhas atléticas dele do que se dava conta. Quando ele, enfim, desistiu, Lauren foi incapaz de separar sua própria reação da situação em si para poder estar lá por ele de uma maneira consciente e conectada.

Tenho certeza de que muitos de vocês podem se enxergar em Lauren de alguma forma. Talvez estejam ficando excessivamente chateados com as escolhas de seu filho e sejam incapazes de compreender os sentimentos dele sobre suas decisões de vida. Lembro-me de muitos momentos como esses em que o apego às minhas próprias fantasias ganhou muita importância e me colocou numa montanha-russa emocional, tornando-me incapaz de permanecer presente e compassiva da maneira como minha filha precisava que eu fosse. Ainda me lembro do tempo em que Maia escolheu parar de andar a cavalo depois de sua primeira competição, na qual ela se saiu extremamente bem. Fiquei arrasada. Tinha me imaginado como a mãe de uma atleta equestre, andando em um trailer com belos cavalos no reboque. E agora aquele sonho fora destruído. Ela nem me deu a chance de vivenciar isso mais uma vez. Droga de criança! A única coisa que me salvou de gritar com ela foi a parentalidade consciente. Eu já havia escrito dois livros sobre o assunto na época, então sabia que não era ela em si, mas sim minhas próprias expectativas em jogo. Mas se não tivesse sido por todos esses anos de consciência, eu teria despejado minhas fantasias sobre ela e a faria se sentir culpada por não realizar o que eram, na verdade, sonhos meus.

Quando nos tornamos conscientes dos filmes em nossas cabeças, prestamos um grande serviço aos nossos filhos. Não apenas deixamos de interpretar nossas fantasias, mas absolvemos nossos filhos da culpa e da vergonha por não torná-las realidade. Liberamos nossos filhos dos papéis que atribuímos a eles, que muitas vezes não são suas escolhas voluntárias, e, em vez disso, os ajudamos a se recolocar em roteiros que combinem com quem realmente são. Ao fazer isso, finalmente libertamos nossos filhos das garras de nossas fantasias claustrofóbicas e permitimos que eles, livres, voem para um céu de possibilidades infinitas de seu próprio destino, rumo a uma essência autêntica.

COLOCANDO EM PRÁTICA

A razão para a maioria dos nossos conflitos, especialmente como pais, é a separação entre nossas expectativas e a realidade. Quanto mais diferentes elas forem uma da outra, maiores serão os conflitos. Da próxima vez que você experimentar qualquer agitação interna e conflito sobre as decisões de seus filhos, não os culpe. O conflito provavelmente não tem nada a ver com eles, e sim entre sua própria fantasia e a realidade. É aí que está a divisão.

Então, o que você precisa fazer? Precisa refletir e ser sincero sobre o seu filme e seus roteiros. Quanto mais expectativas inconscientes você tem para seus filhos, maior é o potencial para decepções quando eles não alcançarem essas expectativas. Isso não é justo com seus filhos, não é mesmo? Eles não têm ideia de quais são suas fantasias, muito menos como atendê-las. Quando agimos movidos inconscientemente por esses roteiros de filmes, fadamos nossos filhos e nós mesmos ao fracasso. Tire um momento para escrever o roteiro do seu filme de fantasia para o seu filho:

Qual é o nome do filme?
Quem são os personagens?
Quais são seus papéis?
Como o filme termina?

Você pode escrever seu filme de fantasia e seu roteiro aqui:

_____

_____

_____

Em seguida, nos espaços abaixo, escreva todas as fantasias que você teve para seus filhos na coluna da esquerda e, em seguida, escreva sua realidade atual na coluna da direita. Por exemplo, as colunas podem ficar assim:

Fantasia	Realidade
Meu filho será um atleta de destaque	Meu filho não gosta de esportes
Meu filho será extrovertido e amigável	Meu filho é tímido e introvertido
Meu filho será um aluno nota 10	Meu filho tem dificuldades de aprendizagem

Agora, preencha as colunas abaixo:

Fantasia	Realidade
_____	_____
_____	_____
_____	_____

Você vê como uma grande diferença entre a fantasia e a realidade pode criar ansiedade e estresse dentro de você? Imagine se apegar a essas fantasias e nenhuma delas se tornar realidade; pode ser angustiante. Você pode sentir vergonha do seu filho ou, igualmente trágico, vergonha de si mesmo. Pode pensar que há algo realmente errado com ele ou consigo mesmo. Se não estiver ciente de suas fantasias, poderá viver em um estado crônico de decepção e ansiedade sem nem mesmo se dar conta do motivo.

Depois de escrever suas fantasias e sua realidade, faça a si mesmo as seguintes perguntas:

Sou capaz de abrir mão dessas fantasias?
Posso aceitar meu filho e minha realidade como são, sem esse filme?
Quais sentimentos surgem em mim ao abrir mão de minhas expectativas?
O que na minha realidade está me causando medo e dor?
Posso encontrar alegria e abundância em meus filhos do jeitinho que eles do jeitinho que eles são?

Abrir mão dos nossos filmes de fantasia pode ser bastante doloroso. Mas o que podemos encontrar, uma vez que aceitamos nossa realidade como ela é, em vez de lutar contra ela, é uma grande sensação de paz. Em vez de culpar nossos filhos por não agirem de acordo com nossos filmes fantasiosos, podemos encontrar maneiras de celebrar o que está acontecendo com eles sem culpa ou vergonha.

Nossos filhos, assim como nós, merecem viver em um filme de sua própria criação, em vez de um criado pelos pais ou pelo mundo exterior. Quando os seres humanos são autorizados a esculpir suas próprias experiências de vida com base em seus próprios sonhos e visões autênticas, eles se tornam resilientes e dignos. Eles se veem como intrinsecamente "bons o suficiente". E assim é com nossos filhos. Em vez de sentir que precisam viver de acordo com nossas expectativas ou fantasias, eles precisam se sentir ancorados em seu próprio relacionamento autêntico consigo mesmos. Quando os pais abandonam as fantasias que criam para os filhos e permitem que eles abracem e incorporem seus próprios caminhos, damos a eles o presente inestimável da autoestima e da autocelebração. Tudo começa com nosso compromisso de nos sintonizar com quem nossos filhos verdadeiramente são, em vez de moldá-los em uma versão fantasiosa do que pensamos que deveriam ser.

Passo 3

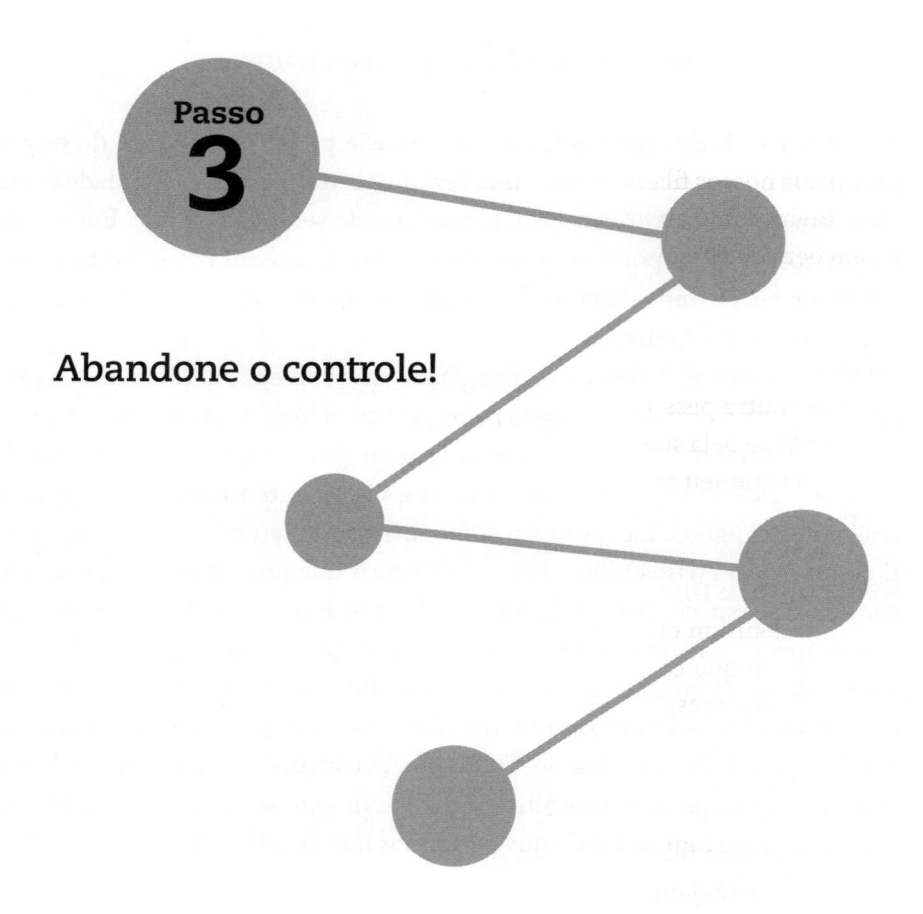

Abandone o controle!

Dançar na linha entre cuidar sem dominar
É realmente perigoso.
Como estar presente sem estar em todo lugar?
Como amar sem sufocar?
Como caminhar ao lado sem invadir o caminho?
Como orientar sem atormentar?
Ah, essa é a arte e a essência da parentalidade.
É o drama e a magia disso tudo,
O mistério indescritível de tudo isso.
Sem fórmulas, sem previsões, sem consolos,
Apenas uma corda bamba interminável adentrando o desconhecido.

Nós, pais, somos notoriamente hipócritas ao afirmar que o amor que sentimos pelos nossos filhos é raro e único e que apenas nós amamos nossos filhos da maneira como amamos. Muitas vezes afirmamos que tudo o que fazemos é pelo bem deles e que sempre somos motivados pelas intenções mais puras. Estou aqui para estourar essa bolha ilusória. Ai, isso vai doer.

Em primeiro lugar, deixe-me tranquilizá-lo de que sim, você *ama* seus filhos de forma imensurável. Talvez você até os ame mais do que já amou qualquer outra pessoa. Mas aqui está o problema: grande parte do seu amor é alimentado pela sua sede de — e ler isso vai incomodar — controle e posse. Você acha que seu amor é verdadeiro e incondicional, mas na verdade não é. É principalmente sobre *ter algum tipo de controle*. Até que você esteja disposto a aceitar essa verdade, seu relacionamento com seus filhos vai sofrer as consequências. Disso não há dúvidas.

Em nenhum outro lugar nossa necessidade de controle e posse é mais poderosa do que com nossos filhos. Temos a crença inconsciente de que, porque temos a responsabilidade de criá-los vinte e quatro horas por dia, sete dias por semana, eles são "nossos". E acreditamos que, porque eles são nossos, seus pensamentos, sentimentos e comportamentos também são nossos. Na verdade, mais nossos do que deles mesmos. Inconscientemente, esperamos que nossos filhos ajam como desejamos e vivam suas vidas de acordo com nosso planejamento. Quando não o fazem, entramos em modo de controle obsessivo e usamos todo tipo de manipulação para fazê-los agir da nossa maneira. As táticas mais comuns? Raiva e punição. Quando essas não funcionam, podemos usar do silêncio, do distanciamento ou até mesmo da negligência.

Pense nisso. Você tenta controlar os adultos em sua vida da mesma maneira que faz com seus filhos? Com adultos, você não pensa duas vezes ou até mesmo uma dezena de vezes? Você não é mais gentil, mais tolerante e mais paciente? Se um amigo se atrasasse para uma refeição, esquecesse as chaves em casa, esquecesse de esvaziar a lava-louça ou não passasse tempo com você quando você quisesse, você perderia a cabeça? Se eles perdessem seu livro ou colar favorito, você gritaria com eles ou os xingaria? Você os envergonharia e puniria, ou deixaria de amá-los ou tiraria deles algo de que gostam? Duvido que faria qualquer uma dessas coisas tão facilmente com outro adulto. Você iria parar e avaliar seriamente as consequências.

Por que, quando nos tornamos pais, não oferecemos aos nossos filhos a mesma cortesia? Se nosso filho esqueceu a mochila, por que gritamos e esbravejamos? Se eles perderam o casaco ou o celular, por que os punimos e envergonhamos? A única justificativa é que pensamos sermos donos dos nossos filhos e, portanto, temos esse direito. Tudo se resume a posse e controle. E a trágica ironia de tudo isso? Acreditamos que essa é a maneira certa de demonstrar amor a eles. Até chamamos isso de "amor rígido".

Será que o amor deveria ser rígido? Um amor assim faz com que você se sinta bem? Com certeza não faz eu me sentir bem. Você gostaria de receber esse tipo de amor dos seus amigos ou parceiro? Por que o amor deveria ser sobre punição e controle? Por que não pode ser sobre empatia, compaixão, comunhão e conexão? O amor não deveria ser acompanhado de controle, e no entanto é precisamente disso que se trata uma grande parte de como criamos nossos filhos. O amor parental tradicionalmente não se trata apenas de um amor puro e verdadeiro. É amor + posse + controle.

Essa conscientização sobre a natureza controladora do nosso amor é muito importante. Sem ela, ficaremos presos a táticas manipulativas que diminuem o senso de segurança e de valor dos nossos filhos. Veja, nossos filhos — não importa o quão pequenos sejam — têm um saber interno com o qual devem estar sintonizados para que possam crescer fortes e conscientes. Como ajudamos nesse processo? Eliminando nosso desejo de controlá-los e o substituindo por aceitação incondicional e orientação. É uma questão de perguntar: "Quem são meus filhos de verdade e quais são suas necessidades?" em vez de "Quem eu quero que meus filhos sejam baseado nas *minhas necessidades*?"

Você pode protestar: "Como faço para que meu filho faça a coisa certa se nunca o controlo ou o castigo?" Este é um grito de guerra parental comum. É como se a única coisa que soubéssemos fazer fosse controlar, ou como se acreditássemos que a única alternativa ao controle fosse a negligência total — que se escolhêssemos dar aos nossos filhos a liberdade de descobrir suas próprias vozes e destinos, eles se jogariam em um reality show extremo de *drogas, sexo e rock'n'roll* (o substituto de prontidão para qualquer comportamento fora da norma). Sabe por que nós, pais, nos sentimos assim? É porque fomos doutrinados em um modelo tradicional de *medo, culpa e vergonha*, no qual fomos forçados a reprimir nossas próprias fantasias de rock'n'roll. Como não integramos essas partes reprimidas de nós mesmos, projetamos esse modelo em nossos filhos também. Fomos criados no controle e na supressão, e nosso maior medo é viver sem esse controle; portanto, controlamos e suprimimos nossos filhos.

Não estou advogando uma abordagem passiva e desapegada na criação dos filhos. Tudo o que estou falando agora é sobre a *mentalidade de controle* e como ela impacta nossa conexão com nossos filhos de maneira tóxica. A abordagem consciente da paternidade pede aos pais que sejam conscientes da sua mentalidade de controle e do modo como impõem essas ideias a seus filhos.

Por que essa consciência é importante? Quando nossos filhos protestam, em vez de fazê-los se sentir culpados por fazer algo contrário ao nosso "amor", somos capazes de ser empáticos porque agora temos consciência de que somos *nós* que estamos impondo nossas ideias e crenças a *eles*. A maneira como encorajamos nossos filhos a tocar piano em vez de trombone, como os incentivamos a se tornarem esquiadores ou jogadores de basquete quando são pequenos — ou a cantar, dançar, desenhar ou atuar — pode ter menos a ver com quem nossos filhos são essencialmente e muito mais a ver com o fato de que os fazer realizarem essas coisas nos dá uma sensação de controle e importância.

Quando fiquei chateada com minha filha e gritei com ela por largar as aulas de equitação depois de eu ter gastado tanto dinheiro com elas ao longo dos anos, foi porque eu a amava ou porque sentia que estava perdendo o controle e fiquei com raiva pela não concretização da minha visão de quem ela deveria ser? E quando fiquei com raiva dela na quinta série por não tirar apenas notas 10, também fiquei com raiva porque a amava muito, ou porque estava perdendo o controle sobre minha idealização de ter uma filha com resultados excepcionais? E em todos os outros momentos em que fiquei com raiva dela por não seguir minhas expectativas, minha raiva foi causada pelo meu amor ou pela minha necessidade de controle?

A verdade é esta: todas e cada vez que fiquei chateada com minha filha, foi por causa da minha necessidade de controle e poder, não por causa do meu amor por ela. Quando espero que as coisas aconteçam de uma certa maneira e elas acontecem de outra, perco a paciência. Posso fingir que é porque amo e me preocupo com ela e que minha raiva é motivada por preocupação e cuidado, mas isso seria uma mentira descarada. A verdade é que todas as expectativas que temos, cada "dever" que colocamos em nossos filhos e cada necessidade que temos de que eles sejam de uma certa maneira emergem primeiro de nossa própria necessidade de controle.

Agora você pode me perguntar: "E quando meu filho faz péssimas escolhas? Quando ele bate no irmão, rouba do professor ou — pior ainda — usa substâncias prejudiciais?" Minha resposta será a mesma: por que raiva e controle seriam a solução? Essas emoções vêm de nossas próprias expectativas não atendidas e fantasias frustradas. Nossa raiva e controle não vão consertar o problema. A solução está em outro lugar. A solução não é causar medo em nossos filhos para que não tomem decisões erradas novamente, mas ir mais fundo, à raiz do problema, e perguntar: "O que está por trás do comportamento problemático?" Normalmente, há três razões principais para o comportamento problemático nas crianças: (1) falta de informação, porque elas não tiveram experiência de vida suficiente para saber tantos dados factuais quanto nós; (2) falta de habilidade, porque seus cérebros ainda não estão desenvolvidos o suficiente para permitir que elas façam escolhas como nós faríamos; ou (3) falta de autoestima, porque elas ficam ansiosas e com medo de que possamos rejeitá-las ou invalidá-las.

Todos os nossos problemas com nossos filhos podem ser revertidos se nos afastarmos da raiva e do controle e, em vez disso, entrarmos em uma investigação profunda e compassiva sobre o que está acontecendo dentro deles. Raiva e controle criam separação e desconexão, ponto final. Se você é um pai que busca incutir conexão, essas duas toxinas de raiva e controle precisam desaparecer do seu repertório emocional.

Nossa necessidade de controle se disfarça tão sorrateiramente que pode ser incrivelmente difícil detectá-la a princípio. Ela se disfarça como cuidado, preocupação, apoio e proteção parental. Como pais, ficamos tanto tempo sem nos olhar no espelho que literalmente podemos dizer que qualquer coisa é amor.

Quero que você faça aulas de violino, mesmo que você não goste,
porque eu te amo.
Só estou te pressionando para se tornar médico *porque eu te amo.*
Quero que você deixe o cabelo crescer *porque eu te amo.*
Eu te chamei de gordo outro dia *porque eu te amo.*
Gritei com você outro dia *porque eu te amo.*

E adivinha? Nós realmente acreditamos nas coisas que dizemos. Não nos ocorre nem por um momento que nossas intenções venham de algo além de amor. Afinal, de onde mais elas poderiam vir?

Olhar para o que está por trás do nosso "amor", para as ideias mais intrínsecas de controle e manipulação, é um processo doloroso. Exige que sejamos autorreflexivos e brutalmente honestos com nós mesmos. Embora possamos chamar qualquer coisa de amor, apenas os mais corajosos estão dispostos a confrontar essa noção subconsciente de controle e autoimportância. Se e quando formos capazes de enxergar através do nosso "amor" para a sombra subjacente de controle, a qualidade dos nossos relacionamentos vai começar a mudar drasticamente, de hierarquia e domínio para conexão e reciprocidade.

Algo realmente irônico acontece quando não estamos em contato com nossos demônios internos do controle. Nós, pais, acabamos nos sentindo vítimas dos filhos quando eles não seguem nossos caminhos. Ficamos nos perguntando por que acabamos levando a pior. A verdade, no entanto, é exatamente o inverso. Nossos filhos são as vítimas das nossas intenções e do nosso controle. No geral, eles não estão fazendo nada para nós ou contra nós em si. Estão apenas sendo crianças. Claro, eles podem fazer escolhas erradas ou ser imaturos, mas raramente estão fazendo isso para nos atacar. Mas como nós, pais, não estamos cientes de nossa necessidade interna insaciável de controle, enxergamos as coisas completamente invertidas e pensamos em nós mesmos como vítimas indefesas!

Abrir mão do controle é a coisa mais difícil que um pai ou uma mãe pode fazer. Deixe-me fazer uma distinção importante aqui entre estar no comando e estar no controle. Livrar-nos do controle *não* significa que você deixa de estar no comando. Significa apenas que você para de impor controle quando as coisas não são feitas do seu jeito. Isso é importante: estar no comando e estar no controle são duas coisas diferentes. O primeiro implica ser responsável pela segurança e pelo cuidado de seus filhos, enquanto o último implica responsabilizá-los por como eles fazem você se sentir sobre tudo isso. Estar no comando não envolve condições, enquanto estar no controle é repleto delas. Essa distinção ficará mais clara à medida que avançarmos neste livro.

COLOCANDO EM PRÁTICA

Para ativar uma nova consciência em torno dessa ideia de controle versus amor, você precisa ser claro consigo mesmo. Cada vez que você reage negativamente em relação aos filhos com raiva, gritos, punições ou distanciamento, você não está agindo por amor. Não importa como você justifique sua reação, isso não é amor. Você pode amar seu filho, mas não está expressando amor naquele momento. Você está expressando um desejo por controle. Então, da próxima vez que exibir qualquer um desses comportamentos, faça uma pausa e reflita sobre estas perguntas:

Por que sinto a necessidade de que as coisas sejam do meu jeito? Posso abrir mão disso?
Por que sinto a necessidade de estar certo? Posso abrir mão disso?
Por que me sinto ameaçado quando meu filho age de maneira diferente daquilo em que acredito? Posso abrir mão disso?

Quando despejamos nosso controle sobre nossos filhos e silenciamos suas vozes, minamos profundamente seu senso de valor. Involuntariamente, provocamos uma sensação de exclusão e insegurança incapacitante. Eles começam a se perguntar: "Será que não sou bom o suficiente ou digno o suficiente para seguir minha própria voz?" ou "Será que sou tão ruim que mereço ser tratado dessa maneira?" Em vez de forjar um vínculo forte, criamos disfunção em nossa dinâmica com eles. Lembre-se: sempre que o medo está envolvido, há algum tipo de desconexão. Para que uma verdadeira conexão exista, segurança e liberdade para nos expressar como quisermos precisam estar presentes.

Ao refletirmos sobre todas as maneiras em que nossas interações com nossos filhos são baseadas em controle, não apenas paramos de impor unilateralmente nosso jeito de ver as coisas sobre eles, mas também começamos a ter empatia pelas maneiras como eles foram reprimidos por esse controle. Como você aprenderá mais tarde neste livro, a empatia é a pedra angular da conexão e a base de um relacionamento forte com seus filhos. A empatia só pode florescer onde não há controle. Reconhecer a natureza condicional de nosso amor é difícil para nós como pais; mas, uma vez que o fazemos, podemos nos abster de desencadear essa condicionalidade em nossos filhos. Aqui está um exercício poderoso para expor a natureza condicional do nosso amor:

Se o meu filho agir como _____, *então* ficarei orgulhoso.
Se o meu filho agir como _____, *então* ficarei triste.
Se o meu filho agir como _____, *então* ficarei bravo.
Se o meu filho agir como _____, *então* ficarei decepcionado.

Fazer esse exercício irá expor a natureza "*se-então*" do seu amor e sua condicionalidade subjacente. Na verdade, convido você a analisar as muitas vezes em um dia em que usa declarações "*se-então*" com seus filhos. Você provavelmente usa essas declarações cerca de uma dúzia de vezes por dia, se não mais. Esse tipo de controle condicional cria uma sensação em nossos filhos de que sua validade é baseada em nos agradar e ser obediente a nós. Quando se comportam bem, recebem elogios e um senso de valor. Quando não o fazem, retiramos nossos elogios.

Não seja duro consigo mesmo se agora você vê a natureza condicional do seu amor. Isso não o torna um pai ou uma mãe ruim, apenas humano. Na verdade, eu chegaria ao ponto de dizer que a maioria de nós alcança apenas o amor condicional. São poucos entre nós que conseguem alcançar o amor incondicional.

Para a maioria de nós, essa ideia de amor incondicional é um conceito estranho. A razão é que a maioria de nós nunca recebeu amor incondicional dos pais. Fomos criados com o amor e o controle "*se-então*", o modelo de *medo-culpa-vergonha*, então é isso que passamos para nossos filhos. Mudar do controle para o amor incondicional requer consciência e clareza. Primeiro precisamos nos dar conta de todos os momentos em que estamos no controle e então tomar a decisão consciente de abrir mão dele. É necessário prática e dedicação para criar os filhos de uma forma que você nunca vivenciou na infância. De fato, é provável que você nunca tenha experimentado esse amor incondicional em toda sua vida.

David e Marcia estavam com dificuldade de lidar com a decisão da filha de doze anos, Sonia, de sair da equipe de ginástica da escola. Sonia era uma das principais atletas. Ela treinava ginástica profissional desde o início do ensino fundamental participando de todas as competições locais. Seu quarto estava cheio de taças, troféus e medalhas. O casal conhecia todos os outros pais da equipe; eles eram uma grande família feliz. A decisão de Sonia de sair da equipe foi devastadora para seus pais. Quando vieram me ver, eles não sabiam mais o que fazer em relação a Sonia. Embora tivessem tentado todas as estratégias de manipulação existentes, nada parecia estar funcionando. Sonia havia se afastado completamente deles e começado a se escoriar beliscando constantemente a própria pele.

Quando vieram me ver pela primeira vez, fiquei chocada com quão magra e frágil Sonia estava. Ela explicou que todos na equipe estavam em uma dieta especial e plano de exercícios. Marcia interrompeu: "Mas é uma comida muito saudável! No futuro, ela vai nos agradecer." David interrompeu a esposa e disse com uma voz frustrada: "Não temos tempo para jogar conversa fora. Sonia perdeu três semanas de treino. Se ela continuar assim, será expulsa da equipe. Simplesmente não sei se ela conseguirá voltar aos trilhos depois. Estamos perdendo tempo aqui!"

Quando perguntei a Sonia por que ela estava desistindo, ela foi surpreendentemente clara e sucinta: "Quero ser uma criança normal e comum. Não quero passar seis horas por dia treinando ginástica. Eu gostava quando era divertido, mas não é mais divertido. Estou estressada o tempo todo. Não consigo sair com meus amigos e fazer coisas normais como todos eles fazem. Estou estudando, me exercitando ou treinando o tempo todo. Eu odeio isso. Pra mim já deu!"

David interferiu novamente: "Isso não é sobre diversão, Sonia! Isso é sobre dedicação e resiliência! Eu pensei que você entendesse isso! Olhe como você foi longe! Se desistir agora, então tudo isso terá sido em vão!"

Estava claro que os pais estavam tendo mais dificuldade com essa decisão do que Sonia. Eles estavam tão apegados a ela no papel de ginasta que estavam perdendo de vista quem era sua filha ou o que ela estava expressando. Fiz apenas uma pergunta aos pais: "Por que vocês não conseguem ouvir sua filha?" David e Marcia ficaram perplexos. Eles nunca se perguntaram: "Por quê? Por que não conseguimos ouvir nossa filha?"

A maioria dos pais com quem trabalhei compartilha a crença inconsciente de que têm poder sobre seu filho e devem tomar decisões por eles. Quando Sonia resistiu ao controle deles, esse casal não pensou em se perguntar: "Por que estamos controlando ela?" Em vez disso, procuraram controlá-

-la ainda mais. Eu disse: "Vocês veem como pode ser difícil simplesmente honrar e aceitar as decisões da sua filha? Não é uma decisão de vocês, é dela! Ela já fez o suficiente e teve sucesso nisso. Onde vocês querem chegar? Ela deveria continuar na ginástica por mais dez anos para vocês se sentirem bem com a desistência dela? Quando será suficiente?"

Eu estava exaltada com esses pais porque podia ver o quanto estavam bloqueados. A filha deles estava sofrendo tanto, mas eles não conseguiam abandonar suas próprias crenças. Pode ser desafiador para os pais abandonarem velhos modelos e aceitarem que precisam mudar. Veja, como a maioria de nós, David e Marcia só viam o pior. Foram dominados pelo medo de que, se a filha deles não continuasse com a ginástica, então ela teria menos opções para a faculdade. O sonho de ter uma ginasta talentosa como filha — alguém excepcional, com medalhas e elogios — não se realizaria. Eles gostavam de ver Sonia como uma estrela, e gostavam de ser os pais de uma estrela.

David e Marcia acreditavam que controlar a filha era a única opção que tinham para "salvá-la" de escolhas "erradas". Eles pensavam que, se pressionassem bastante, ela cederia. Achavam que controle e manipulação eram as únicas formas de se relacionar com a filha e corrigi-la. O que eles não entenderam foi que, no momento presente, estavam causando mais dor a ela do que qualquer coisa no futuro poderia causar.

Você vê como o nosso amor é fortemente maculado pelo controle e pelo medo? É apenas quando estamos dispostos a olhar profundamente dentro de nós mesmos, para os nossos medos inconscientes, que nos tornamos dispostos a mudar. Quando David e Marcia finalmente entenderam como o amor condicional deles estava prejudicando Sonia, eles foram capazes de se livrar do controle e encontrar uma compreensão maior dos motivos e da situação de sua filha. David e Marcia descobriram que Sonia queria passar mais tempo com novos amigos na escola e que ela também gostava de desenhar — um hobby para o qual ela não tinha tempo antes. Acima de tudo, descobriram que a filha deles não estava sendo apenas leviana ou irresponsável, mas sim sendo verdadeira consigo mesma. E isso não é uma coisa boa? Uma vez que os pais viram a filha através da lente da aceitação incondicional, livre de poder e dominação, eles foram capazes de se conectar com ela de forma compassiva. Toda a natureza da dinâmica de como a criavam começou a mudar.

David e Marcia reformularam a decisão de Sonia de "errada" e "fatal" para ser uma escolha que fazia sua vida florescer, permitindo que sua filha abrisse suas asas e abraçasse novos interesses. Começaram a ver o valor de permitir a Sonia a liberdade de conhecer a si mesma e seguir seus próprios caminhos. Eles viram a filha aliviar o fardo que carregava e finalmente desabrochar em sua forma mais autêntica. Sonia começou a ter mais amigos e se envolver em outras formas de arte. Embora ela não tenha ganhado nenhum prêmio ou troféu, começou a experimentar mais alegria, paz, diversão e contentamento apenas sendo uma "criança normal". Não é isso que, em última análise, queremos para todos os nossos filhos?

Quando abrimos mão da abordagem condicional em relação aos nossos filhos, nos tornamos capazes de descobrir quem eles são em um nível completamente diferente, no nível de sua alma. Em vez de controlá-los para atender aos nossos próprios planos, conseguimos entender quem eles são de uma maneira mais profunda e transformadora. Esse tipo de conexão só pode acontecer quando o pai ou a mãe estão dispostos a deixar de lado a abordagem condicional "*se-então*".

Passo 4

Encerre a busca pela felicidade e o sucesso

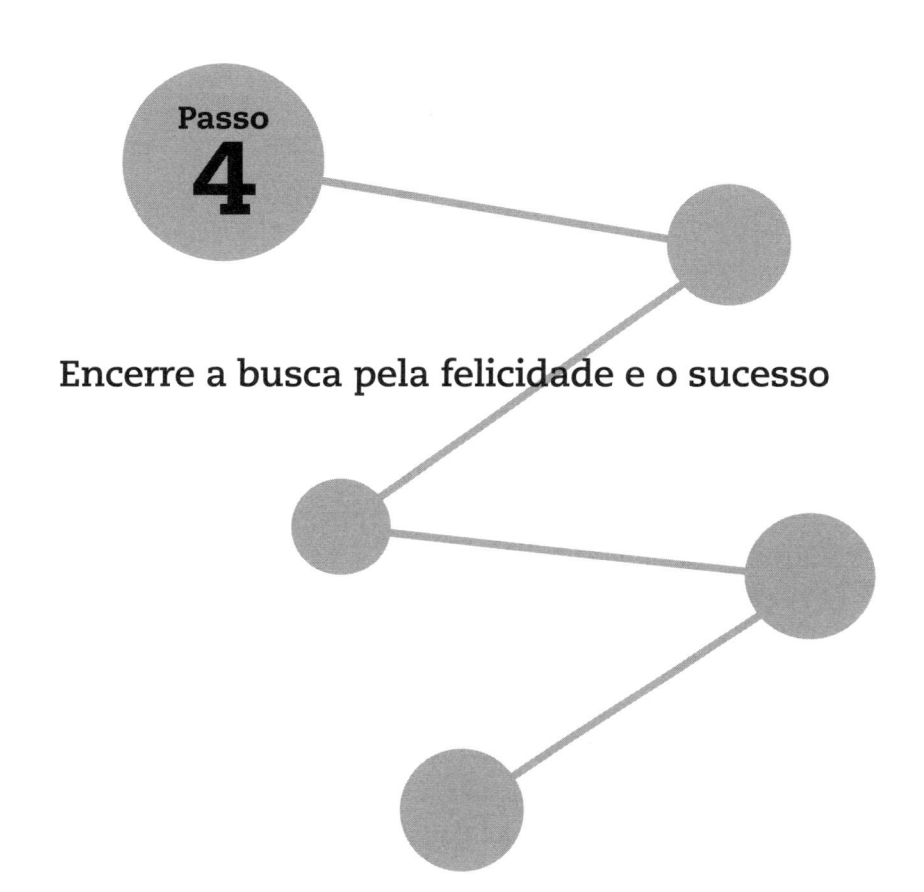

Na minha sede por uma sensação,
Corri através de humanos em cemitérios
E despedacei muitos corações de vidro
E esmaguei sonhos de pedra,
Tudo por uma sensação...
Como um viciado revirando lixo,
Persegui a felicidade e o sucesso como se fossem drogas,
Até que cheguei ao topo da montanha
E não pude aproveitá-la
Porque estava sem ar e sem alma
E minha visão era tingida pelo sangue
Da dor que eu havia deixado para trás.

Uma das coisas que mais perturbam nossa paz e alegria como pais é a ideia de que nossos filhos precisam ser tanto felizes quanto bem-sucedidos. Nada gera mais estresse e conflito entre pais e filhos do que essas duas noções. Por esse motivo, até que você compreenda claramente os potenciais perigos dessa mentalidade, você não conseguirá adotar a parentalidade consciente.

Pergunte a qualquer pai ou mãe qual é o seu maior desejo para o filho e ele dirá reflexivamente: "Quero que meu filho seja feliz e bem-sucedido." Nem mesmo refletimos sobre o significado mais profundo da resposta. Agimos como se a felicidade e o sucesso fossem os objetivos supremos da criação dos filhos. Estou aqui para desafiar essas noções e apresentar a ideia de que perseguir esses dois objetivos é, na verdade, a causa principal de muito estresse e conflito na criação dos filhos.

Primeiro: a ideia de querer algo para outra pessoa é altamente problemática. Desejar o bem das pessoas é uma coisa, mas querer que elas sejam algo específico, como felizes ou bem-sucedidas, é controlador. Imagine que você está estudando para conseguir um diploma de pós-graduação e esteja enfrentando dificuldades, e uma amiga se aproxima de você e, em vez de entender o que você está passando, expresse decepção com seus problemas. Ela diz: "Não consigo acreditar que está infeliz! Eu quero que você seja feliz. Pare de ficar triste." Como isso faria você se sentir? E se ela dissesse: "Por que você não está tirando notas A? Por que está se saindo tão mal? Isso é inaceitável!" Como isso faria você se sentir?

Aposto que a atitude dela o deixaria muito magoado. Com certeza, você se afastaria dela e se fecharia, não é mesmo? Bem, é exatamente assim que nos comportamos com nossos filhos. Estamos tão apegados a querer que eles sejam felizes e bem-sucedidos que, na verdade, passamos a considerá-los pessoas sem nenhum valor quando não estão ou não o são.

Consigo ouvir suas objeções: "O que há de errado em querer que nossos filhos sejam felizes e tenham oportunidades de sucesso? É isso que desejamos para nossos parceiros, nossos pais e nossos amigos, não é?" Aqui está a diferença que os pais precisam estar cientes: quando desejamos essas coisas para nossos filhos, não estamos apenas envolvidos em desejos passivos como oferecemos a outras pessoas em nossas vidas. Em vez disso, esses são desejos ativos e expectativas que projetamos em nossos filhos. Nós os colocamos em uma caixa com a nossa visão do que é a felicidade e o sucesso sem dar a eles liberdade de explorar, cometer erros, ficar tristes, ficar com raiva e aprender a valiosa lição de que a bagunça e a beleza da vida andam de mãos dadas.

Vamos desconstruir ainda mais essa ideia. A primeira coisa que precisamos entender é que, por mais bem-intencionados que sejamos, nosso desejo de que nossos filhos sejam felizes e bem-sucedidos é egoísmo. *Nós* queremos que eles sejam felizes e bem-sucedidos porque então *nós* nos sentimos felizes e bem-sucedidos como pais. Sentimo-nos competentes e importantes. Nosso desejo é, em última análise, sobre como o sucesso e a felicidade deles *nos* fazem sentir. Como sei disso? Bem, deixe uma criança mostrar satisfação com uma atividade que não atenda à aprovação dos pais, e esse pai geralmente fica irritado, preocupado e infeliz. Claro, queremos que nossos filhos sejam felizes, desde que isso esteja de acordo com nossas expectativas. Na verdade, queremos que nossos filhos obedeçam e se curvem em obediência. O fato de eles fazerem isso *nos* faz sentir felizes acreditando que temos controle e sucesso como pais.

A próxima coisa que precisamos entender é que as ideias de felicidade e sucesso são exatamente isso: ideias, e nada mais. Peça a cem pessoas para definir qualquer um desses dois conceitos, e você terá cem respostas diferentes. O motivo? Esses são conceitos subjetivos, não fenômenos objetivos. Por essa razão, enfiar esses dois objetivos na nossa forma de criar os filhos impõe pressões e expectativas irreais, criando tanto em nós quanto em nossos filhos um sentimento de decepção, se não de fracasso.

A felicidade, como sabemos, é passageira. Como a vida é complexa e sutil, esperar que nossos filhos — ou qualquer pessoa — se sintam felizes o tempo todo é ridículo. O sucesso também é uma ideia esotérica determinada por muitos qualificadores complexos. Para uma nova mãe, sucesso pode significar ter uma boa noite de sono com seu bebê. Para sua melhor amiga, uma mulher da mesma idade, sucesso pode ser abandonar o vício em açúcar ou álcool. Para sua irmã, pode ser aprender um novo idioma, enquanto para sua sobrinha pode ser resolver uma equação que ela não tinha conseguido resolver no dia anterior.

Meu ponto? Felicidade e sucesso são ideias às quais nos apegamos sem perceber que não têm um significado duradouro. Mas, devido ao nosso apego cego a elas, sempre que vemos nossos filhos infelizes ou malsucedidos, perdemos a cabeça. Quando vemos nossos filhos chorando, imediatamente queremos tirar a dor deles, por eles e por nós mesmos. Quando vemos que estão indo mal na escola, queremos puni-los ou consertá-los. Nosso apego a esses dois conceitos — felicidade e sucesso — nos atrapalha e nos causa sofrimento desnecessário.

Repito: essas ideias sobre felicidade e sucesso estão enraizadas em nós desde a infância e fazem parte de nossa cultura. Nossa sociedade é voltada para elas. Estamos viciados nelas. A menos que percebamos o quão vazias são, continuaremos caindo na armadilha de querer felicidade e sucesso para nossos filhos e sofreremos quando eles não incorporarem essas qualidades.

Eu posso ouvir você protestar confuso: "Então, está dizendo que não devemos nos importar quando nossos filhos estão tristes ou indo mal na escola? Isso soa insensível!" Este é o ponto que preciso que você compreenda claramente. Cuidar dos filhos não significa que eles precisam se tornar pessoas felizes e bem-sucedidas, nem que é sua culpa ou responsabilidade se eles não são.

Cuidar dos seus filhos significa aceitá-los como eles são. Se estão tristes, deixe que fiquem tristes. Se estão com raiva, deixe que fiquem com raiva. Ou se estão com dificuldade em matemática, deixe que estejam. Claro, perguntamos sobre seus problemas e ajudamos a criar soluções para seus dilemas, mas não o fazemos em prol de uma noção de busca por um destino chamado "felicidade e sucesso".

Pais, eu imploro que vocês saiam do trem em direção à felicidade e ao sucesso! É um destino que não existe: e, se vocês não desembarcarem, estarão em uma busca interminável, sempre procurando e nunca encontrando. Embora todos queiramos que nossos filhos se sintam felizes em suas vidas, precisamos perceber que não há ser humano na Terra que possa se sentir assim todos os dias. Todos passam por períodos em suas vidas em que sentem medo, frustração, tristeza e fracasso. E adivinha? Isso é normal. É humano. É aceitável.

Ensinar aos nossos filhos sobre a inevitável bagunça da vida é muito mais valioso do que ensiná-los a buscar realidades inalcançáveis. Quando eles abraçarem a ideia de que a vida é naturalmente confusa, vão se tornar muito mais resilientes do que se estiverem presos à ideia de que a vida deve levar a uma utopia repleta de felicidade constante e sucesso sem limites. Quando seus filhos esperam que a vida seja bagunçada, eles não correrão o risco de se decepcionarem, pois é exatamente assim que a vida acaba sendo. No entanto, se seu filho espera que algum tipo de fantasia utópica se torne realidade, ele ficará extremamente desapontado quando essa fantasia não se concretizar.

É hora de substituir a ideia de felicidade e sucesso por algo totalmente novo e diferente. Precisamos nos afastar de metas de resultado e nos concentrar em metas de processo. Em vez disso, vamos nos concentrar em algo novo: *presença e experiência*. Quando nos concentramos na *presença*, focamos um estado de vivacidade e conexão com o momento presente. Quando nos concentramos na *experiência*, focamos aceitar o que estamos vivendo aqui e agora. Portanto, não importa se nossos filhos estão chorando ou sorrindo, nosso foco está menos em julgar e mais em permitir que eles experimentem uma relação autêntica com esse modo de ser. Qual é a conexão deles com suas próprias experiências de vida? O que estão aprendendo? Por quais transformações internas estão passando? Quando nos concentramos em momentos qualitativos como esses, a vida deixa de ser sobre um resultado fixo e se concentra em nosso modo de ser. Não há mais sentimentos "bons" ou "ruins", apenas sentimentos.

Presença e experiência são orientadas para o processo; em contraste, felicidade e sucesso são orientados para o resultado. Quando ensinamos nossos filhos a se envolverem no processo da vida e a ignorarem o resultado, eles podem se livrar das pressões internas e entrar em um estado de alegria e calma. E nós pais podemos fazer o mesmo.

Concentre-se na presença com seus filhos. Eles estão presentes? Se estiverem, é isso que importa. Não importa se estão "felizes" ou "zangados". O que importa é que eles estão sendo sinceros e verdadeiros em relação à sua realidade atual. Não se trata das notas altas na escola ou da conta bancária, mas sim das experiências pelas quais nossos filhos estão passando. Se estão vivenciando suas vidas do seu próprio jeito, não importa se é assim ou assado, e sim se estão sendo capazes de reivindicar essas experiências como suas.

Por que é tão importante que os pais adotem essa nova abordagem? O motivo é que ela liberta os pais, assim como as crianças, de toda pressão. Ela permite que os pais aceitem mais naturalmente os modos de ser e de autoexpressão de seus filhos sem forçá-los a ser eternamente alegres ou gênios supertalentosos. Aceitar o que está acontecendo com seu filho — "Meu filho está passando por dificuldades agora" ou "Meu filho não tem inclinação natural para matemática e cálculo"— alivia a pressão e facilita tanto para os pais quanto para a criança entrar em um estado de fluxo existencial em vez de um estado de pressão.

Stacey teve muita dificuldade em se despedir do filho de dez anos, Josh, quando ele foi para um acampamento de verão. Era o primeiro verão dele longe dela, e ela estava apreensiva por passar três meses sem ele. Ela estava tão envolvida com seu bem-estar emocional que seu humor estava constantemente ligado ao dele. Por outro lado, Josh também era codependente e queria estar em contato constante com ela durante o acampamento relatando como se sentia hora após hora e deixando os monitores sem saber como gerenciar o relacionamento com ele. Quando Stacey recebia uma mensagem animada do monitor dele ou via Josh em um álbum de fotos on-line, ela ficava instantaneamente mais feliz. Quando isso não acontecia, seu humor mudava. Ela estava distraída e preocupada com o estado mental do filho vinte e quatro horas por dia, sete dias por semana.

Stacey, assim como muitos pais, acreditava que era responsável por proporcionar uma experiência maravilhosa de acampamento e infância ao seu filho. Ela achava que sua missão como mãe era gerenciar as emoções e o humor do menino. Quando ele enfrentava dificuldades, ela assumia esses problemas como se fossem seus. Ela estava totalmente entrelaçada ao filho de maneira emocional. A felicidade dele significava sua felicidade. A tristeza dele a lançava quase em uma depressão.

Eu tentei ajudar Stacey a desconstruir a tolice de suas atitudes. "Quem disse que as crianças precisam ser felizes e bem-sucedidas o tempo todo?", perguntei a ela. "Quem disse que é nosso trabalho ajudá-las a administrar seus sentimentos vinte e quatro horas por dia, sete dias por semana? Nada disso é verdade." Expliquei a Stacey: "Seu filho está condicionado pelo fato de você estar sempre tão ansiosa em relação aos humores e sentimentos dele. Como você está tão focada em garantir que ele se sinta feliz, acaba fazendo com ele ache que nervosismo ou tristeza sejam coisas terríveis. A verdade é que esses são apenas sentimentos passageiros que vêm e vão se permitirmos. Mas como você entra em pânico toda vez que ele fica triste, ele também entra. Você o ensinou a ter aversão a sentimentos normais. Essa aversão causa mais agitação e ansiedade. Somente quando você conseguir aceitar todos os sentimentos dele como meras emoções passageiras, é que ele fará o mesmo. Até lá, vocês dois estarão presos em um estado mortal de fusão."

Stacey ficou chocada. "Eu entro em pânico toda vez que ele está chateado. Eu não consigo lidar com isso. Sinto como se estivesse falhando como mãe, tipo, se ele tivesse uma boa mãe, ele só teria sentimentos bons. Eu me lembro de nunca ver minha mãe realmente feliz, e sempre tinha medo quando ela entrava em seu quarto escuro e ficava lá deitada. Parecia que ela ficava imersa na tristeza por anos. Não importava o quanto eu tentasse, eu não conseguia fazê-la se sentir feliz. Sempre evito rostos tristes porque eles ativam minhas memórias de estar sozinha e com medo perguntando quando a 'mãe feliz' iria sair do quarto." E aí está a razão subjacente para a fusão de Stacey com o filho. Assim como todos nós, Stacey aprendeu a fazer associações negativas com emoções intensas em sua infância. Ela foi criada por uma mãe que provavelmente não sabia como lidar com suas próprias emoções, e essa ansiedade foi transmitida para a filha, que agora a estava transmitindo para seu filho.

Por intermédio do trabalho comigo, Stacey conseguiu ver como ela dependia muito de Josh para se sentir feliz, para que ela pudesse se sentir importante e bem-sucedida. Ela dependia muito dele. Josh retribuía dependendo de sua mãe como um parasita. Ele não tinha escolha, realmente, já que a dinâmica entre eles o forçava a se fundir com ela. Quando criança, ele captou as necessidades dela. Sendo o bom filho que era, se permitiu perder sua própria identidade. Seu filho agora estava fazendo a mesma coisa que Stacey havia feito em sua própria infância.

Quando acreditamos que nossos filhos devem ser felizes e bem-sucedidos, significa que achamos que *nós* também devemos ser felizes e bem-sucedidos. É por causa da *nossa* falta de felicidade interior e de um senso interno de valor que projetamos essas necessidades em nossos filhos. Quando trabalhamos em nossa própria conexão interior, paramos de usar os filhos para suprir nossas necessidades, e deixamos que vivam suas experiências enquanto elas acontecem sem nosso controle ou interferência.

Levou muito tempo para que Stacey aprendesse essa lição, mas ela eventualmente conseguiu se desvincular do filho quando percebeu que sua superdependência do humor dele estava limitando a liberdade do filho de ser ele mesmo. Por meio de muita prática, ela aprendeu a parar de verificar como ele estava se sentindo tantas vezes ao dia e perguntar como ele estava. Depois de alguns meses de uma dolorosa abstinência, começou a tolerar o desconforto de não estar enredada com ele vinte e quatro horas por dia, sete dias por semana. Embora Josh ainda experimente muita ansiedade, ele também está aprendendo a recorrer a outras estratégias para suprir suas necessidades: amigos, seu terapeuta e, o mais importante, sua própria orientação interna.

Por mais que todos queiramos que nossos filhos experimentem felicidade e sucesso, nos colocamos em uma situação de fracasso e decepção quando nos concentramos nesse desejo. A vida é complexa e, como já mencionei antes, bagunçada. A felicidade vem e vai, e o sucesso é um conceito efêmero. Apegar-se ao desejo de ambos é uma maneira certa de experimentar tristeza quando eles não se manifestam. Vamos jogar esses conceitos no lixo, que é o lugar deles. Quando o fizermos, posso garantir que experimentaremos grande alegria e libertação; e nossos filhos também.

COLOCANDO EM PRÁTICA

Da próxima vez que seu filho estiver infeliz ou enfrentando dificuldades na escola, quero que preste atenção a quais emoções surgem em você. Quero que perceba como isso faz você se sentir. Você é capaz de acolher os sentimentos de tristeza e dificuldade deles, ou esses sentimentos te afetam?

Lidar com a dor dos nossos filhos é uma das coisas mais difíceis de se fazer como pais. Vou abordar isso com mais detalhes na terceira etapa deste livro; mas, por enquanto, nesta etapa de criação de uma mentalidade clara, convido você a se tornar consciente do quanto o humor de seus filhos te afeta e o quanto você está entrelaçado emocionalmente a eles.

É porque nossos próprios pais não sabiam lidar com nossos sentimentos de dor e nossas dificuldades que associamos esses sentimentos a algo desfavorável ou "ruim". Como nossos pais nunca souberam de verdade como nos ajudar a lidar com esses sentimentos difíceis, temos dificuldade em processá-los com nossos próprios filhos. Quando nossos filhos passam por essas ondas emocionais, tentamos rejeitá-las imediatamente, assim como fomos rejeitados em nossa própria infância por sentirmos essas emoções intensas. Então, da próxima vez que seu filho estiver passando por uma dificuldade, convido você a dizer essas palavras para si mesmo:

Meu filho é um ser humano experimentando sentimentos humanos de dor e dificuldade. Esses sentimentos são normais para um ser humano. Todo ser humano tem esses sentimentos confusos. Esses não são sentimentos ruins. São sentimentos valiosos que permitirão que meu filho se torne uma pessoa resiliente, capaz de se autorregular e ser independente. Se eu apagar esses sentimentos, meu filho perderá a oportunidade de ser autêntico. Eu não preciso que meu filho seja feliz ou bem-sucedido para me sentir bem como pai ou mãe. Meu valor não vem das notas, do humor ou das experiências dele; ele vem do meu próprio valor. Vou abrir espaço para tudo que se manifestar autenticamente para o meu filho e, por meio da minha aceitação de quem ele é, ensinarei meu filho a se aceitar também.

Vamos remover "felicidade" e "sucesso" do nosso mural dos sonhos e substituí-los por "presença" e "experiência". Dessa forma, nossos filhos podem permitir que suas vidas se desenrolem como devem sem nenhum julgamento para que sejam algo além do que são. Esse é um belo presente para dar aos nossos filhos.

Temos crenças profundamente enraizadas não apenas sobre a felicidade e o sucesso, mas também sobre outros conceitos, como o que significa ser bom ou ruim, bonito ou amoroso. Todas essas crenças influenciam nossas percepções de nossos filhos e influenciam nosso comportamento em relação a eles. Um exercício útil é descobrir suas suposições inconscientes em torno desses conceitos para que você possa perceber quando eles interferirem na criação dos seus filhos. Ao escrever sobre essas associações, você começará a entender como suas ideias foram moldadas pelas pessoas ao seu redor e como a sua relação com seus filhos tem sido impactada. Na tabela abaixo, preenchi uma linha como exemplo. Tente preencher as demais linhas você mesmo.

	Mãe	Pai	Cultura	Você
Sucesso	Tirar notas 10	Ganhar muito dinheiro	Comprar uma casa chique e um carro	Ser verdadeiro, genuíno, ter amigos, rir
Felicidade				

Bom/Ruim				
Amor				
Casamento				
Paternidade				
Dinheiro				
Sexo				
Beleza				

O que você percebe ao preencher a tabela? Consegue ver o quanto sua cultura e seus próprios pais te influenciaram? Consegue ver como suas crenças impactam sua forma de criar os filhos? À medida que se torna consciente de como essas crenças têm moldado você, é possível que também perceba como elas têm causado estresse e ansiedade. A cura ocorre não apenas ao ganhar essa consciência, mas também ao substituir essas crenças por outras mais empoderadoras e conscientes.

Passo 5

Livre-se do complexo de salvador

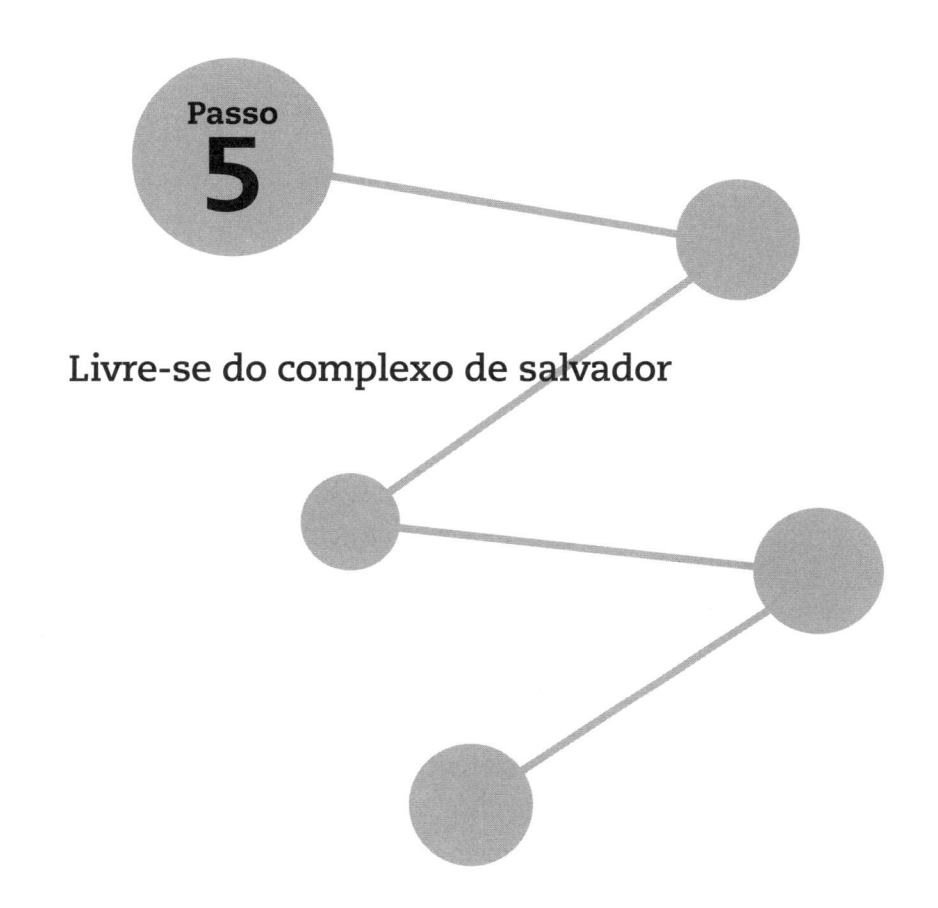

> Eu pensei que poderia te salvar
> Da dor e da tensão,
> Das lágrimas e dos medos,
> Do sofrimento e da sujeira,
> Até que percebi que isso não iria te fortalecer.
> Iria te enfraquecer e debilitar
> E destruir sua capacidade de prosperar,
> Pois uma vida sem essas coisas
> É morte.

Aqui estão alguns fatos essenciais para você lembrar: Nossos filhos não nos tornaram pais. Eles não tiveram escolha nessa questão. Nós tornamos a nós mesmos pais. Foi nossa decisão nos tornarmos pais.

Enquanto você lê isso, pode se perguntar por que eu consideraria tão importante afirmar algo tão óbvio. A razão é que, em um nível subconsciente, não agimos como se isso fosse um fato óbvio. Na verdade, agimos como se fosse o oposto. Agimos como se estivéssemos fazendo um favor aos nossos filhos ao criá-los e acreditamos que eles deveriam ser eternamente gratos a nós por termos cuidado deles — como se fôssemos seus salvadores e criadores. Estamos tão cheios dessa sensação de grandeza que imaginamos que deveríamos ganhar um prêmio pela abnegação por termos tido nossos filhos.

Inconscientemente, incorporamos um complexo de salvador que diz que, porque concedemos aos nossos filhos o favor altruísta de criá-los, eles devem agora nos tratar como se fôssemos na verdade seus mestres. Como seus criadores, pensamos que é nosso trabalho e direito ditar e influenciar suas vidas. Então, quando eles não nos ligam no nosso aniversário, não respondem nossas mensagens no tempo certo ou tomam decisões de vida contrárias às nossas crenças, perdemos a cabeça.

Aqui estão duas verdades fundamentais que você precisa aceitar imediatamente e de forma absoluta para entrar em um estado maior de clareza: (1) Você não "fez" seus filhos. Eles chegaram aqui por meio de causa e efeito biológicos. (2) Ter filhos *não foi* um ato de abnegação. Você os teve para cumprir seus próprios propósitos egocêntricos. Seus filhos não te devem nada. Claro, eles podem te dar respeito e amor, mas eles não devem nada a você.

Assim como você não fez seus filhos, você também não é o salvador deles, nem o responsável por tudo em suas vidas. Você pode estar pensando: "*Deveriam* me tratar como um salvador. Afinal, espera-se que eu pague por tudo quando eles estragam. Sou eu quem deve limpar a sujeira que fazem e resgatá-los quando estão presos em um hospital ou em uma estrada." Eu entendo que você tenha esse tipo de sentimento, mas é assim que a vida funciona. Embora seja injusto, essa é a realidade da criação dos filhos. Ninguém disse que seria justo.

Entender seu papel como pai ou mãe é fundamental para uma criação consciente. Quando você acredita que seu papel é ser Deus, mesmo que isso pareça um poder incrível, na verdade é a raiz de muito sofrimento tanto para você quanto para seu filho. Nosso complexo de salvador está enraizado profundamente em nosso subconsciente e não fica evidente com facilidade. Ele reaparece somente quando vemos nossos filhos se comportando de uma forma que é drasticamente oposta ao nosso próprio comportamento. Quando assistimos aos nossos filhos fazerem escolhas de vida que nos parecem horríveis ou estão em uma polaridade extrema em relação ao que achamos melhor para eles, ficamos profundamente irritados. Qual o motivo dessa reação? Nossa identificação excessiva com o papel de pai e salvador nos faz sentir que nossos filhos devem sucumbir ao nosso poder e influência. Quando eles não o fazem, nos sentimos ofendidos e ressentidos. Ao levar as coisas para o lado pessoal, desequilibramos a nós mesmos e a eles. Se nossos filhos fracassam na vida, sentimos como se tivéssemos falhado de alguma forma e sofremos de forma gigantesca. Ou se eles têm problemas sociais, sentimos como se estes fossem nossos problemas e que precisamos resolvê-los de alguma forma. Sem uma consciência desperta, pensar que somos os salvadores de nossos filhos nos coloca sob uma pressão tremenda para "consertá-los". Além disso, ficamos extremamente ressentidos quando descobrimos que *não é possível* consertá-los. E sabe como seus filhos se sentem? Sentem muita vergonha por terem estragado tudo. Isso mesmo: mais um fardo insuportável que inconscientemente colocamos sobre nossos filhos.

    A verdade é que um dos objetivos da parentalidade consciente é se tornar irrelevante para nossos filhos. Isso mesmo, você leu corretamente, irrelevante. Essa é uma ideia contra a qual nossos egos protestam. Nunca queremos ser considerados irrelevantes. Queremos ser não apenas altamente relevantes, mas supremos. A verdade é que precisamos educar nossos filhos para não precisarem de nós; e, para que isso aconteça, precisamos permitir que eles tenham espaço para viver plenamente suas próprias vidas. E para isso precisamos recuar e parar de dar nossa opinião a cada momento. Você entende como esse processo funciona? Não podemos desejar independência para nossos filhos e, ao mesmo tempo, ficarmos em polvorosa toda vez que eles ignoram nossa opinião ou influência. As duas coisas simplesmente não podem coexistir.

    A maneira mais eficaz de se livrar de seu complexo de salvador é se fazer as seguintes perguntas:

> **Como *eu* me sinto quando alguém acha que preciso ser salvo ou tenta *me* controlar?**
> ***Eu* gosto de receber ordens e sermões?**

Eu não acredito que você goste de ser dominado por outra pessoa. Ninguém gosta. Seres humanos não querem se sentir controlados. Assim como todos os animais — e nós somos animais —, não gostamos de nos sentir encurralados. Embora possamos aceitar ser controlados, como um pássaro ou tigre enjaulado, não está em nossa natureza intrínseca viver de acordo com os ditames de outra pessoa. Viver dessa maneira gera frustração e raiva que um dia irão resultar em revolta e distanciamento.

Estamos tão acostumados a impor nosso domínio sobre os filhos que nem paramos para pensar como deve ser para eles terem que nos obedecer cegamente. Estamos tão envolvidos em nossas ilusões de poder e grandiosidade que simplesmente assumimos que nossos filhos precisam de nós e estão felizes em ser nossos dóceis fantoches.

Nenhum ser humano gosta de ser um fantoche, ninguém. Nem você, nem seus filhos, não importa o quão pequenos eles sejam. Com controle demais, nossos filhos irão se rebelar, seja contra nós ou contra eles mesmos. Quando entendermos esse traço básico da natureza humana, estaremos mais atentos às maneiras como tentamos manipular nossos filhos como fantoches e seremos cuidadosos em criar espaço para a rebelião natural.

Nossos filhos se sentem sufocados pelo nosso domínio sobre eles. Na verdade, justamente por dependerem de nós em seus primeiros anos e não terem escolha senão ceder a autoridade a nós, eles se cansam dessa supressão. Lá pela adolescência, eles estouram. Chamamos isso de rebelião adolescente e falamos disso de forma negativa, mas o que não percebemos é que esse é um processo vital do desenvolvimento. Quando as crianças são excessivamente reprimidas e não têm espaço para esse grito natural da adolescência, elas acabam por explodir no início de sua vida adulta e se perdem completamente.

Por que a rebeldia adolescente é um fenômeno globalmente onipresente? Seria apenas uma coincidência? Dificilmente. Ela se manifesta de maneira tão estrondosa por um único motivo: nossos filhos estão cansados dos complexos de Deus de seus pais e cansados de serem obedientes e dóceis às nossas vontades. Quando eram pequenos, não tinham escolha. Mas no momento em que se tornam adolescentes, eles se libertam.

Quando nós, pais, resistimos a essa rebelião, prejudicamos o crescimento dos nossos filhos. É apenas por meio dela que nossos filhos serão capazes de encontrar sua voz interior e a própria autenticidade. Veja: é aí que eles meio que mandam nosso complexo de Deus ir se ferrar. Enquanto pode parecer que eles estão se rebelando *contra* nós, precisamos entender que eles finalmente estão fazendo algo por si mesmos. Eles estão dizendo não ao deus em nós, é claro. Mas estão fazendo algo muito mais crucial ao dizer sim ao deus dentro de si mesmos.

Então, como substituímos esse complexo de Deus sem perder toda influência? Existe um caminho — o caminho da *parentalidade consciente*. Apoiamos nossos filhos estando ao lado. Em vez de liderá-los à frente, nos movemos e caminhamos com eles lado a lado. Em vez de liderar o caminho, precisamos entrar em um novo espaço de comunhão e parceria. Em vez de nos vermos como os poderosos e corretos, precisamos encontrar uma nova forma de interagir com nossos filhos. Nosso lugar legítimo não é na frente deles invadindo sua pista. É ao lado deles na nossa própria pista.

Muitos pais saem de suas pistas e invadem a de seus filhos. Essa invasão é prejudicial à identidade das crianças. Sendo os "mais fracos", nossos filhos pequenos são incapazes de nos empurrar de volta para nosso próprio lado da pista, então eles frequentemente cedem. Essa supressão de sua vontade interior e autonomia é extremamente ameaçadora para a essência deles. Com o tempo, essa erosão cria uma grande turbulência interior e autodepreciação.

Quando permanecemos em nossas próprias pistas, não entramos na frente de nossos filhos com dominação e poder. Em vez disso, temos o cuidado de permanecer em nosso próprio caminho e seguir ao lado deles. Se eles dão um passo à frente, nos movemos com eles. Se eles se movem para a direita, nos movemos atrás deles. Primeiro observamos para onde estão indo e nos sintonizamos com eles, depois seguimos o fluxo em vez de resistir. Às vezes, é claro, os orientamos em direções diferentes das que seus próprios passos poderiam levá-los, mas fazemos isso com gentileza, respeito e honra. Não os direcionamos ao nosso caminho por meio de controle, medo ou manipulação. Direcionamo-os por meio de orientação consciente e respeito pelo lugar em que eles estão. Parte importante de se tornar um pai ou uma mãe consciente é sair de nossos pedestais de grandiosidade e aprender a nos mantermos em nossa própria pista.

COLOCANDO EM PRÁTICA

Todos os dias temos oportunidades de andarmos em nossa própria pista ao lado de nossos filhos em vez de à frente deles. Isso é mais fácil de fazer quando estamos enraizados em nossas próprias vidas e temos um senso de valor. No entanto, quando obtemos nosso senso de valor e identidade a partir de nossos filhos, é mais difícil se libertar do papel de salvador e líder.

Vamos lembrar que nosso objetivo como pais conscientes não é dar aos nossos filhos opiniões e sermões, nem ser seu mestre ou deus. Nosso objetivo é fazer com que eles desenvolvam suas próprias opiniões e liderança. Todos os seres humanos querem liderar sua trajetória e trilhar seu próprio caminho. Dependendo de suas idades e maturidade, as crianças desejam sentir-se autônomas com o poder de fazer suas próprias escolhas na vida. Como pais, precisamos estar atentos às oportunidades para permitir que façam isso. Precisamos criar momentos assim para que eles possam praticar desde pequenos. Enquanto são pequenos, deixe que escolham suas próprias meias e sapatos, ou seu cereal favorito ou copo para beber. À medida que crescem, deixe que escolham os ingredientes do jantar ou o filme a que irão assistir em família. Encontre maneiras de transferir poder para eles para que possam aprender a ouvir sua própria voz interior.

Muitos pais protestam dizendo: "Mas meu filho continua pedindo minha opinião!" Minha resposta é a seguinte: Eles podem perguntar, assim como pedem para comer o décimo biscoito. Assim como você não cederia imediatamente ao biscoito, resista a dar sua opinião, pois isso contorna o processo crucial que as crianças precisam passar para descobrir suas próprias opiniões sobre as coisas. Ao buscar respostas em si mesmos, eles aprendem a praticar o autoconhecimento. Se nós, pais, continuarmos a roubar esse processo deles, criaremos uma grande dependência de nós e uma confusão interior neles. Simplesmente não saberão como confiar em seu próprio GPS interno.

Crianças que buscam agradar os outros abrem mão de seu poder facilmente. Como pais, precisamos estar cientes dessa tendência e devolver gentilmente o poder a elas. Quando nos perguntam o que fazer sobre algo, em vez de cair na armadilha de dar nossa opinião, podemos dizer: "Hum, que pergunta interessante. Preciso pensar sobre isso. Eu não sei, assim, de cara. O que você acha?" Se seu filho não chegar a uma resposta, é muito mais poderoso para ele ficar com a incerteza em vez de depender de você para ter respostas prontas.

Portanto, para colocar isso em prática, os pais podem se fazer estas perguntas:

> **Como posso dar poder ao meu filho para que ele exerça sua autonomia?**
> **Como posso mostrar ao meu filho que ele pode confiar em sua própria voz?**
> **Como posso liberar a pista do meu filho e permitir que ele siga sua própria trajetória?**

Aqui estão algumas coisas que você pode dizer ao seu filho:

> **Eu não sei a resposta. Vamos descobrir juntos.**
> **Preciso refletir um pouco sobre isso. Pense também.**
> **Eu sei que você quer que eu te dê respostas, mas você precisa encontrá-las por si mesmo.**
> **Você sabe o que precisa fazer. Apenas precisa ouvir a si mesmo com mais atenção.**

A filha de Helen, Tina, ligava para ela todos os dias. Às vezes, várias vezes por dia. Você poderia estar achando que Tina fosse uma adolescente. Negativo. Ela estava na casa dos trinta anos e Helen nos seus cinquenta e tantos. Elas conversavam sem parar e sabiam tudo sobre a vida uma da outra. Em um nível, elas poderiam ser consideradas próximas e conectadas. No entanto, não era um relacionamento saudável porque Tina dependia da mãe para conselhos em cada decisão e escolha que enfrentava. Tina confiava mais em sua mãe do que em si mesma ou em qualquer pessoa de sua idade. Por esse motivo, esse relacionamento era mais complicado e codependente do que saudável e empoderador.

Comecei a atender Helen porque ela estava estressada com o divórcio de Tina. Era como se a própria Helen estivesse passando por um divórcio. Ela estava envolvida em cada decisão que Tina tomava e sofria as consequências junto com ela. Elas trocavam mensagens e se falavam pelo menos uma dúzia de vezes por dia. Helen mal conseguia trabalhar em seu próprio emprego como gerente de vendas porque estava constantemente distraída com as crises da filha. Isso estava causando um enorme desgaste nela.

Tentei ajudar Helen a desconstruir sua codependência e envolvimento excessivo com a filha, mas ela foi extremamente resistente. "Tina precisa de mim. Ela sempre precisou, e nunca vou deixar de estar lá para ela." Helen não conseguia ver a diferença entre estar lá para a filha e controlar completamente a vida dela. Tentei explicar que, ao tentar salvar sua filha a cada momento da vida dela, Helen na verdade estava privando Tina de sua resiliência. Helen estava determinada. Ela repetia constantemente: "Não posso deixá-la na mão! Preciso estar lá para ela, não importa o que aconteça!" Mesmo quando mostrei a ela que esse nível de fusão estava lhe causando muito estresse, ela se recusou a ceder.

Quando nos fundimos aos nossos filhos em um grau elevado e tentamos salvá-los de si mesmos, não os empoderamos. Pelo contrário, diminuímos sua autoestima e autoconfiança. Simplesmente não percebemos isso. Incapacitamos nossos filhos ao permitir que eles dependam demais de nós em momentos que são plenamente capazes de confiar em si mesmos. Helen protestou: "Mas é Tina quem continua me ligando para contar seus problemas e pedir minha ajuda. Eu não ligo para ela!" Tentei explicar que não importava quem tomava a atitude de ligar. O que importa é se e como a mãe ou o pai permite que a dependência continue. Expliquei: "Você poderia simplesmente ouvir sem oferecer nenhum conselho. Quando você dá conselhos — solicitados ou não — aos seus filhos, especialmente depois da adolescência, você os limita. Em vez de guiá-los para o próprio conhecimento, você os encoraja a evitar a dificuldade pela qual precisam passar para encontrar suas próprias respostas. Essa luta é fundamental para o desenvolvimento da resiliência. Você está privando Tina da capacidade de desenvolver seu próprio conhecimento. Você não vê isso?"

Helen teve dificuldade em aceitar sua parte na dinâmica. Ela continuava atribuindo a culpa à filha, recusando-se a assumir a responsabilidade por sua cocriação. Até hoje, ela é uma das poucas clientes minhas que simplesmente se recusaram a mudar. Eu gostaria de poder exaltar as maravilhas das minhas habilidades persuasivas e dizer que ela mudou os seus padrões, mas estaria mentindo. Prefiro contar a verdade para que você possa ter uma visão realista de como é difícil quebrar esse tipo de padrão. Finalmente, disse a Helen: "Sua necessidade de ser a salvadora é mais importante para você do que permitir que sua filha cresça em sua resiliência. A menos que você esteja disposta a reconhecer essa parte de você e curar a criança aí dentro que precisa ser necessária de uma maneira tão extrema, não serei capaz de ajudá-la."

Helen era uma daquelas mães cuja identidade estava tão envolvida em seu papel de salvadora que ela não conseguia diferenciar a filha de si mesma. Estava tão perdida no papel de deus que foi completamente absorvida. Tudo o que importava para ela era incorporar aquele papel, e não o que sua filha precisava para crescer. A ideia de ser uma salvadora satisfazia tanto Helen que era tudo com que ela se preocupava, não importava que Tina estivesse se afogando em uma dependência debilitante.

Quando nos identificamos com o papel de pais salvadores, subestimamos o poder de nossos filhos de se salvarem. Quando superprotegemos, na verdade, desumanizamos e limitamos nossos filhos. Cortamos suas asas. Em vez de permitir que confiem em seu próprio conhecimento, os direcionamos para confiar no nosso — e que grande desserviço fazemos aos nossos filhos!

Como pais conscientes, cabe a cada um de nós encontrar maneiras de expressar confiança e honrar a capacidade de nossos filhos de saberem quem são. Este é um presente que eles desesperadamente precisam receber de nós. Não conceder gradualmente esse presente à medida que crescem, e cada vez mais à medida que amadurecem, fala de nosso próprio medo e vazio interno, não do deles. Nossos filhos estão prontos para abrir suas asas e voar — de maneira adequada à idade, é claro. É nossa incapacidade de libertá-los que os faz duvidar de si mesmos e tropeçar.

Seguir em nossas próprias pistas e confiar em nossos filhos para navegar seu próprio destino na idade certa são ofertas fantásticas de confiança e respeito. Nossos filhos anseiam por isso. Abra suas mãos e dê isso a eles de forma livre e abundante. Uma vez que fizer isso, deixará de ver seus filhos como inferiores e começará a vê-los como seus parceiros nesta aventura que chamamos de vida.

Passo 6

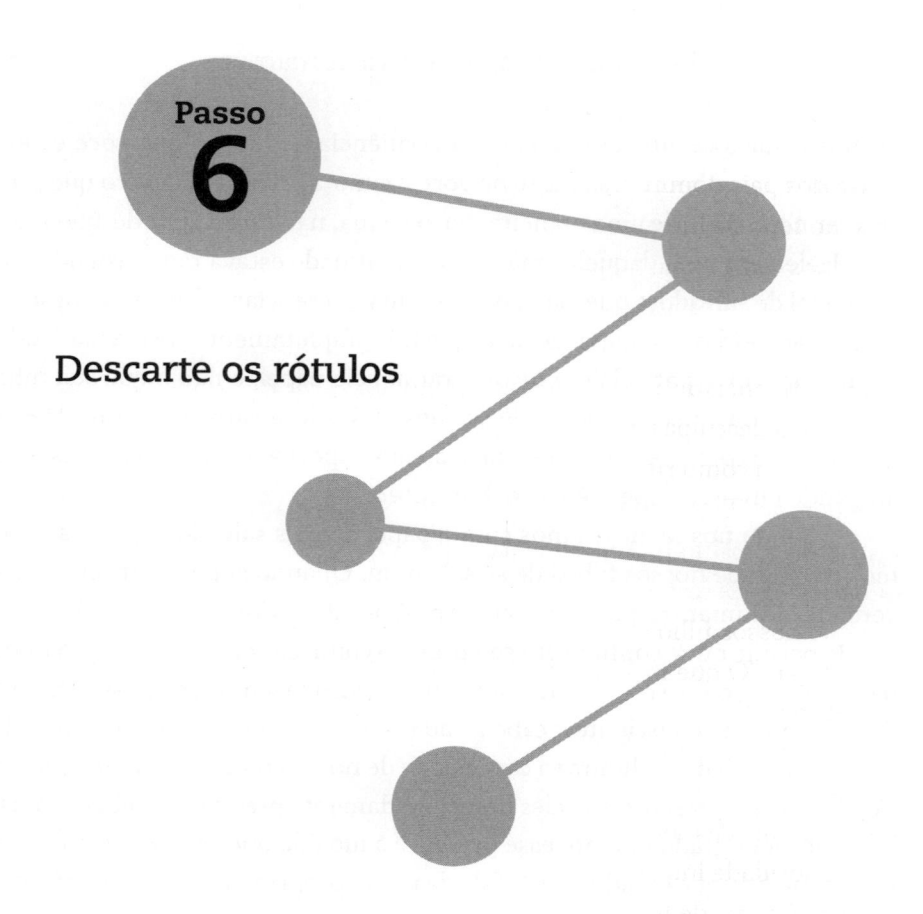

Descarte os rótulos

Meu filho não é um rótulo,
Nem um adjetivo nem um título,
Nem um enfeite nem um prêmio,
Nem uma conquista nem um objetivo.
Meu filho é um ser humano,
O que significa que está em constante formação,
Em constante fluxo e processo,
Em um rápido e agitado movimento.
Meu desejo de colocá-lo em uma caixa
Não vem dele,
Mas da minha resistência à sua natureza indefinível
E do meu medo de confrontar a minha própria natureza.

Correndo risco de me repetir, preciso lembrar de um fato importante: a narrativa dos pais dominantes realmente nos prejudicou. Porque nos coloca, os pais, no topo da hierarquia, e falsamente nos concede o poder de julgar nossos filhos até a exaustão. Não pensamos duas vezes antes de chamá-los de "bonzinho", "malcriado", "preguiçoso" ou "inteligente". Distribuímos rótulos sem pensar duas vezes, como se fossem moedas de um centavo. Esses rótulos então influenciam nosso comportamento em relação aos filhos. Sentimos que temos desculpas para tratá-los mal se acabamos de julgar o comportamento deles como ruim. Então, a punição parece ser racional. Não paramos para pensar: "Estou certo?" ou "Isso é verdade?". Pensamos no rótulo naquele momento e simplesmente agimos como se fosse isso o que eles são. O que falhamos em perceber é que estamos moldando de forma indelével a percepção que nossos filhos têm de si mesmos. Essas são questões poderosas a se considerar: "O que me dá o direito de julgar ou rotular meu filho? Eu estou na pele dele?"

Quando julgamos ou rotulamos outra pessoa, presumimos várias coisas. A primeira é que estamos inquestionavelmente certos. Isso, por si só, pode ser uma das coisas mais perigosas que podemos fazer na vida: presumir a superioridade inquestionável do nosso modo de pensar acima do de outra pessoa. É a raiz de todas as guerras e conflitos neste mundo. Quando julgamos nossos filhos, é isso que fazemos essencialmente. Assumimos que somos superiores, que estamos justificados e certos. Ah, esses são os ingredientes exatos da desconexão e da disfunção nos relacionamentos.

A próxima coisa que presumimos é um conhecimento íntimo de outro ser humano em um nível biológico, emocional e psicológico. Dado que nenhum ser humano pode conhecer outro ser humano, nem mesmo nosso próprio filho, em tal nível, não são os rótulos que atribuímos a outros seres humanos completamente ilusórios? No entanto, continuamos fazendo isso. Os julgamentos e rótulos que damos aos outros são a base do racismo, do sexismo e da violência. Julgamentos e rótulos são o flagelo de nossa existência e a raiz de nossa disfunção no mundo. Ao rotular consistentemente nossos filhos, os treinamos, de forma inconsciente, para ver o mundo de apenas um ponto de vista: preto ou branco; bom ou ruim. Dessa forma, inadvertidamente ensinamos aos nossos filhos os fundamentos do preconceito. Essa dinâmica social primária de desconexão e separação começa com as formas com que nós, pais e mães, julgamos e rotulamos nossos filhos e outras pessoas. A boa notícia é que também podemos acabar com essa dinâmica.

Os dois rótulos mais comuns que colocamos em nossos filhos são "bonzinho" e "malcriado". Esses são rótulos abrangentes com muitos derivados: "inteligente", "preguiçoso", "gentil", "malvado" e assim por diante. Acreditamos que, se fornecermos feedback constante aos nossos filhos sobre seus comportamentos, podemos moldá-los para se tornarem os adultos que queremos que sejam. Agora, parte disso é verdade, mas uma grande parte é falsa. Vamos falar primeiro sobre a parte verdadeira. É verdade que o feedback ajuda a moldar o comportamento. Porém, é aqui que as coisas se tornam falsas e complicadas. Se o feedback surge do ego de quem o está dando, não é projetado apenas para moldar o comportamento, mas para controlá-lo. Veja bem, a maioria dos rótulos que atribuímos aos nossos filhos surge de nossos próprios egos, ou seja, como esses comportamentos nos fazem sentir. Por exemplo, se você gritou e julgou seu filho por tirar um 8, essa reação estaria vindo do seu ego e não estaria realmente relacionada ao seu filho e aos sentimentos dele. Você entende?

Aqui está a verdade: na maioria das vezes, rotulamos nossos filhos como "bonzinhos" porque seu comportamento nos faz sentir como bons pais, e como "malcriados" quando não nos fazem sentir assim. Portanto, as crianças "boas" são na verdade aquelas dóceis, com bons resultados acadêmicos, servis e obedientes, aquelas que colocam nossos egos em um pedestal. Mas se investigarmos mais profundamente esses rótulos e estivermos dispostos a reconhecer nosso apego egoísta à nossa identidade como pais, veremos que essas crianças "boas" na verdade não são tão "boas" em termos de nossa própria transformação, pois mantêm nosso domínio egoico no lugar. E as crianças que chamamos de "ruins"? Agora, embora possam abalar o ego parental e causar muito caos em casa, essas crianças podem ser as "boas", pois têm o potencial de despertar seus pais. Você entende o que quero dizer? Nossos rótulos de "bom" e "mal" surgem mais de como nossos filhos nos fazem sentir confortáveis ou desconfortáveis e menos de quão incríveis eles realmente são. Essa é a razão pela qual frequentemente digo que, na realidade, "bom" e "mal" são rótulos vazios e nunca podem ser tirados do contexto de nossos próprios apegos egoicos.

A verdade é que os rótulos que colocamos nos filhos são muito tendenciosos e tingidos com nosso antigo condicionamento. Se não estivermos dispostos a confrontar essa verdade essencial, vamos continuar a rotular nossos filhos e a fingir que estamos ajudando-os a se tornar seres mais éticos e morais, quando na realidade estamos apenas forçando-os a se tornarem quem queremos que sejam.

Quando minha filha, Maia, tinha cerca de catorze anos, ela decidiu parar de aprender piano após sete anos de aulas. Ela simplesmente parou de vez. Uma semana ela estava tocando e na semana seguinte não estava mais. Sei que isso parece um exemplo semelhante ao que compartilhei antes sobre ela parar de andar a cavalo. Em alguns aspectos, é semelhante, mas estou ilustrando um ponto sutilmente diferente aqui, então continue lendo. A razão pela qual muitos dos meus exemplos são sobre crianças desistindo de atividades ou indo contra os desejos dos pais é porque essas decisões que elas tomam parecem desafiadoras para nós quando, na verdade, são atos de autonomia por parte delas. Meu ego queria brigar com ela e chamar esse comportamento de "ruim", "irresponsável" e "displicente" com a professora de piano. Eu queria gritar, berrar, persuadir e fazer de tudo para convencê-la a continuar. Por quê? Eu amava tocar piano quando criança e sempre quis que minha filha fosse boa nisso, melhor do que eu. Então, quando Maia decidiu parar de tocar, foi desolador. Ou melhor, um golpe em meu ego. Eu estava levando a escolha dela para o lado pessoal e realmente fiquei triste com isso. Meu ego estava tentando me convencer de que uma "boa" mãe não permitiria que seu filho tomasse as decisões sobre algo tão importante e simplesmente parasse de fazer algo sempre que quisesse. Uma "boa" mãe estaria no controle da situação e exigiria que o filho cumprisse a responsabilidade de ser um "bom" aluno de piano. Sou tão grata por já ter praticado a parentalidade consciente o suficiente naquela época, o que me permitiu ignorar as manipulações do meu ego.

A razão pela qual consegui resistir às maquinações do meu ego foi porque eu sabia que havia algo mais em jogo que era muito mais importante do que meu ego. Era a capacidade da Maia de ouvir e incorporar sua própria verdade sobre seu relacionamento com o piano. Embora a clareza dela parecesse confrontar o meu ego, percebi que era muito mais importante para o desenvolvimento dela que ela fosse fiel a si mesma nessa questão. Se eu estivesse educando-a dentro do paradigma tradicional, teria soltado julgamentos, rotulando sua decisão como "terrível" e "irresponsável". Certamente a chamaria de "malcriada" e tentaria fazê-la sentir-se culpada. Mas não fiz isso. Eu sabia que a única razão pela qual eu queria julgar essa decisão como "ruim" era porque ela estava fazendo minha identidade egoica como mãe se sentir "mal".

Coloco as palavras "bom" ou "mal" entre aspas para mostrar que essas palavras são essencialmente vazias de valor intrínseco e são principalmente usadas para atribuir ao "outro" um padrão ou valor que vem do condicionamento de quem julga. Essas palavras são projetadas para dar credibilidade e poder a quem está julgando. No entanto, por si mesmas, essas palavras são vazias de poder ou significado, pois existem em um contexto frequentemente embutido nas percepções de quem a julga.

A mãe consciente dentro de mim sabia que as coisas não eram bem assim. O fato de Maia ser capaz de ouvir seus sentimentos sobre tocar piano e se sentir empoderada para expressar esses sentimentos com clareza era benéfico para o desenvolvimento dela. Ser capaz de ouvir nossos próprios anseios e manifestá-los em nossas vidas é fundamental para viver uma vida autêntica e empoderada.

Aqui está a mensagem mais profunda que quero compartilhar com você: não precisamos julgar nossos filhos nem como bons nem como maus. Eles são intrinsecamente o mesmo o tempo todo: são humanos. Claro, às vezes suas escolhas podem melhorar suas vidas ou piorá-las, mas nada além disso. Como pais, precisamos perguntar: "Essa escolha permite que meu filho se sinta livre ou aprisionado?" Se for o primeiro caso, então a escolha torna a vida melhor; e se for a última, então talvez deixe a vida pior de alguma forma.

No caso de Maia, uma vez que ela se sentiu livre após essa decisão, ficou claro ser uma escolha que tornava sua vida melhor, e por essa razão precisava ser apoiada e celebrada. O que importava era como ela se sentia, não com como eu me sentia. Ela era quem precisava lidar com as consequências de sua decisão, não eu. Se ela estava bem com essas consequências e era madura o suficiente para entender o que elas poderiam implicar, quem era eu para impedi-la de tomar sua própria decisão? A decisão de Maia de desistir do piano foi difícil para o meu ego, mas fez bem para a alma dela porque permitiu que ela honrasse sua verdade. No fim das contas, isso é o que importa: o que é bom para as almas de nossos filhos?

E se Maia fosse mais nova quando decidisse parar? Eu me sentiria da mesma maneira? Em parte, sim. Sabe por quê? Mesmo crianças mais novas têm a capacidade de ouvir e incorporar sua própria verdade. Elas apenas são mais impulsivas em relação a isso. Considerando que crianças mais novas frequentemente tomam decisões impetuosas, uma boa estratégia é dizer algo como: "Eu entendo que você queira parar de tocar piano. Quero que você faça o que achar melhor para você, mas vamos decidir depois de mais três meses porque já nos comprometemos com o professor. Se depois de três meses você ainda sentir o mesmo, podemos conversar sobre isso." Dessa forma, podemos honrar os desejos delas enquanto avaliamos a situação mais profundamente ao longo do tempo. Isso é um exemplo de estar ao lado do seu filho em vez de liderar com o ego.

Isso significa que deixamos crianças de quatro anos mandarem na casa? Claro que não. Mas significa que participamos consciente e ativamente do diálogo sobre seus desejos intrínsecos e negociamos decisões tendo isso em mente. Abrimos espaço para a comunicação e para que elas possam ouvir seu próprio conhecimento e negociamos escolhas com isso em mente. Isso faz com que nossos filhos se sintam vistos e honrados por suas próprias vontades, vozes e liderança.

A maioria dos rótulos que atribuímos aos outros em nossas vidas, incluindo nossos filhos, vem de nosso próprio condicionamento e de como o comportamento deles se encaixa nesse condicionamento. Quanto maior a discordância entre o comportamento deles e nosso condicionamento, mais severos são nossos rótulos. Por não admitirmos que nosso próprio condicionamento está em jogo, colocamos toda a pressão dos rótulos em nossos filhos. Se são rotulados como "bons", sentem a responsabilidade de serem a fonte de nossa felicidade e têm medo de serem rotulados como "maus" se não continuarem nos fazendo sentir orgulho. Inadvertidamente, fazemos nossos filhos sentirem que são intrinsecamente "maus" se agirem fora das escolhas que estabelecemos para eles. Essas crianças basearão suas escolhas de vida em como suas decisões fazem os outros se sentirem, em vez de confiar em sua própria avaliação — eles se sentirão envergonhadas e terão medo de decepcionar os outros. Isso é, de fato, uma pressão imensa sobre nossos filhos!

O que precisamos dizer a nossos filhos, adaptando ao seu nível de maturidade, é o seguinte: "A decisão é sua. Se isso te faz sentir bem e você está pronto para as consequências, então eu te apoio. Se isso está te fazendo sentir mal, posso te ajudar a tomar outra decisão." Se a criança for mais nova, os pais podem dizer: "Vejo que você não gosta de tocar piano no momento.

Eu irei com você na sua próxima aula e então poderemos ver como você se sente. Se ainda não gostar, podemos encontrar uma solução juntos. Vamos tentar algumas vezes e ver como você se sente. Vou te ouvir e te ajudar a decidir o próximo passo." Em ambos os cenários, as crianças se sentem vistas e honradas por seus sentimentos e confiam que os pais levarão isso em conta com respeito e seriedade. Tais crianças se sentem conectadas e capacitadas para ouvir sua voz interior, em vez de serem envergonhadas por se sentirem de determinada forma. Você consegue ver como podemos evitar completamente julgá-las e permitir que suas escolhas sejam sobre sua relação consigo mesmas? Isso é o que a parentalidade consciente nos ensina a fazer.

Agora você pode perguntar: "E se nosso filho estiver usando drogas ou se envolvendo em comportamentos criminosos? Isso não é ruim?" A resposta começa com uma investigação fundamental. Você está rotulando o comportamento a partir de uma reação egoísta ou porque o comportamento é realmente prejudicial para a alma de seu filho? Sem um entendimento consciente dessa diferença fundamental, não podemos responder a essa pergunta com sabedoria. Se nossos filhos usam drogas ou se envolvem em comportamentos criminosos, podemos ter bastante certeza de que isso os prejudicará. Não podemos ter cem por cento de certeza porque, em alguns casos, um indivíduo se torna mais forte e resiliente após tais escolhas de vida. Por exemplo, conheço um adolescente que ficou extremamente bêbado após uma festa, o que o levou a desenvolver aversão ao álcool porque ele viu em primeira mão os efeitos nocivos da substância. Ele então se tornou um *coach* amador para amigos que estavam lutando contra seus vícios. Isso é um exemplo de uma escolha "ruim" se mostrando uma escolha "boa" no final.

A verdade é que não podemos simplesmente rotular algo ou alguém como "ruim" ou "mau" sem entender o contexto e fornecer ferramentas para a mudança. Essas ferramentas envolvem, de forma inevitável, nossa compreensão, empatia e compaixão, sem as quais criamos desconexão e medo. Esse tópico será discutido com mais detalhes à medida que o livro avança.

Em conclusão, os julgamentos e rótulos criam separação entre nós e os outros, especialmente nossos filhos. Por esse motivo, devemos ter extremo cuidado antes de impor julgamentos. Nossos filhos merecem o espaço para crescer e evoluir sem o peso de nossos rótulos e precisam ter a liberdade de cometer erros com a confiança de que os vemos como seres infinita e imensuravelmente valiosos em todos os momentos. Mesmo que às vezes discordemos de suas escolhas de vida ou comportamentos, precisamos comunicar aos nossos filhos que não estamos julgando quem eles são fundamentalmente. Nossa conexão com sua essência nunca vacila, não importa o que esteja acontecendo na superfície.

Quando nossos filhos sentem esse nível de segurança vindo de nós, eles são capazes de lembrar de seu valor o tempo todo. Isso é verdade mesmo quando passam por fases de confusão ou conflito. Ver nossos filhos por intermédio dos olhos de um valor infinito é transformador para eles. Isso permite que eles lembrem que seu senso de valor permanece constante, apesar dos caprichos superficiais da vida. Não é um presente que você deseja conceder aos seus filhos? Bem, para dar este presente, você precisará praticar o abandono de seus julgamentos e rótulos. Acha que está pronto? Vamos praticar.

COLOCANDO EM PRÁTICA

A vida é essencialmente neutra. Ela não é "boa" nem "ruim". Apenas é — algo que surge por meio de causas e efeitos infinitos. Um tigre comendo um veado não é visto pela natureza como "bom" ou "ruim", mas simplesmente como algo natural. Assim é com toda a vida; tudo é o resultado natural de causas e efeitos intermináveis. Escolher algo dessa cadeia para rotular como "bom" ou "ruim" é simplesmente tolo.

Vamos praticar a neutralidade. Mas o primeiro passo é admitir: nós, seres humanos, somos juízes inveterados. Julgamos o tempo, engarrafamentos, rostos, corpos, roupas, sapatos, casas — a lista é longa. Pouco percebemos que nossos julgamentos são projeções de nosso condicionamento, ponto final. Eles não refletem a realidade em sua pureza. Os julgamentos são sempre subjetivos.

Uma das melhores práticas para esta etapa de nosso trabalho é passar por um *detox de rótulos e julgamentos* por uma semana. Isso significa que nos tornamos superalertas e conscientes sobre os momentos em que rotulamos as coisas ou usamos julgamentos ao falar e pensar. Embora ambos sejam difíceis de fazer, pegar-se pensando de forma julgadora é obviamente mais desafiador. Agora, deixe-me avisar que, se você acha que não é uma pessoa julgadora, esse exercício vai te chocar. Quando fiz meu primeiro detox de julgamentos, percebi o quanto eu realmente era crítica. Mal conseguia passar uma hora sem pensar ou falar por intermédio da lente do julgamento. Parecia que meu padrão mental básico era categorizar constantemente as coisas em caixas de "bom" e "ruim". Foi fascinante e um pouco desconfortável ver como eu era crítica. Aqui está outro fato que percebi apenas depois desse exercício: o quanto eu julgava a mim mesma. Eu era crítica até sobre ser crítica.

O objetivo deste exercício não é nos atacar e nos envergonhar com julgamentos. O objetivo é apenas nos tornarmos conscientes. A consciência é sempre o primeiro passo na transformação. Sem consciência de nossas próprias crenças e pensamentos, estaremos sempre no escuro. Por isso estamos focando tanto nossa clareza nesta seção. Somente quando enxergamos claramente nossos próprios padrões de pensamento podemos começar a fazer escolhas mais conscientes. Até lá, somos robôs atirando no escuro, esperando que cada flecha acerte em algum lugar positivo, mas nunca tendo um senso verdadeiro de direção sobre as tentativas.

Então pegue seu caderno e tente acompanhar todos os julgamentos que você faz na próxima hora ou dia. No final do dia, leia suas anotações com olhos de consciência e compaixão. Tente não julgar a si mesmo ou o que você escreveu. Apenas leia como um observador impassível. À medida que você mantém esse olhar interno sobre seus julgamentos, você irá começar a abandoná-los mais rapidamente. Você se tornará cada vez mais consciente quando eles aparecerem em seus padrões mentais e será capaz de abandoná-los cada vez mais rapidamente.

Aqui está um exemplo de uma lista de julgamentos:

Ela é tão rude e mal-educada de me fazer esperar por ela na saída da escola.
Ele é preguiçoso e nunca me ajuda com as louças.
Ele mente para mim e não se importa de verdade com meus sentimentos.

Quando lemos nossa lista à noite, temos a oportunidade de refletir e nos tornar conscientes de nossos próprios preconceitos e condicionamentos. Essas pessoas são realmente como eu penso que são? Elas são realmente como as julgo ser, ou há algo acontecendo dentro delas ou comigo que contribui para o comportamento delas? Essa simples introspecção nos permite nos conectar às experiências de outras pessoas como seres humanos, em vez de vê-las apenas como personagens em nosso próprio filme.

A verdade é que nunca chegaremos a estado de zero julgamento. O máximo que podemos fazer em relação a isso é estar conscientes de nosso próprio condicionamento para que não projetemos nossos julgamentos sobre os outros, especialmente nossos filhos. Ao assumir a responsabilidade por nossos julgamentos, começamos a nos desvincular de nossas projeções sobre os filhos, permitindo que eles lidem com seus próprios erros e problemas sem o peso adicional de tentar nos agradar. Manter uma atitude de neutralidade em relação aos nossos filhos oferece a eles uma sensação de espaço e liberdade para experimentar diferentes escolhas de vida sem o medo de rótulos parentais. Podemos manter essa abordagem neutra apenas quando cultivamos compaixão e paciência em relação a nós mesmos. Nossa voz crítica em relação aos outros é realmente um reflexo direto de nossa voz crítica em relação a nós mesmos. Quando nos tornamos conscientes dessa relação, tudo muda.

Então, pai, mãe, desafio você a se ver pelos olhos da neutralidade. Em vez de se envergonhar e culpar por isso ou aquilo, tente se abrir para um novo espaço onde você se acalme com estas palavras:

Eu sou um ser humano que é falho e imperfeito. Isso não é uma deficiência, mas sim uma realidade de ser humano. Quando eu tropeço ou caio, não estou sendo "ruim", estou apenas sendo um ser humano normal. O mesmo vale para os meus filhos. Em vez de rotulá-los de uma forma ou de outra, eu me comprometo a simplesmente observá-los em sua realidade atual sem fazer julgamentos. Ao dar a eles o presente da minha observação não julgadora, mostro confiança em sua capacidade de se corrigir e manifestar seu próprio conhecimento. Isso é um presente inestimável para mim e para meus filhos.

Sem dúvida, as pessoas com as quais você se sente mais confortável são aquelas com as quais você se sente seguro para ser você mesmo, aquelas que não julgam ou rotulam você. O mesmo vale para nossos filhos. Portanto, a pergunta que você deve se fazer é: quero ser um porto seguro para meus filhos onde eles possam ser quem são, ou quero ser alguém que eles temem estar por perto? Sua resposta determina sua disposição para mudar do julgamento para a compaixão. Tenho certeza de que você irá direcionar a si mesmo para a neutralidade e a consciência.

* * *

Você passou pela primeira etapa do mapa da parentalidade consciente. Como está se sentindo?

Se estiver se sentindo sobrecarregado ou atordoado, é hora de fazer uma pausa de alguns dias antes de prosseguir. Durante esse tempo, você pode usar as novas lentes de consciência que vem desenvolvendo. Tente se observar com seus filhos e escreva em um diário sobre o que surgir. Essas reflexões são vitais para permitir que os conceitos que discutimos penetrem em seu ser e se tornem instintivos.

A parentalidade consciente propõe uma maneira de ser que é contraintuitiva e certamente contracultural. Ela vai contra o que a cultura nos entranhou por gerações. Por esse motivo, o processo pode parecer solitário, estranho e alienante no início, e você pode se pegar reclamando ou resistindo. Isso é natural. Seja gentil consigo mesmo. Permita tempo e espaço para que essas novas formas de ser o permeiem por dentro. Se a culpa estiver surgindo, isso também é natural. Entenda que a culpa é uma forma de nos mantermos no autodesprezo e no sofrimento. Perceba-a, escreva sobre ela e deixe que passe.

Talvez você não esteja se sentindo sobrecarregado e esteja pronto para avançar. Nesse caso, sugiro que reserve alguns momentos agora para anotar as principais lições aprendidas e os momentos de inspiração até agora. Permita-se refletir e integrar. Depois de fazer isso, podemos continuar.

Estamos prestes a aprofundar em quem você é e como você chegou ao lugar onde está. A próxima etapa leva você à sua própria infância e como ela influenciou profundamente sua forma de ser pai ou mãe. Embora isso possa ser desafiador, também é o cerne deste livro porque, uma vez que você veja como se tornou quem é, estará livre para fazer novas escolhas e mudar sua relação com seus filhos de maneira profundamente transformadora.

ETAPA DOIS
De padrões disfuncionais a escolhas conscientes

Estou cansado de andar em círculos com você, meu filho.
Dói não conseguir alcançar seu coração
E continuar errando o alvo.
Não sei o que estou fazendo de errado.
Tudo o que sei é que quero fazer certo,
Mas algo continua atrapalhando,
E está criando um abismo tão grande entre nós,
tão doloroso e profundo, que machuca nós dois.
Meu maior desejo é superar essa separação
E criar um vínculo tão profundo
Que nos deixe sem fôlego.

ETAPA DOIS
De padrões disfuncionais a escolhas conscientes

Dave, um dos meus clientes, passou por um momento particularmente difícil ao perceber o padrão disfuncional ao qual estava preso com seu filho, Scott, de dezessete anos, que era o jogador de destaque do time de beisebol da escola. Aos quarenta e sete anos e sendo CEO de uma empresa de tecnologia, Dave era extremamente bem-sucedido e competente. Jogar beisebol era uma das suas coisas favoritas e ele sempre se voluntariava nos jogos do filho desde a infância. Quando o treinador de beisebol de Scott ficou doente e a equipe precisou de um substituto temporário, Dave ficou mais do que feliz em assumir o time. Foi aí que as coisas começaram a dar errado.

Depois que Dave começou a assumir o papel de treinador, tudo começou a desmoronar entre pai e filho. Eles brigavam e ignoravam um ao outro diariamente. As coisas ficaram tão extremas que Scott ameaçou parar de jogar beisebol a menos que seu pai deixasse o cargo de treinador. Dave sentia que Scott estava agindo como um garoto mimado, já que todos os outros jogadores gostavam de aprender com o novo treinador. Scott sentia que Dave estava sendo autoritário, especialmente com ele, e sentia-se envergonhado. Sentia-se humilhado pelo pai.

Quando os dois estavam no meu consultório, a tensão era palpável. Pai e filho não poderiam estar mais distantes emocionalmente. Encorajei Scott a compartilhar seus sentimentos. Isso é o que ele disse: "Meu pai simplesmente não entende o quanto é dominador. Ele acha que é o melhor e sabe tudo. Ele me dá ordens e me faz sentir muito mal toda vez que eu cometo um erro. Eu costumava amar jogar beisebol, mas agora eu detesto. Ele transformou tudo em um acampamento militar onde ele é o ditador. Ele costumava ser assim quando eu era mais novo e ele me ensinava em casa. Eu simplesmente odeio como ele é tão condescendente e rude!"

Scott mal terminou de falar quando Dave interrompeu: "Não sou! Certamente não sou assim! Conte à Dra. Shefali sobre o erro enorme que você cometeu outro dia. Não sou seu pai no campo, sou seu treinador. É meu trabalho apontar seus erros. Presto tanta atenção em você porque me importo. Ninguém mais se importaria!" Fiquei surpresa com a reatividade emocional de Dave. Eu conseguia entender por que Scott estava tendo dificuldades em se comunicar com o pai. Dave continuou seu desabafo: "Estou fazendo isso porque te amo. É por isso que estou dedicando meu tempo para treinar o seu time. Se não fosse por você, filho, eu não me importaria!"

Pude perceber que Dave estava tendo dificuldade em lidar com a situação. Por um lado, ele amava o filho e estava sacrificando seu tempo por esse amor. No entanto, como muitos de nós, Dave não estava percebendo como sua estratégia estava falhando. Suas intenções eram boas, mas sua abordagem estava completamente errada. Em vez de ver o envolvimento do pai como amor e apoio, Scott o percebia como abuso. As conexões estavam totalmente distorcidas.

Tenho certeza de que você já se sentiu frustrado às vezes quando, não importa quão boas sejam suas intenções, seu filho interpreta suas ações como vindas do próprio demônio. É simplesmente enlouquecedor, não é? A razão pela qual essa desconexão acontece é que, sem nossa consciência plena, estamos agindo a partir de algum tipo de controle egoísta, e nossos filhos estão resistindo a isso. Eles se sentem manipulados e reagem de alguma forma.

Os pais frequentemente pensam consigo mesmos: "Mas estou fazendo X ou Y no melhor interesse dos meus filhos. Meus filhos não têm noção do quanto suas decisões neste momento vão afetar suas vidas no futuro, mas eu sei. Preciso que eles saibam." Ou como Dave estava pensando: "Preciso ajudar meu filho a se tornar um jogador melhor, e farei o que for preciso para levá-lo até lá." Quando, como pais, temos a intenção de "treinar" nossos filhos para se tornarem "melhores" do que são no momento presente, não percebemos o quão degradante e enfraquecedor isso pode ser para eles. Falhamos em ver que nosso desejo de torná-los "melhores" para o futuro muitas vezes vem dos nossos próprios medos e carências no momento presente. Em nosso desejo de melhorar as coisas em um futuro que pode nunca chegar, acabamos piorando as coisas — piorando muito — no momento presente.

Convidei Dave para uma sessão individual na semana seguinte. Tentei explicar o ponto de vista do Scott, mas Dave não estava aceitando: "O Scott é um reclamão e um chorão. Ele sempre encontra algo negativo. Estou cansado de ceder às reclamações dele. É melhor ele mudar de postura ou vai ser expulso do time por mal comportamento. Tudo o que estou tentando fazer é ajudar esse garoto, e ele está se comportando como um maldito mimado!" Dave estava furioso e não conseguia enxergar nem um pouco como ele estava errado, muito menos como estava ferindo seriamente a autoestima de seu filho.

Dave estava completamente perdido. Havia esquecido de sua missão como pai. Em vez de estar lá para o filho como um guia generoso, fazia tudo ser sobre si mesmo. Não é incomum para nós, como pais ou mães, deixar algo ofuscar completamente nossa compaixão e nosso coração. É como se fôssemos dominados por uma força alienígena tão poderosa e sedutora que não temos controle sobre ela. Você sabe o que é isso? São todos os nossos problemas da infância. Vou explicar mais à medida que prosseguirmos.

Eu disse a Dave: "Seu filho está se sentindo excluído e controlado por você. Você não se juntou à equipe dele para oferecer apoio? Percebe que sua abordagem está fazendo o oposto e criando uma grande desconexão entre você e ele?"

Eu nem consegui continuar antes que Dave interrompesse. "Como pode dizer isso! Estou sendo tão solidário. O Scott é só um ingrato e acha que tudo tem que ser do jeito dele. Eu daria qualquer coisa para que meu pai tivesse mostrado um décimo do apoio que dou a ele. Eu morreria para ter um pai que se importasse como eu me importo! Faço tanto pelo Scott!"

Lá estava! A ferida da infância.

Dave acreditava que estava sendo um pai amoroso ao dar a seu filho as coisas que ele mesmo nunca havia recebido de seu pai. Ele estava projetando suas antigas feridas em Scott e preenchendo sua própria imagem do que ele achava que um pai deveria ser. O comportamento de Dave estava enraizado em sua dor do passado e não tinha nada a ver com o que Scott queria ou precisava. Dave estava focando em si mesmo e negligenciando o filho no processo.

Eu tive de encontrar uma maneira gentil de mostrar o espelho para Dave. "Você está tentando consertar seu passado, Dave. Isso é o que você desejava do seu pai. Como você nunca recebeu, agora está tentando garantir que o Scott não se sinta da mesma forma. Mas não é assim que seu filho se sente. Você está projetando suas necessidades nele. Está sendo levado por sua própria necessidade de corrigir os erros do seu passado. Ao fazer isso, está destruindo o relacionamento com seu filho."

Dave teve muita dificuldade em lidar com essa percepção durante semanas. Ele simplesmente não conseguia ver como estava tentando controlar o filho. Tudo o que ele via eram suas "boas" intenções. Apenas depois de explorar muito seu passado é que Dave começou a alcançar sua dor da infância. Ele revelou que cresceu com um pai negligente que nunca prestava atenção nele. Como resultado, Dave cresceu sedento pela validação do pai. Esforçava-se na escola e no campo, tornando-se um aluno e atleta excepcional. Nem mesmo essas conquistas conseguiram fazer com que seu pai comparecesse a qualquer um dos jogos de Dave. Ele continuou sendo cada vez mais bem-sucedido, esperando que seu pai em algum momento enxergasse seu valor.

Isso nunca aconteceu. Até hoje, eles têm um relacionamento distante. "Eu nem percebia que guardava tanta dor em relação ao meu pai e à minha infância", ele finalmente admitiu. "Achava que estava tudo bem. Só depois de você ter trazido tudo isso à tona é que pude perceber que tenho agido de um jeito maluco. Não consigo acreditar na forma como tratei meu filho. Isso era exatamente o que eu estava tentando evitar."

Dave começou a perceber como sua própria falta de autoestima estava impulsionando o desejo de treinar o filho. Ele queria dar ao filho o que ele nunca teve e ser o "bom" pai que ele desejava ter. Quando não recebeu validação do filho, aquilo tocou a ferida dentro de si. No momento em que se sentia "inferior", seu ego rugia como um tigre e agia impulsivamente. Assim como havia feito em sua infância, Dave tentou se tornar o melhor. Neste caso, tentou se tornar o melhor treinador a qualquer custo mesmo que isso afetasse o bem-estar de seu próprio filho. Logo, Dave começou a agir como uma criança fora de controle. Somente quando analisou seus velhos padrões é que começou a ter insights sobre sua dor da infância. Foi aí que ele finalmente começou a enxergar as próprias projeções no filho e como elas estavam criando problemas sérios no relacionamento dos dois.

Depois que mostrei a Dave seus padrões, ele conseguiu observar quando eles surgiam no relacionamento com o filho. Ao fazer isso, ele conseguiu interromper esses padrões, e o relacionamento dos dois melhorou imediatamente. Após um ano, ele havia realmente mudado completamente e alcançado outro nível de consciência como pai. À medida que Dave começou a dar cada pequeno passo, Scott respondeu tão prontamente quanto uma flor ao sol. Essa é a beleza de nossos filhos. Eles não querem permanecer isolados, mas só revelarão a si mesmos quando se sentirem seguros para fazê-lo.

A resistência inicial de Dave não foi incomum. A maioria de nós vive no piloto automático seguindo a vida de forma robótica, reagindo de maneira emocional e impulsiva. Achamos que estamos reagindo conscientemente ao momento presente, quando na verdade estamos reagindo a momentos de nossa própria infância. Mas podemos nos afastar da parentalidade inconsciente e nos conectar com nossos filhos de maneira mais sintonizada ao sermos capazes de parar no meio de uma reação e nos perguntar: "De onde vem esse sentimento? É do meu passado ou do presente?"

Assim como Dave não tinha consciência do impacto que sua emotividade descontrolada tinha no filho, a maioria de nós, pais, não percebe como nosso passado afeta nossos filhos do jeito que afeta. Até que tenhamos consciência de nossos padrões da infância, não seremos capazes de ser pais conscientes. Não estaremos fazendo nossas escolhas; nossas dores antigas farão. Nesta etapa do mapa da parentalidade, você vai se tornar consciente de quantos de seus comportamentos e reações atuais vêm do passado em vez do presente. À medida que essa consciência cresce dentro de você, será capaz de fazer novas escolhas claras e conscientes, fundamentadas no momento presente, e não no passado.

Existem muitas oportunidades de revelações durante essa etapa. Você descobrirá seus padrões e irá diagnosticar seu estilo de parentalidade quando seus gatilhos são acionados. Você é do tipo que grita? Negocia? Agrada? Não gostaria de saber? Apenas se tornando consciente desses padrões você será capaz de se libertar deles. De maneira concreta e simples, você aprenderá a romper ciclos disfuncionais, assim como Dave fez. Siga os passos a seguir com curiosidade e espontaneidade. Eles não têm a intenção de o culpar nem envergonhar, mas sim de despertar seu interesse e inspirá-lo a reconhecer seus padrões e começar a mudá-los.

Passo 7

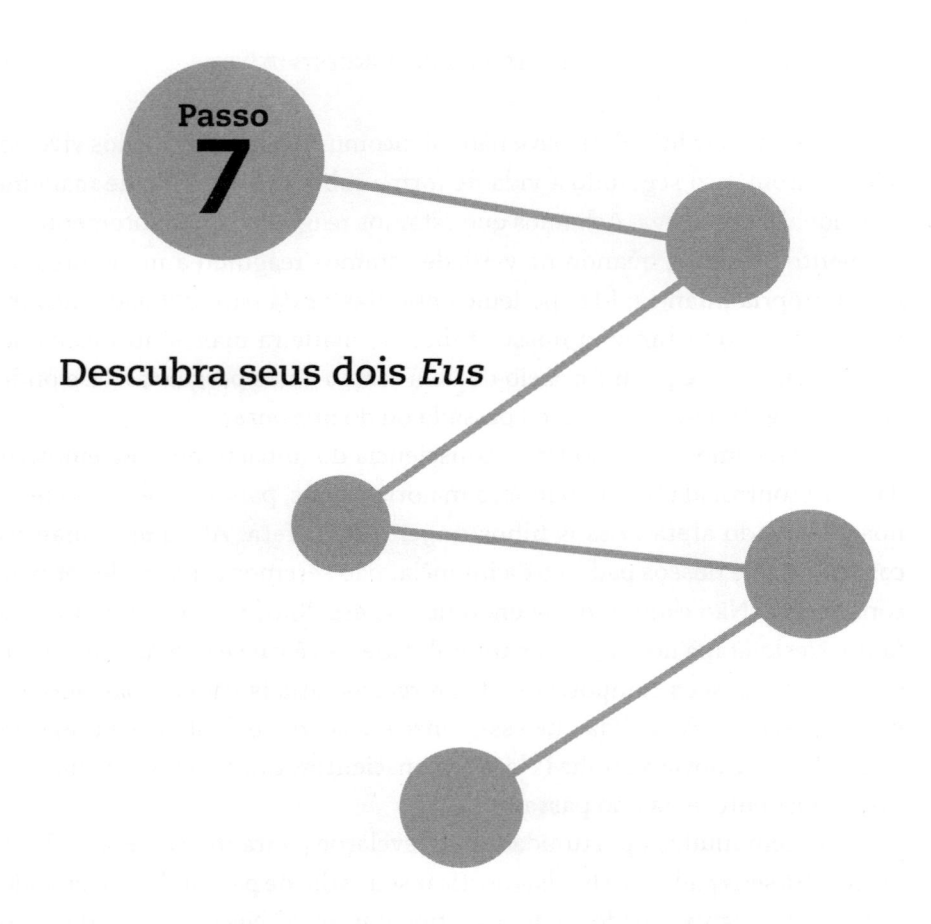

Descubra seus dois *Eus*

Como posso esperar me conectar a você, meu filho,
Quando estou tão desconectado dentro de mim mesmo?
Mal sei quem sou.
Mal entendo minha própria essência.
Apenas quando conseguir recuperar minha autenticidade
Posso esperar honrar a sua.
Apenas quando minhas feridas internas cicatrizarem
Posso me conectar completamente a você.
E você pode voar como está destinado.
Tudo começa com a redenção da minha própria alma.

Não importa se gostamos ou não de nos ver como seres psicológicos, o fato é que nossa psicologia nos molda profundamente. E o estágio fundamental da vida que molda nossa psicologia mais do que qualquer outra coisa é a infância. Embora eu ache a psicologia fascinante, estou ciente de que muitos podem não compartilhar dessa opinião. Por essa razão, vou manter esta seção, que tem fortes raízes na psicologia, o mais envolvente e acessível possível. Lembre-se, tudo neste livro se trata de se compreender melhor para fazer escolhas mais conscientes no relacionamento com seus filhos. Para alcançar isso, ter alguma consciência de sua própria psicologia é fundamental. Vamos começar pelo começo.

A infância é o divisor de águas definitivo. Não apenas é o modelo para todos os nossos relacionamentos posteriores, mas também é o momento em que aprendemos tudo sobre nós mesmos e como devemos ser no mundo. Simplificando, é a fase mais profunda de nossas vidas. Algo muito significativo começa a acontecer na infância que muitos de nós não compreendemos totalmente. Começamos a ser *condicionados*. Passamos por uma lavagem cerebral provocada por nossos pais e pela nossa cultura sem estarmos conscientes disso e sem nosso consentimento. Permita-me explicar melhor.

Quando nascemos, somos "não condicionados" psicologicamente: estamos "vazios" de regras, valores, crenças e tradições parentais e culturais. Somos a manifestação mais pura de nossa essência psicológica. Vivemos simplesmente no momento presente, e então no próximo, e depois no próximo. Viemos ao mundo como somos, a expressão mais bonita da alma humana. Essa é a razão pela qual as crianças são frequentemente chamadas de "puras".

Claro, não somos completas páginas em branco. Cada um de nós tem uma essência única. Temos um plano genético e um temperamento inato que são inegáveis. Alguns de nós nascem calmos e serenos, outros explosivos e barulhentos. Os pais costumam dizer coisas como "Ah, você é assim desde o dia em que nasceu!" O que eles querem dizer é que nosso temperamento único se manifesta cedo e tende a se impregnar em nossa existência diária.

Embora sejamos únicos em termos de genética e temperamento, como crianças humanas, todos temos o mesmo desejo intrínseco. Você sabe qual é esse desejo? É o desejo de sermos vistos e validados por quem somos. Sermos aceitos como "nós mesmos" é o nosso maior desejo como seres humanos. No entanto, esse não é nosso destino. Assim que nos deparamos com os adultos em nossa vida, somos lançados em *suas* formas de ser. Fomos obrigados a pensar, sentir e agir de maneiras que correspondessem às *suas* realidades. Não nos permitiram simplesmente nos desenvolver à nossa maneira.

Para que cada um de nós seja celebrado por quem realmente é, nossos pais precisariam se sintonizar conosco. Infelizmente, a maioria dos pais não estava consciente o suficiente para fazer isso de forma consistente. Em vez de nos permitir florescer como quem somos, eles nos criaram para sermos *outras* pessoas, condicionadas pelas fantasias e expectativas deles. Essa é a situação atual. Os pais projetam seus desejos, expectativas e fantasias nos filhos desde o início. Fazemos isso inconscientemente, e isso se tornou um aspecto fundamental do papel de ser pai ou mãe. Pense nas conversas que temos sobre nossos filhos e como idealizamos isso e aquilo sobre o futuro deles. Achamos que estamos destinados a moldar o futuro de nossos filhos, e o primeiro passo é determinar quem eles serão no mundo. O problema, claro, é que quem queremos que eles sejam e quem eles são provavelmente são coisas diferentes. Dessa forma, as condições para a desconexão com nossos filhos começam a ser estabelecidas extremamente cedo. Essas condições muitas vezes não têm nada a ver com a natureza intrínseca de nossos filhos e têm tudo a ver com nossos próprios desejos, esperanças e projeções.

Antes mesmo de você deixar o útero, quase tudo está predefinido para você: suas tradições familiares, sua religião, seus valores e como expressar seu gênero! Agora, você pode dizer: "Claro que meus pais fizeram isso, eles não tinham escolha! É isso que todo pai e mãe faz." Minha resposta é a seguinte: sempre temos uma escolha sobre como criamos nossos filhos. Podemos optar por seguir os caminhos pelos quais fomos criados, ou podemos escolher um novo caminho que se liberta do passado e ousa se adaptar ao momento presente. Um pai que escolhe esse último caminho pode dizer: "Eu escolho criar meu filho sem imposições culturais e crenças cegas. Escolho primeiro me conectar de forma consciente com meu filho, entender seu temperamento, antes de planejar quase todos os aspectos de sua vida." Exceto por algumas práticas básicas — como dar nomes a seus filhos —, pais conscientes percebem as prescrições subconscientes às quais aderem e que podem acabar usando para controlar seus filhos.

Nossos próprios pais não só nos doutrinaram com prescrições inteiras sobre como viver nossas vidas, incluindo a quem adorar e eventualmente com quem nos casar, mas eles também estabeleceram as consequências da não conformidade. Desafiar o dogma parental era impensável, até mesmo blasfêmia. Com o amor deles vinham condições claras: *siga minha vontade ou lide com minha rejeição*. Nossos pais não precisavam explicitar essas condições. Nós simplesmente as sentíamos. Aprendemos a fazer tudo ao nosso alcance para evitar a dolorosa consequência de perder o amor dos nossos pais.

Não existe um culpado por esse processo. Nossos pais também foram vítimas de uma sina semelhante. Eles também passaram por um sequestro de seus verdadeiros eus na infância. É assim que a roda da inconsciência gira à medida que os padrões geracionais são estabelecidos. Cada geração anterior sela o destino da próxima. Repetidamente, a dor de padrões emocionais e feridas não curadas se espalha como ondas pelo oceano da humanidade levando muitos para o fundo em suas correntezas e redemoinhos letais. Tenha a certeza de que você está agora a caminho de quebrar esse ciclo.

As crianças intuitivamente sabem que é melhor seguir o planejamento de seus pais, ou então... As crianças sabem que é muito mais importante ser quem seus pais querem que elas sejam do que se aventurar tentando ser elas mesmas. Se desejam a aprovação de seus pais, as crianças precisam ser "boas". E elas sabem que ser "boa" significa suprimir seu verdadeiro eu. As crianças implicitamente sabem que estão envolvidas em um programa de troca, no qual receber amor significa abrir mão de seu verdadeiro eu. Ao longo dos anos, essas expectativas se acumulam. O que antes era a luz do verdadeiro eu de nossas crianças vai se tornando cada vez mais fraca.

Esse processo aconteceu com todos nós em algum grau. Em vez de recebermos a liberdade para florescer como nossos verdadeiros eus, fomos, em grande parte por meio de programação implícita, coagidos a abandonar as manifestações autênticas de nós mesmos. Enquanto esse eu emudecia, nos tornamos aos poucos uma cópia exata dos nossos pais. Ocultamos nosso verdadeiro eu e eventualmente o enterramos esperando que nossas novas personas fornecessem um senso de valor e importância.

Pense nessa triste realidade: em vez de nos sentirmos dignos e empoderados por quem realmente somos, fomos induzidos a nos sentir como alienígenas em nossas próprias vidas. Foi-nos concedida cidadania apenas se incorporássemos os costumes e tradições da cultura dominante — nesse caso, a de nossos pais. Se recusamos, enfrentamos a deportação. Então, em vez de passarmos por isso, enterramos nossas almas longe da vista de todos.

Em vez de sermos celebrados pelo que realmente somos, cada um de nós logo se viu com um substituto inseguro e carente, um pseudo-eu faminto por merecimento, aprovação e validação de nossos pais. Essa parte faminta de nós é frequentemente chamada de criança interior, que é o primeiro *eu* que menciono neste capítulo.

Agora, aqui está um fato profundo para se contemplar:

Não deveríamos ter uma criança interior cheia de medos e "vazios" internos, por assim dizer. Deveríamos nos sentir plenos, completos e dignos de valor. Sentiríamo-nos assim se tivéssemos sido celebrados por quem realmente somos e criados por pais que celebrassem seus verdadeiros eus. Desenvolvemos essa criança interior apavorada porque fomos criados por pais inconscientes em uma cultura inconsciente.

Imagine isso! Todas as nossas inseguranças e falta de autoestima não precisavam existir. Tragicamente, em vez de sermos celebrados por nós mesmos e aceitos exatamente como somos, fomos invalidados e deixados em pedaços com muitos vazios. Nossos vazios cresceram cada vez mais, dependendo do quanto nossas necessidades não foram atendidas. Esses vazios criaram nossa *criança interior* atormentada pelo medo e por não se sentir valorizada, nosso primeiro *eu*.

Monica, durante uma sessão de terapia comigo, lembrou-se de como sua criança interior deve ter se desenvolvido bem cedo na infância. "Eu costumava ser uma criança tão extrovertida e sociável. Lembro-me de querer brincar com meus irmãos e as crianças do bairro o tempo todo. Eu estava cheia de alegria de viver. Era um pouco gordinha quando criança. Só sei disso porque minha mãe sempre me dizia para me exercitar e não comer tanto bolo. Eu odiava me exercitar e amava bolo! Devia ter cerca de seis anos quando tudo começou a mudar na minha vida. Eu tinha acabado de entrar na pré-escola. Minha mãe começou a me tratar de forma diferente. Começou a restringir as calorias que eu comia e me colocar em sessões com um nutricionista. Ela não fez isso sutilmente ou de forma disfarçada. Não! Pelo contrário, ela anunciou para todos, repetindo o dia todo: 'Monica tem um problema com o peso!' Ela até me disse que, se eu não tivesse cuidado, não seria convidada para nenhuma festa de aniversário na escola. Parecia que a minha mudança tinha acontecido da noite para o dia. Parei de comer e passei a me preocupar de forma excessiva com a aparência. Não tinha nem sete anos. Também deixei de ser uma menina extrovertida e divertida para me tornar uma criança tímida e insegura. Fiquei retraída e quieta, como se isso me protegesse do medo de ser rejeitada. A verdade é que eu me odiava!"

Monica não é diferente de nós. A gravidade da desconexão pode variar, mas o resultado se manifesta psicologicamente da mesma maneira. Assim como a maioria de nós, ela começou a vida com uma luz interior brilhante que começou a perder intensidade em seus primeiros anos devido a uma avalanche de insegurança e receio. Em vez de celebrar sua essência, sua mãe forçou Monica a focar obsessivamente em sua aparência, a ponto de ela esquecer dessa essência. Sua aparência se tornou seu único foco.

Veja bem, quando perdemos contato com nosso verdadeiro eu na infância, tudo se desorganiza. Agora, em vez de agirmos com base em nosso valor intrínseco, agimos com base em um sentimento intrínseco de aversão. Então, o que fazemos agora? Criamos um falso eu para lidar com essa falta interna de valor. Usamos esse falso eu para obter amor, validação e aprovação. Esse é o nosso segundo *Eu* — nosso *ego impostor*, que nada mais é do que uma coleção de todas as máscaras que usamos para satisfazer nosso desejo inato de sermos vistos como inteiros, completos e dignos.

No caso de Monica, ela adotou a máscara de uma pessoa reclusa e introvertida. Isso permitia que ela se sentisse segura em sua concha para não ter de enfrentar o medo de ser rejeitada. Que máscaras iremos adotar vai depender de nosso temperamento e de nossas circunstâncias únicas na infância. Alguns de nós se tornam comediantes, outros depressivos reclusos, e, ainda, outros se tornam divas. Então, há alguns de nós que criam uma persona de "estou pouco me f..." porque sentimos que é fútil buscar a validação de nossos pais.

Essas máscaras representam todas as nossas tentativas desesperadas de fazer duas coisas: (1) proteger nossa criança interior de mais anulação pelos pais e, (2) se possível, criar formas artificiais de "comprar" amor, validação e merecimento. Essas maneiras muitas vezes não são fiéis à nossa verdadeira essência e envolvem algum tipo de manipulação, seja de nós mesmos ou dos outros. Em pouco tempo, nossa existência inteira se baseia nessas máscaras e logo nosso eu verdadeiro se torna uma memória distante.

Vamos analisar um exemplo de como a dinâmica dos dois *Eus* — a criança interior e o ego impostor — começa a se enraizar na infância:

1. A mãe quer que seu filho faça aulas de violino. Ela é musicista e sonha que seu filho se torne músico também. A criança não tem vontade de aprender violino nem nenhum outro instrumento no momento. A criança é mais atlética do que musical; mas, porque a mãe sempre sonhou que o filho fosse músico, ela ignora a vontade da criança e insiste que o filho faça aulas de violino.
2. A criança quer expressar sentimentos autênticos sobre não querer tocar um instrumento musical. Sempre que ela faz isso, a mãe fica chateada com ela. A criança sente medo da desaprovação da mãe.
3. A criança enfrenta uma escolha difícil: lutar por sua vontade ou suprimir seus verdadeiros sentimentos. Embora ela queira expressar sua autenticidade, ela sabe que o preço será alto. Ela começa a esconder seu verdadeiro eu.
4. O ego impostor entra em ação para proteger a criança da dor da rejeição parental. A criança usa a máscara de obediente, agradável e "bom" filho dizendo à mãe: "Eu adoro tocar violino". Isso faz com que receba o elogio e a validação que desesperadamente tanto busca da mãe.
5. Com o tempo, a criança começa a usar cada vez mais máscaras para obter a aprovação da mãe somando os títulos de criança com alto desempenho acadêmico e que agrada aos outros. Quanto mais a mãe aplaude a criança, mais forte seu falso eu se torna. Somente após muitos anos é que esse eu falso vai desmoronar sob a pressão de ter de fingir todo o tempo, e a pessoa terá a oportunidade de se curar.

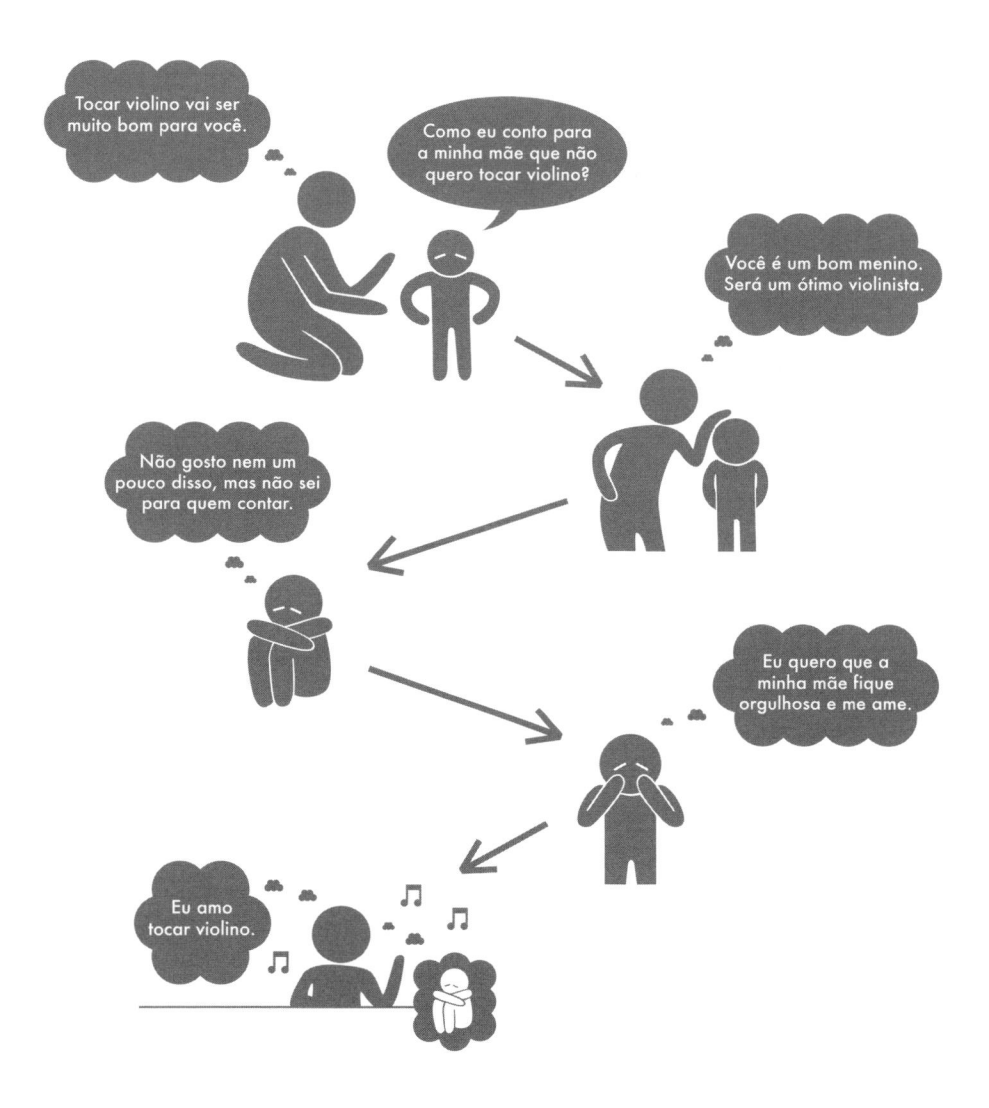

Este exemplo das aulas de violino pode parecer trivial, até mesmo insignificante — e se fosse um evento isolado, talvez fosse. No entanto, esses sequestros do verdadeiro eu aparecem repetidamente em nossas vidas, até que damos um jeito de encolher tanto essa parte de nós mesmos que a escondemos de nossa própria consciência.

Tornar-se consciente desses sequestros internos da nossa autenticidade é vital se quisermos crescer e nos tornarmos um novo e fortalecido eu não apenas por nós mesmos, mas também por nossos filhos. Quando reivindicamos uma liberdade autêntica, libertamos nossos filhos para fazerem o mesmo.

COLOCANDO EM PRÁTICA

Seu verdadeiro eu está esperando que você o reivindique. Para começar esse processo de descoberta e recuperação, precisamos ativar memórias antigas da infância. Vamos fazer esse exercício. Feche os olhos e deixe sua mente vagar para alguma memória dolorosa do seu eu mais jovem, entre os dois e os dez anos de idade. Assim que tiver uma memória, escreva-a. Certifique-se de anotar não apenas o evento, mas também os sentimentos que teve.

> **Como esse evento fez você se sentir?**
> **Como seus pais reagiram?**
> **Você se sentiu seguro para se expressar?**
> **Você foi amparado e validado, ou fizeram com que se sentisse envergonhado e constrangido?**

Se você não foi validado ou amparado, provavelmente suprimiu ou negou seus sentimentos. Esses sentimentos então começaram a bloquear seu verdadeiro eu.

Conhecer sua criança interior é um passo importante em direção ao empoderamento. Vamos conhecê-la intimamente por meio deste exercício. Talvez você queira dar um nome ou uma cor à sua criança interior. Talvez queira desenhar como sua criança interior se sentiu. Encontre alguma forma de representar esse ser como uma imagem ou entidade. Fazê-lo é importante para que você possa observar sua criança interior, se apropriar dela e invocá-la de uma maneira que permita fazer referência a ela em tempo real.

Uma prática adicional que cultivei ao longo das décadas para me sintonizar com minha criança interior é fechar os olhos e me perguntar:

> **Como estou me sentindo internamente agora? Estou sentindo medo ou calma?**
> **Minha resposta vem de um estado de carência ou de abundância?**

Uma vez fiz um experimento no qual me desafiei a responder às situações apenas quando minha resposta fosse um sim para a calma e a abundância. Se a resposta fosse não, escolhia não agir até que meu estado interior mudasse. Eu literalmente não falei muito nos primeiros sete a dez dias desse experimento porque descobri que a maioria das minhas respostas era condicionada habitualmente pelo medo e pela carência. Fazer essas perguntas a nós mesmos nos permite reconhecer o quanto temos vivido movidos pelo medo, dúvida e carências de nossa criança. Lembre-se: cada vez que você estiver em sua criança interior, é provável que ative seu ego impostor para compensar os medos e inseguranças dela.

Você pode se comprometer a refletir e fazer as duas perguntas que mencionei nas próximas vinte e quatro horas? Aqui estão mais algumas perguntas que podem ajudar nesse processo de descoberta:

Estou precisando de validação e aprovação neste momento?
Estou com medo da rejeição e do abandono?
Estou com medo do conflito e de ser visto como uma má pessoa?
Quais, exatamente, são meus medos agora?

É imprescindível estarmos em contato com nossos medos internos porque é por intermédio deles que nossa criança interior se comunica conosco. A linguagem da criança interior é baseada no medo: "Não diga isso, senão..." ou "Vão pensar que você é uma pessoa má, então não se manifeste!" e assim por diante. Embora alguma cautela seja natural, os medos da criança interior são paralisantes. Eles nos afastam de uma posição de empoderamento autêntico e nos levam a um lugar inautêntico de enorme empobrecimento interior: o território do ego.

Eu o incentivo a escrever essas seis perguntas em cartões e colocá-los onde possa vê-los ao longo do dia. À medida que você sintoniza sua voz interior, pode se surpreender com o que descobre. Pode ficar maravilhado com a forma como as carências e o medo permeiam suas crenças e reações, como aconteceu comigo. Se você se tornar consciente dessa condição dentro de você, não entre em pânico; você está apenas entrando em contato com a voz e as necessidades da sua criança interior.

Vou ser sincera. É muito difícil prestar atenção aos sussurros abafados da nossa criança interior. Essa parte de nós está tão enterrada que mal conseguimos ouvir sua voz. Diante dessa dificuldade, de qual outra maneira podemos começar a jornada de cura? Um lugar mais fácil para começar é em um nível mais óbvio, o nível de nossas reações. Este é o nível do ego impostor. Por que esse é um lugar mais fácil para começar? A razão é que o ego é fácil de observar. Ele geralmente causa caos, conflito, separação e problemas. Ele age e implode. Como resultado, as reações do nosso ego são mais fáceis de detectar do que os sentimentos sutis e profundamente enterrados da nossa criança interior.

O próximo passo em seu mapa da parentalidade irá ajudá-lo a identificar seu ego impostor e descobrir as maneiras como ele tem criado conflito com seus filhos. Uma vez que você se torna consciente do seu ego impostor, poderá começar a quebrar os padrões disfuncionais que ele cria e mudar toda a relação com seus filhos.

Passo 8

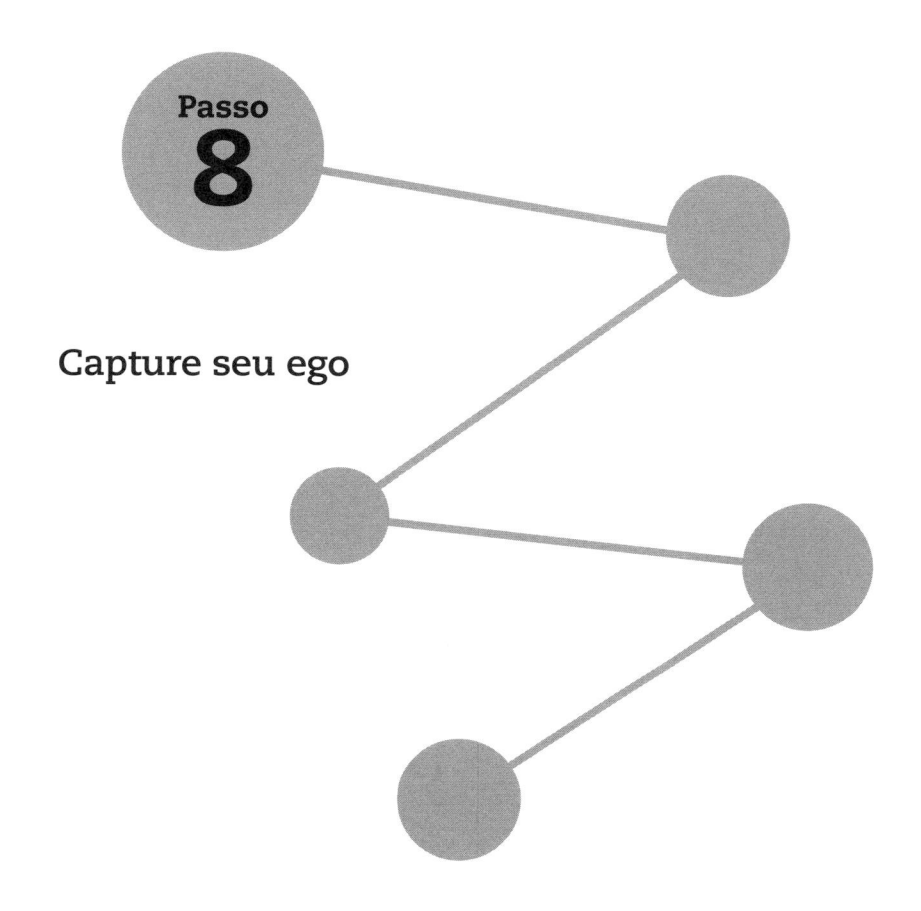

Capture seu ego

Quem sou eu sob minhas cem máscaras?
Sou isso ou aquilo, ou tudo ou nada?
Abandonei tudo o que realmente sou.
Em minha busca desesperada, perdi a direção.
Em minha necessidade de estar certo, acabei tão errado.
Em toda a minha bravata, estava na verdade encolhido de medo
E despejando tudo isso em você, meu filho.
Agora é hora de eu ir além das minhas máscaras
Para descobrir quem realmente sou
Para que eu possa permitir que se deleite com quem você é.

Usamos nossas máscaras de ego sempre que nos sentimos com medo ou inseguros. Porque não estamos em contato com os medos de nossa criança interior, só podemos observar nossas reações externas — as do ego. Sabia que você está usando a máscara do seu ego toda vez que emprega algum desses comportamentos?

Gritar, berrar ou xingar seu filho.
Culpar-se ou criticar-se.
Afastar-se por rejeição ou medo.
Isolar-se ou se fechar.

Por meio de nossos comportamentos disfuncionais, podemos identificar nosso ego e começar a entender o que ele está tentando proteger. Começar com a reatividade externa é sempre um ponto de partida mais fácil. É por isso que sempre digo aos meus clientes: "Vamos começar com as reações do seu ego, pois elas são fáceis de identificar!"

Antes de prosseguirmos, deixe-me perguntar: você acredita que o ego é o vilão aqui? Provavelmente, sim. Embora seja fácil ficar irritado com o ego por criar tanto caos em nossas vidas, precisamos entender que ele não é o culpado. Novamente, a questão não é culpar a si mesmo ou a outra pessoa, mas entender *por que* seu ego está presente e por que age da maneira que age.

Preciso reiterar que há uma razão para o ego existir, e essa razão é a proteção. O que ele está aqui para proteger? Nossa criança interior assustada. Ninguém cuidou da nossa criança interior durante a infância. Como o ego foi criado durante nossa infância como um meio de sobrevivência, ele emprega mecanismos que são primitivos, imaturos e infantis, incluindo gritos, berros, vícios, automutilação e sabotagem. Não aprendemos maneiras adultas de lidar com tudo, apenas técnicas infantis. Infelizmente, essas técnicas nunca funcionam. Cada vez que as utilizamos, pioramos nossa situação. Os medos da criança interior aumentam cada vez mais. A única *saída* desse lamaçal é se voltar para *dentro* e fazer o trabalho internamente, que é o que estou ensinando a você. Ao fazer esse trabalho, você aprenderá a cuidar da sua criança interior de forma empoderadora e transformadora.

Você já ouviu falar das três respostas do corpo durante o estresse — *lutar, fugir ou congelar*? Com base nisso, criei cinco categorias de ego parental para ajudar a identificar seu ego impostor. São os Combativos, os Reparadores, os Dissimulados, os Estátuas e os Fugitivos. Claro, criei essas categorias com plena consciência de que nossas psiques são infinitamente complexas e que ninguém usa apenas uma máscara egoica ao longo da vida. Essas são categorias que obtive a partir de experiências anedóticas com clientes ao longo do tempo, e são destinadas a aumentar sua consciência sobre si mesmo; elas não são empírica ou cientificamente comprovadas. Meu objetivo é fornecer vislumbres de reações comuns para que você possa identificar facilmente aquelas que correspondem ao seu estilo único de reatividade. No entanto, esteja ciente de que como nos apresentamos em um relacionamento pode ser drasticamente diferente de como nos apresentamos em outro. E podemos ser um pouco de todas as categorias ao mesmo tempo, ou podemos ser uma categoria por parte de nossa vida e depois mudar para outra. Entender nossas categorias egoicas é apenas para fins de compreensão, não para nos culpar ou nos envergonhar, apenas para criar uma consciência dentro de nós de como reagimos quando somos provocados.

Ao ler sobre essas categorias, adote um espírito curioso e aventureiro. Você está prestes a descobrir novas partes de si mesmo e de outras pessoas que estão em sua vida. Encare essa jornada com uma mente aberta e brincalhona, como se estivesse se diagnosticando: "Ah, eu sou um Combativo!" ou "Sim, eu sou um Fugitivo!" Se começar a ler sobre uma categoria e perceber que não ressoa com você, encorajo-o a continuar lendo mesmo assim, pois nunca se sabe como isso pode despertar uma compreensão de alguém próximo a você ou de um relacionamento do passado. Lembre-se: cada um de nós usa uma máscara egoica, ou várias. Não há nada para se envergonhar ou ter medo. Descobrir e identificar suas máscaras egoicas é um grande passo para quebrar seus ciclos de reatividade e alcançar o empoderamento e a conexão com seus filhos.

Se alguma das seguintes máscaras lhe parece familiar, essas podem ser máscaras que você usa ou que observou outras pessoas usando enquanto crescia. Encorajo você a entrar em contato com os sentimentos por trás dessas máscaras e encontrar uma maneira de explorá-los por meio de qualquer processo ou expressão criativa que lhe pareça adequado, como escrever em um diário, meditar ou desenhar.

OS COMBATIVOS

Quando é provocado por seu filho, você levanta a voz e grita ordens? Ameaça, pune, berra ou xinga? Bem, se você faz isso, pode ser um Combativo. Vamos ver se isso procede.

Quem são os Combativos? De forma resumida, são os irritados e controladores. A principal defesa emocional dos Combativos para lidar com seus medos é a *raiva*. Quando sua criança interior sente medo, eles colocam a máscara egoica da raiva. Os Combativos usam sua raiva para controlar os outros. Eles gritam, berram, punem e humilham e fazem isso para se sentirem poderosos. Eles aprenderam na infância que, para serem ouvidos e validados, precisam usar essa máscara de controlador irritado. Aqueles com temperamentos mais masculinos e dominadores assumem essas máscaras com mais facilidade.

Os Combativos têm as seguintes crenças:

Eu me sinto valorizado quando estou no controle de todos.
A raiva é como ganho poder e controle sobre os outros.

Você acha que reage dessa maneira em momentos de estresse? Você se pega levantando a voz, batendo o pé e exercendo força ou controle sobre os outros para se sentir importante? Se sim, provavelmente você é um Combativo.

Muitos Combativos cresceram cercados por outros Combativos na infância. Talvez você tenha observado um ou ambos os seus pais usando estratégias combativas com você ou seus irmãos, e aprendeu por osmose que essas técnicas conferem poder e importância. Se esse comportamento é o que você viu ao seu redor, é bastante natural que você associe a dominação sobre os outros com valor e poder.

Isso parece familiar? A categoria de Combativos possui diferentes subtipos. Enquanto você lê, pode pensar se utiliza alguma dessas estratégias. Novamente, essas são apenas orientações e não categorias definitivas. Como eu disse, a maioria de nós tem um pouco de cada uma.

O Intimidador
Quando provocado pelo seu filho, você às vezes se pega dizendo ou pensando coisas como "Porque eu mandei!" ou " Enquanto você estiver sob o meu teto vai ser assim e, se você não gosta, a porta é serventia da casa!"? Se sim, você pode estar usando a máscara de um Intimidador.

Essa máscara é usada pelo pai ou pela mãe que adora ter poder absoluto em casa como um minitirano, por assim dizer. Embora geralmente estejam emocional e fisicamente ausentes, esse pai ou essa mãe é chamado para impor a lei e a ordem, garantindo que as regras sejam seguidas e as leis sejam cumpridas. Os Intimidadores muitas vezes estão desconectados emocionalmente das necessidades dos outros, ocupados com suas próprias vidas e realizações. Sua mentalidade não tem nuances e eles preferem estar certos do que estar conectados.

Eles acreditam que:

Regras importam mais do que sentimentos.
As crianças devem obedecer aos pais a todo custo.
As crianças devem ser punidas por sua desobediência.
É do jeito dele ou rua.

As crianças que crescem com um Intimidador aprendem a se fechar ao redor desse pai ou dessa mãe e a fingir serem angelicais. Elas têm medo de serem elas mesmas porque tudo com o que o ego desse pai se importa é "do meu jeito ou rua". Essa máscara parental é extremamente controladora e dominante. Para sobreviver, os filhos desse tipo de pai ou mãe geralmente se retraem e fogem da prisão o mais cedo possível, muitas vezes ferindo ou prejudicando a si mesmos. É assim que um Intimidador pode soar: "Esta é a última vez que você quebra as minhas regras. Você é uma pessoa desprezível. Está de castigo por duas semanas. Você precisa aprender uma lição para nunca mais pensar em me desobedecer!"

Se você usa essa máscara ou conhece alguém que use, vale a pena perpassá-la, investigar os sentimentos que ela esconde e encontrar uma maneira de explorá-los em profundidade.

O Explosivo

Quando alguma atitude de seus filhos aciona seus gatilhos, você se vê perdendo a cabeça e gritando o mais alto que pode? Você se sente bem em um momento e no seguinte perde completamente o controle, talvez quebrando coisas ou jogando-as contra a parede? Se sim, você pode estar usando a máscara de um Explosivo.

Essa máscara usa acessos extremos de raiva para conseguir o que quer. Embora os acessos de raiva possam ser raros, são suficientes para fazer toda a casa tremer. Esses são os pais que vão de zero a cem em questão de segundos. Eles não expressam suas emoções, mas as deixam explodir. Cara, esses pais são aterrorizantes! Desregulados e imprevisíveis, eles são incapazes de processar verbalmente suas emoções de maneira madura. É como se eles não achassem que alguém irá ouvi-los a menos que explodam. Ao causar um medo extremo nos outros, essa pessoa se sente poderosa e respeitável.

Esses pais acreditam no seguinte:

Os pais precisam mostrar domínio e controle supremo.
As crianças aprendem por meio do medo.
Criar medo por meio de punição e raiva traz resultados.
As crianças precisam ser submissas aos pais.
Os pais nunca devem ser amigáveis com seus filhos.

As crianças que crescem perto de uma pessoa assim vivem na sombra da turbulência e da humilhação. Elas se sentem forçadas a obedecer e a se calar ou pagar um alto preço emocional. Elas se acostumam a pisar em ovos, pois não sabem quando essa máscara pode ser ativada. Elas vivem em constante ansiedade sobre quando o próximo problema surgirá pegando-as de surpresa. Isso não é um sentimento confortável para as crianças. Elas gastam muita energia tentando agradar o máximo possível para que esse pai ou essa mãe não exploda.

É assim que um Explosivo pode soar: "Estou cansado de todos vocês! Estou cansado, cansado, cansado! Não quero ouvir mais uma palavra. Vou socar a parede se vocês disserem mais alguma coisa. Vocês são todos loucos! Estou cansado de todos vocês!"

Se você usa essa máscara ou conhece alguém que usa, vale a pena perpassá-la, investigar os sentimentos que ela esconde e encontrar uma maneira de explorá-los em profundidade.

O Litigante

Quando provocado pelos seus filhos, você se vê discutindo constantemente com eles? Você tenta ter a última palavra nas conversas com eles? É importante para você vencer o debate e transmitir seu ponto de vista? Se sim, talvez você use a máscara de um Litigante.

Essa máscara é a de um advogado extremamente obstinado e inteletualizado que acredita que a vida é uma batalha constante no tribunal. Este é um pai que adora debater e discutir intelectualmente para destruir um oponente em pedaços. O Litigante faz perguntas incessantes, como um detetive, controlando a conversa e forçando o oponente a responder. Vencer o debate é de extrema importância para o Litigante, que é incapaz de perder graciosamente. Para dominar o outro, o Litigante pode usar técnicas desleais e mentir, trapacear e difamar. Não há limites para o que essas pessoas farão para vencer uma batalha. Elas simplesmente não percebem que estão constantemente perdendo a guerra.

Elas acreditam que:

> A vida é um jogo de vencedores e perdedores, e eu preciso ser um vencedor.
> Eu não posso estar errado, e vou provar que não estou.
> É mais importante estar certo do que estar conectado.
> As pessoas são objetos dentro desse jogo. As crianças são peões a serem usados para vencer.
> Para ser valorizado, é preciso manipular os outros em um nível mental.
> Discussões e debates são mais eficazes do que o diálogo.

Crianças que crescem em torno dessa máscara se sentem como pecadoras e criminosas à mercê de um juiz e júri. Estar perto desse tipo de pai ou mãe faz com que elas se sintam sem valor. Elas sentem como se fossem culpadas até que provem sua inocência, e não o contrário. É realmente difícil sentir-se importante e poderoso ao redor de um Litigante, e uma maneira de lidar com isso é se calar e se distanciar.

Um Litigante pode soar assim: "É uma pergunta de sim ou não. Não me dê uma razão, apenas me dê a resposta, sim ou não. Você disse X, mas agora está dizendo Y. Você é inconsistente e irracional. Suas respostas são confusas. Você mentiu ou não quando disse X? Obviamente, você não está falando a verdade."

Se você usa essa máscara ou conhece alguém que usa, vale a pena perpassá-la, investigar os sentimentos que ela esconde e encontrar uma maneira de explorá-los em profundidade.

O Crítico

Quando seu filho aciona seus gatilhos, você encontra coisas pelas quais criticá-lo? Você analisa cada microelemento de suas ações? Você tende a focar no que está errado e no negativo? Se sim, então a máscara do Crítico pode ser sua.

Já esteve perto de alguém cujo hobby favorito é criticar tudo, desde a tinta na parede até a iluminação de um ambiente? Bem, essas pessoas usam a máscara do Crítico. Ficam tão desconfortáveis em apenas seguir em frente com uma situação que precisam criar adversidade e discórdia aonde quer que vão. Elas ganham importância e poder ao introduzir negatividade nas situações e perturbar o fluxo natural das coisas. Aqueles que usam essa máscara sentem que dar seu feedback os torna importantes.

Aqui estão algumas coisas nas quais acreditam:

> **Minha opinião importa muito, e os outros devem ouvi-la.**
> **Nada é bom o suficiente como está; tudo pode ser melhorado.**
> **Aceitar a realidade ou os outros como são é mole e passivo demais.**
> **Criticar os outros faz com que eu me sinta melhor em relação a mim mesmo.**

Crianças que crescem com pais críticos desenvolvem um senso de valor absurdamente baixo. Como recebem constantemente a mensagem de que ainda não são boas o suficiente, elas são inundadas por uma sensação de desesperança e falta de valor. Elas sentem como se a vida fosse uma batalha constante em que simplesmente não conseguem alcançar o merecimento ou a completude. Sempre há algo mais a fazer ou a se tornar. Elas se sentem frustradas e impotentes.

Um Crítico pode soar assim: "Por que você nunca faz as coisas direito? O que você fez é um completo desastre! Isso é terrível. Já planejou como vai consertar as coisas? Você tem certeza de que esse é um bom plano? Não sei se esse é o melhor plano. Eu faria de outra maneira."

Se você usa essa máscara ou conhece alguém que usa, vale a pena perpassá-la, investigar os sentimentos que ela esconde e encontrar uma maneira de explorá-los em profundidade.

O Passivo-Agressivo
Quando seu filho aciona seus gatilhos, você usa maneiras sorrateiras ou indiretas para expressar sua insatisfação? Você tem dificuldade em se expressar claramente e de forma direta? Se sim, você pode estar usando a máscara de um Passivo-Agressivo.

Essa máscara é mais sinistra porque não se apresenta como as outras máscaras. É mais sutil. Seu míssil emocional não é um acesso explosivo, como acontece com as outras máscaras dos Combativos. Em vez disso, essa máscara se baseia no distanciamento passivo-agressivo. Mas o resultado é o mesmo: controle e manipulação em massa. Aqueles que usam a máscara do Passivo-Agressivo usam a atenção, ou a falta dela, para controlar as pessoas mais próximas deles. Se esses pais sentem que seus filhos não estão obedecendo, eles retiram a atenção das crianças e deixam que fracassem.

Os pais Passivos-Agressivos acreditam no seguinte:

> **Eu estou no controle e vou usar esse controle para ensinar aos outros uma lição.**
> **Vou retirar meu amor e afeto para ensiná-los a me obedecer.**
> **Eu quero "mostrar" ao outro quem está certo. Ele aprenderá por meio da minha ausência.**
> **Eu vou vencer no final do jogo.**

Crianças que crescem com um pai ou uma mãe que usa essa máscara se sentem traídas e abandonadas em momentos de necessidade, especialmente se sua necessidade é algo com o qual esse pai não concorda ou acredita. Elas pagam um preço por se desviarem do plano parental e se atreverem a experimentar sua própria autenticidade. Esse preço é o distanciamento e a negligência dos pais. Como resultado, essas crianças são cautelosas em ir contra a corrente e as escolhas de seus pais. Elas sabem que a penalidade será extremamente dolorosa. Elas se deparam com apenas duas escolhas: seguir suas vozes interiores ou seguir seus pais. Essas crianças muitas vezes sucumbem à segunda escolha, para desgosto do seu verdadeiro eu.

Um Passivo-Agressivo pode soar assim: "Eu não estou nem aí para o que você faz. Não conte comigo. Não me chame quando der errado. Vai ser problema seu. Não vou me preocupar mais com essa bobagem."

Se você usa essa máscara ou conhece alguém que usa, vale a pena perpassá-la, investigar os sentimentos que ela esconde e encontrar uma maneira de explorá-los em profundidade.

OS REPARADORES

Quando seu filho aciona seus gatilhos, você entra em um estado interno de pânico e nervosismo? Você sente como se precisasse salvar todos de um navio afundando?

Você está sempre em busca de coisas para consertar, para que possa se sentir no controle? Se sim, você pode ser um Reparador.

Quem são os Reparadores? Eles são os exagerados. A principal resposta emocional que os Reparadores empregam para lidar com seus medos é salvar todos e resolver tudo. Os Reparadores são preocupados, inseguros e nervosos, e o principal objetivo deles é serem vistos como os "bons". Ao contrário dos Combativos, os Reparadores têm um medo terrível de conflito. Eles usam as técnicas de agradar, indulgenciar, mimar, resolver e salvar para aplacar suas tempestades interiores e comprar amor e valor. Eles aprenderam desde a infância que, para serem ouvidos e validados, precisam usar essa máscara de exagero e agrado. Aqueles com um temperamento mais frágil ou feminino usam essas máscaras mais facilmente.

Os Reparadores têm as seguintes crenças:

Eu me sinto digno quando os outros me veem como o bom.
Agradar e ajudar os outros são o meu meio de ganhar poder.
Sou amado quando estou resolvendo os problemas dos outros.
Preciso ser necessário porque isso me ajuda a me sentir importante.

Muitos Reparadores, assim como os Combativos, cresceram observando esse modelo em suas próprias casas ou talvez aprenderam a seguir esse caminho porque não tinham escolha. Enquanto os Combativos querem controlar as ações dos outros para se sentirem bem consigo mesmos, os Reparadores querem controlar a percepção dos outros sobre eles para que sejam vistos como bons. Tamanho é o medo deles de serem rejeitados ou considerados "maus", que eles se esforçam ao máximo para controlar a percepção dos outros sobre eles.

Esse modelo lhe soa familiar? Ao ler sobre os seguintes subtipos de Reparadores, reflita se você utiliza alguma dessas estratégias.

O Facilitador

Quando seus filhos acionam seus gatilhos, você corre para assumir suas vidas e fazer coisas por eles, mesmo que eles sejam perfeitamente capazes de fazer essas coisas sozinhos? Você vê seus filhos como pessoas que necessitam de você o tempo todo e incapazes de gerenciar a própria vida? Se sim, você pode estar usando a máscara de um Facilitador.

Na linguagem psicológica, o termo "facilitar" não tem uma conotação positiva. Na verdade, significa "desabilitar". Esses pais enfraquecem a capacidade de seus filhos de fazerem as coisas por si mesmos. Os Facilitadores são os clássicos salvadores e exagerados. Eles fazem tanto pelos outros que literalmente sugam a força de vontade das pessoas que eles facilitam. Embora esses pais possam parecer adoráveis na superfície, sua agenda subconsciente é fatal e paralisante, especialmente para seus filhos. Facilitadores manipulam os outros para se tornarem carentes e dependentes, e então vêm ao resgate passando a imagem de serem os "bonzinhos". Eles precisam que os outros peçam sua opinião ou ajuda para se sentirem competentes e valorizados.

Os Facilitadores ganham importância por intermédio dos outros se fundindo a eles e precisando deles. Os Facilitadores se inserem na vida de outra pessoa, mesmo quando não há uma necessidade real ou um pedido real para fazê-lo. Dessa forma, eles lenta e seguramente fazem com que a outra pessoa seja superdependente de sua presença e influência.

Os Facilitadores têm as seguintes crenças:

Meu valor é definido pelo quanto os outros precisam de mim.
Quando os outros dependem de mim para toda decisão, sinto que estou no controle.
É mais fácil intervir e consertar situações do que assistir aos outros passarem por dificuldades ou fracassarem.
Controlar a vida de outras pessoas me dá uma sensação de controle sobre minha própria vida.

As crianças que crescem com esse tipo de pai ou mãe podem sentir uma série de emoções, desde se sentirem no direito de receber todo tipo de ajuda até experimentarem apatia e impotência em suas próprias tomadas de decisão. Muitas vezes, elas se acostumam a serem passivas e deixar que o Facilitador faça o trabalho difícil por elas. Por não saberem o que significa correr riscos e enfrentar as consequências, essas crianças frequentemente desenvolvem uma sensação de inadequação e insegurança.

Essas crianças também podem sentir ressentimento em relação ao pai ou mãe Facilitador em algum nível. Elas sabem intuitivamente que a ajuda vem com pontadas de controle e manipulação. Isso as deixa com raiva e frustradas, mas elas não sabem como expressar isso. No fundo, se sentem impotentes e ansiosas porque raramente tiveram a chance de praticar a tolerância à frustração e construir resiliência. Ter um pai ou uma mãe que surge em um segundo pode parecer luxuoso, mas tem consequências ocultas de longo prazo que são prejudiciais para o senso de autonomia e a capacidade da criança.

Um Facilitador pode soar assim: "Deixe que eu resolva isso pra você. Não estou fazendo nada e ficaria feliz em tirar isso das suas costas. Deixe comigo e tudo será resolvido. Você pode descansar enquanto eu resolvo."

A parte complicada dessa máscara é que os Facilitadores parecem realmente agradáveis. Mas aqui está como você pode identificar esse impostor sorrateiro:

Eles oferecem ajuda sem serem solicitados.
Eles interferem na vida das pessoas sem serem convidados.
Eles não dão ao outro o direito de recusar.
Eles presumem que sabem o que é melhor e que a ajuda deles é a resposta.
Eles não colaboram; eles sequestram a situação.
Eles fazem birra e deixam de dar atenção quando sua ajuda é recusada.

Esse padrão parece familiar? Talvez seja uma máscara que você usa ou uma que observou enquanto crescia. Conecte-se com os sentimentos por trás dessa máscara e encontre uma maneira de explorá-los por meio de qualquer processo ou expressão criativa que pareça adequada para você, como escrever um diário, meditar ou desenhar.

O Super-Herói

Quando seu filho aciona seus gatilhos, seu instinto é assumir o controle de tudo? Você gosta de sentir que tem a última palavra e é o chefe? Se essa descrição soa como você, talvez esteja usando a máscara de um Super-Herói.

O Super-Herói é aquele que sabe tudo, faz tudo e resolve todos os problemas. Ao contrário do Facilitador, que é como uma operária, o Super-Herói é a rainha da colmeia, com uma postura e um ar de alguém que sempre precisa ter a última palavra. Ao contrário do Facilitador, que se envolve nos detalhes minuciosos da vida do outro, o Super-Herói não se incomoda até que haja uma decisão importante a ser tomada, uma calamidade ou uma crise. É nesse momento que os Super-Heróis surgem e assumem o controle completo. Eles são implacáveis, incansáveis e autossuficientes. Ignoram todos os esforços feitos por qualquer outra pessoa até aquele momento e mantêm os outros reféns de seu poder, influência e competência. Os Super-Heróis são aqueles que desfazem todos os preparativos para uma festa no último momento e chamam uma equipe completamente nova para fazer do jeito deles. As pessoas da família do Super-Herói frequentemente não finalizam nenhum plano até que o Super-Herói concorde porque todos sabem que é preciso obter o consentimento desse pai ou dessa mãe antes de tomar qualquer decisão final ou considerar qualquer plano como definitivo.

Os Super-Heróis geralmente são pessoas com status, influência e poder. Enquanto os outros podem se envolver na rotina diária da vida, o Super-Herói tem o verdadeiro poder de fazer a diferença. Por exemplo, se um dos pais está ajudando o filho a estudar para as provas finais, se dedicando no dia a dia com eles, é o Super-Herói que aparece no último momento e contrata um tutor que realmente faça a diferença. Os Super-Heróis criam dependência de uma maneira um pouco diferente dos Facilitadores. Enquanto os Facilitadores podem ter a ilusão de controle sobre os detalhes do cotidiano, no fim das contas eles não ousam fazer nada sem a permissão, consentimento e aprovação do Super-Herói.

Os Super-Heróis têm as seguintes crenças:

Eu sou a autoridade máxima nesta casa e sem mim nada funciona.
Minha decisão tem maior peso do que a de todos os outros, e os outros precisam me seguir.
Eu sei fazer isso melhor, e os outros devem se curvar diante da minha competência.
Eu sou um gênio e preciso que os outros reconheçam isso.

Crianças que crescem com esse tipo de ego parental muitas vezes são impedidas de ter domínio sobre suas próprias vidas, mesmo quando adultas. Elas têm uma sensação incômoda de que precisam buscar aprovação e permissão do poder supremo em suas vidas, seu pai ou mãe Super-Herói. Elas também têm consciência de que esse pai ou essa mãe é altamente competente, então é uma faca de dois gumes para essas crianças. Por um lado, elas têm respeito pela autoridade competente desse pai ou mãe; mas, por outro lado, elas se sentem limitadas, subestimadas e até mesmo ressentidas com a presença e o poder do Super-Herói. Filhos de tais pais frequentemente se sentem inadequados e inseguros, incapazes de depender plenamente de sua própria autoridade interna e liderança. Eles se sentem ofuscados pela presença ameaçadora e gigantesca desse pai ou mãe Super-Herói.

O Super-Herói pode soar assim: "Você sabe que eu sempre resolvo tudo e sei exatamente o que fazer aqui. Eu te disse que isso seria um erro, mas você não me ouviu. Não sei quando vai aprender que eu sei mais do que você e começar a me ouvir. Eu sei do que estou falando. Sou muito mais inteligente e bem-sucedido do que você. Deixe-me resolver essa bagunça que você arrumou!"

Se você usa essa máscara ou conhece alguém que use, vale a pena perpassá-la e investigar os sentimentos que ela esconde.

O Medroso

Quando seu filho aciona seus gatilhos, sua mente logo imagina as piores catástrofes possíveis? Você geralmente é uma pessoa que pensa no pior cenário possível? Se sim, talvez esteja usando a máscara do Medroso.

Esse é um tipo de pai ou ou essa mãe que usa a máscara de um profeta pessimista e obsessivo, alguém que se preocupa demais. O Medroso controla o ambiente gerenciando todos os detalhes minuciosamente. Se a criança está com um resfriado, esse pai ou essa mãe imagina que seja bronquite ou pneumonia. Se a criança tira uma nota sete, é o fim do mundo. Esse é o tipo de pai ou mãe que sempre tem um guarda-chuva à mão, a lancheira no lugar certo e a geladeira abastecida. Infelizmente, esses pais não agem a partir de uma mentalidade interna de abundância, mas sim de uma grande sensação de vazio e escassez. Eles tentam antecipar, prever e se preparar para todas as possíveis calamidades. São aqueles que compram dez itens de reserva para nunca ficarem sem nada. São aqueles que frequentemente chamamos de "pais superprotetores", que ficam em volta dos filhos o tempo todo, preocupados com tudo. Eles estão sempre limpando, fazendo listas e planejando as coisas com seis meses de antecedência.

Eles têm as seguintes crenças:

Sou o único que pode se preparar para as calamidades.
Se eu não for extremamente cauteloso, vou esquecer algo importante.
A vida precisa de um gerenciamento minucioso e constante.

Preciso estar hipervigilante o tempo todo para manter as coisas sob controle.

As crianças que crescem em torno desse tipo de energia podem não apenas absorver a imensa ansiedade que ela representa, mas também se tornarem extremamente apáticas. Como não há espaço para duas pessoas superansiosas, as crianças frequentemente abrem mão de sua própria independência. Elas passam a esperar que os pais estejam sempre por perto para cuidar de tudo, então se desconectam de sua própria autonomia e poder.

Embora essa máscara pareça estranhamente semelhante à do Facilitador, ela é diferente em sua manifestação. Um Facilitador ganha um senso de importância se envolvendo na vida do outro. O Medroso tem pensamentos mais ansiosos e uma energia obsessiva que se transforma em padrões de pensamento labirínticos. Estar perto da energia dominante da máscara do Medroso é exaustivo e assustador. É mais fácil se desligar e definhar nas sombras. Crianças de tais pais frequentemente absorvem sua energia nervosa e se tornam ansiosas também.

Um Medroso pode soar assim: "Isso é terrível! Não consigo acreditar que isso aconteceu com a gente! Como vamos resolver isso? Tudo está desmoronando e nada está funcionando bem. Se eu não fizer grandes mudanças, nada vai dar certo."

Se você usa essa máscara ou conhece alguém que usa, vale a pena perpassá-la, investigar os sentimentos que ela esconde e encontrar uma maneira de explorá-los profundamente.

O Restaurador
Você se sente especialmente incomodado com as lágrimas ou a raiva dos seus filhos? Você se pega querendo apagar os sentimentos negativos deles para que possam voltar a ser felizes? Se sim, você pode estar usando a máscara do Restaurador.

Essa máscara é usada por aqueles que simplesmente não suportam emoções "tristes" ou "ruins". A infelicidade dos outros os deixa infelizes e ansiosos. Os Restauradores parecem alegres a princípio; mas, depois de conviver com eles por um tempo, você percebe rapidamente que são evasivos e altamente controladores. Eles estão tão focados em fazer com que todos os outros sejam felizes e em apresentar um rosto feliz ao mundo que ignoram, invalidam e passam por cima de qualquer emoção que sugira tristeza ou qualquer coisa que considerem negativa. Eles estão constantemente encorajando e incentivando os outros a se sentirem da maneira como os Restauradores acham que os outros deveriam se sentir.

Os Restauradores acreditam nos seguintes:

A infelicidade é ruim.
Eu sou responsável por fazer as pessoas felizes.
Quando faço os outros felizes, eu me sinto feliz.
Eu não gosto de sentir emoções tristes, então eu as ignoro.
Sentimentos intensos são assustadores e ruins.
Ninguém vai me amar a menos que eu esteja feliz.

As crianças criadas por pais Restauradores percebem intuitivamente que precisam reprimir os sentimentos mais negativos perto deles. Elas acabam desenvolvendo aversão a essas emoções e as enxergam não como algo normal, mas como sinais de maldade ou fraqueza. Essas crianças resistem à infelicidade a tal ponto que ficar infeliz as deixa ainda mais infelizes. Ficam tão obcecados com os sentimentos de felicidade que contaminam suas experiências no momento presente com essa obsessão e perdem a vivência real do que estão sentindo agora.

O Restaurador pode soar assim: "Por que você está triste? Não fique triste! O que as pessoas vão dizer? Não há motivo para ficar triste! Você precisa ficar feliz com a sua vida. Não seja ingrato e desperdice sua vida na tristeza. Não é justo comigo você ficar triste, nós fazemos tanto e damos tanto a você."

Se você usa essa máscara ou conhece alguém que usa, vale a pena perpassá-la, investigar os sentimentos que ela esconde e encontrar uma maneira de explorá-los profundamente.

O Caixa Eletrônico

Quando seu filho aciona seus gatilhos, você procura maneiras de comprar um escape da situação? Você distrai a si mesmo e às suas crianças com compras quando está passando por um momento difícil, ou mostra seu amor com presentes? Se sim, você pode estar usando a máscara do Caixa Eletrônico.

Essa máscara é normalmente usada por pais bem-sucedidos que associam seu valor à riqueza material. Como resultado, estão acostumados a "comprar" o amor e a lealdade das pessoas importantes em suas vidas. Os pais Caixa Eletrônico geralmente não estão muito presentes ou sintonizados com seus filhos e evitam uma conexão real por intermédio de compras e aquisições. Seu amor tem condições — dinheiro e poder. Essa máscara ajuda os pais a se sentirem importantes e valiosos porque sabem que têm o controle financeiro e, portanto, têm poder absoluto sobre os outros. Seu amor muitas vezes é condicional, repleto do sentimento de "se-então": "Se você obedecer, então eu vou te dar dinheiro. Mas se você não obedecer, não vou."

Os pais Caixa Eletrônico têm as seguintes crenças:

O dinheiro faz o mundo girar.
O dinheiro e o sucesso são a fonte da minha identidade e valor.
As pessoas vão me amar se eu lhes der dinheiro.
Nunca vão me magoar se eu tiver o poder do dinheiro sobre as pessoas.

As crianças que crescem com esses pais aprendem a jogar o jogo do amor condicional. Elas percebem que seu pai ou sua mãe está investido e obtém sua identidade sendo o Caixa Eletrônico. As crianças "usam" esses pais para obter o que precisam. À medida que elas percebem que o relacionamento parental é superficial e um tipo de negócio, elas aprendem a se comportar da mesma maneira em troca. Em um nível mais profundo, elas sentem ressentimento por terem que depender desses pais de maneira tão superficial, embora percebam que não têm outra escolha. Elas também sofrem por serem objetificadas e pelo fato de seus pais obterem um senso de valor do controle do dinheiro em vez de uma conexão profunda com seus filhos.

Um pai ou mãe Caixa Eletrônico pode soar assim: "Estou pagando por tudo e te dando muito suporte financeiro. Você precisa ser mais agradecido. Você tem tudo o que quer! Outras crianças não têm tanta sorte quanto você! Nunca ganhei nada dos meus pais. Você precisa se empenhar e me dar orgulho."

Se você usa essa máscara ou conhece alguém que usa, vale a pena perpassá-la, investigar os sentimentos que ela esconde e encontrar uma maneira de explorá-los profundamente.

OS DISSIMULADOS

Quando seu filho aciona seus gatilhos, seu primeiro pensamento é: "O que as pessoas vão pensar?" ou talvez "Como isso vai parecer em público?" Você está sempre consciente das percepções das pessoas sobre você? Se sim, você pode estar usando a máscara de Dissimulado.

A principal estratégia emocional usada pelos Dissimulados para lidar com seus medos é chamar a atenção. Os Dissimulados são obcecados por publicidade e desesperados por atenção. Eles são desesperadamente inseguros por dentro e se alimentam da atenção e elogios dos outros de uma forma parasitária. Tudo é sobre eles.

Olhem! Eu sou uma mãe incrível!

Eles tentam criar uma aparência perfeita no exterior apresentando sua "curadoria" de uma vida perfeita, vestindo a si mesmos e seus filhos com roupas da moda e vivendo nos bairros mais luxuosos.

Os Dissimulados são os típicos espalhafatosos, e buscam bajulação e validação constantes. Eles manipulam situações — e seus filhos — para se colocarem no centro das atenções a fim de receber o máximo de holofotes. Suas casas, pertences e (é claro) seus filhos (que eles veem como posses) são todos materiais para o desejo insaciável de serem vistos como especiais.

Os Dissimulados têm as seguintes crenças:

Como os outros me veem é como eu me vejo.
Como somos vistos socialmente é de suprema importância.
Meu valor vem de como me encaixo nos círculos sociais.

Acha que isso pode ser aplicável a você às vezes? Está obcecado com o que os outros pensam de você? Você baseia sua autoimagem na aprovação dos outros? Você passa horas obcecado com o que as pessoas estão dizendo ou pensando sobre você? Se sim, você pode estar usando essa máscara de ego.

Muitos Dissimulados cresceram observando esse modo de ser em seus lares; outros podem ter aprendido a adotar essa máscara por meio de traumas e acontecimentos da vida. Os Dissimulados, assim como os Restauradores, desejam controlar as percepções dos outros. Mas, mais que isso, eles estão desesperados pela atenção e elogios dos outros. Ao contrário dos Restauradores, os Dissimulados não tentam ajudar os outros de forma alguma; eles estão muito absorvidos em si mesmos. Simplesmente querem receber de forma passiva toda a validação que podem obter. É uma via de mão única. É tudo sobre uma única pessoa: o Dissimulado.

O Dissimulado também possui subtipos. Conforme você lê, considere se utiliza alguma das estratégias descritas aqui.

O Ator

Você manipula sua vida para parecer perfeita para o público tirando fotos e postando nas redes sociais? Você se percebe buscando validação e feedback dos outros? Você precisa constantemente de elogios e atenção? Se sim, você pode estar usando a máscara de um Ator.

Os Atores organizam suas vidas com base em como as coisas parecem para o mundo externo. Tudo sobre eles — especialmente seus filhos — está em constante exibição. Essa exibição é como os Atores acumulam um senso de importância. Desconectados de suas vozes interiores e de seu valor, os Atores vivem em meio a um drama intenso, passando de um show de talentos ou concurso de popularidade para outro.

Eles têm essas crenças:

Como as outras pessoas me percebem é de grande importância para mim.

Meu valor é determinado apenas pela opinião dos outros.
Superar-me em comparação aos outros é importante para mim.
A vida é um espetáculo, e eu quero ser a estrela.

Filhos de tais pais frequentemente são expostos e usados como peões para atrair a atenção de que seus pais desesperadamente precisam. Muitas vezes, essas crianças são objetificadas desde cedo e obrigadas a se apresentar no *espetáculo* dos pais. A vida dessas crianças é conduzida para documentação e memorialização, para que outros possam se maravilhar. Para acompanhar os pais, as crianças são levadas para todos os cantos da cidade como parte de uma comitiva. Elas sentem a pressão de serem "crianças-estrelas" e geralmente fazem uma das duas coisas: resistem sob o estresse agudo ou cedem antes de finalmente se rebelarem e fugirem.

Tais crianças entendem intuitivamente que não estão sendo vistas pelo que são, mas sim existem para desempenhar uma função vital para o senso de identidade de um pai ou uma mãe. Essas crianças são criadas por pais narcisistas que as usam como parte de um show de premiação. Os verdadeiros sentimentos e experiências das crianças não são importantes; apenas os prêmios são. Essas crianças sabem que cumprem uma função, e não são vistas apenas como seres humanos com seus próprios direitos, e se sentem aprisionadas na consciência disso.

Um pai ou mãe Ator pode soar assim: "Aparências importam! Você precisa impressionar a todos com sua aparência e comportamento. Não se permita ser mediano ou comum. Mantenha sempre a imagem perfeita porque as pessoas vão te julgar. Como as pessoas te veem é como você vai se enxergar."

Se você usa essa máscara ou conhece alguém que usa, vale a pena perpassá-la, investigar os sentimentos que ela esconde e encontrar uma maneira de explorá-los profundamente.

O Negociador
Você se vê envolvendo seus filhos em acordos de *"se-então"*, sempre procurando a melhor "negociação" ou resultado para si mesmo? Você enxerga os relacionamentos como faria com um acordo comercial, tentando se dar bem? Se sim, você pode estar usando a máscara de um Negociador.

Pais Negociadores estabelecem relacionamentos com base no que recebem em troca. Tudo se resume ao retorno, como em "O que eu ganho com isso?" O ato de presentear sempre tem uma intenção secreta de receber algo em troca para si mesmos. Eles são altamente condicionais, amarrando os outros a eles por meio de obrigações e culpa. Os Negociadores têm tanto medo de se conectarem a partir de algo verdadeiro, com receio de serem magoados, que garantem que irão receber algo desde o início e nunca precisarão experimentar a vulnerabilidade de se sacrificar por outra pessoa. Eles têm as seguintes crenças:

> **Se eu não ganhar algo com esse relacionamento, não vou dar nada.**
> **Relacionamentos são dolorosos, então eu me envolverei apenas se obtiver um algo importante em troca.**
> **Eu me sinto seguro apenas quando as coisas são negociáveis.**

Crianças de pais assim frequentemente têm medo de quebrar o que percebem como um contrato entre eles e seus pais. É como se elas implicitamente entendessem que estão sob a obrigação de cumprir sua parte do acordo. O fracasso em fazê-lo resultará em desaprovação, invalidação ou ostracismo completo. Essas crianças sentem que devem aos pais mais do que apenas lealdade e amor, devem a eles seu estilo de vida e suas escolhas. Tais crianças se sentem controladas e gerenciadas. Sua capacidade de percorrer a vida com liberdade e alegria é sufocada.

Um pai ou mãe Negociador pode soar assim: "Eu cuidei de você e me sacrifiquei por você durante toda a minha vida. Carrego o fardo de suas decisões e pago por tudo isso. Você precisa fazer sua parte para me dar o que eu preciso em troca. Você me deve tanto. Quero ser levado em conta em todas as suas decisões de vida. Isso é o mínimo que você pode fazer por mim em troca."

Se você usa essa máscara ou conhece alguém que usa, vale a pena perpassá-la, investigar os sentimentos que ela esconde e encontrar uma maneira de explorá-los profundamente.

O Estrela

Quando seu filho aciona seus gatilhos, você se concentra em si mesmo e no que está acontecendo com você, em vez do que está acontecendo com seu filho? Você tende a chamar a atenção para sua própria vida e problemas, em vez da vida e problemas do seu filho? Se sim, você provavelmente está usando a máscara de um Estrela.

O Estrela é a diva da família, e todos sabem disso. Estrelas têm um talento natural para o drama e a histeria que automaticamente chamam a atenção dos outros. São a alma da festa, acostumados à adoração de todos ao redor. Quando não recebem a atenção que estão acostumados, intensificam suas emoções para atrair os outros de volta ao drama. Frequentemente, fazem isso criando agitação e caos em situações cotidianas, o que gera um alarde por nada. Eles farão qualquer coisa para obter a atenção que desejam: exagerar, inventar histórias e intensificar situações ao extremo. Se precisam agir como vítimas, eles o farão. A atenção é tão importante que muitas vezes se metem em confusões para atrair os outros. Naturalmente frágeis e sensíveis, esses pais criam dramas por inconscientemente se tornarem as presas dos outros. A atenção os faz sentirem-se importantes.

O pai ou a mãe Estrela possui as seguintes crenças:

Meu valor é determinado pela quantidade de atenção que recebo dos outros.
Meus sentimentos são tão importantes que todos precisam prestar atenção neles.
Uma rejeição, real ou imaginada, me fará desmoronar.
Sinto-me inseguro e sem valor, a menos que esteja recebendo atenção dos outros.

As crianças são treinadas desde cedo para estar atentas às necessidades desse pai ou dessa mãe com seu radar direcionado para o adulto em vez de para si mesmas. As necessidades do pai ou da mãe são mais importantes do que as delas. Elas compraram o roteiro de que as emoções dele ou dela precisam ser gerenciadas mais do que as suas próprias. Normalmente, essas crianças reprimem sua própria vida interior para estarem presentes para o pai, o que garante que não coloquem um fardo muito pesado sobre os ombros deste. Essas crianças se tornam reclusas, obedientes e "boazinhas", sacrificando seu próprio mundo interno por seus pais.

Um pai ou uma mãe Estrela pode soar assim: "Tenho muitas necessidades que precisam ser atendidas. Você vê tudo com o que tenho que lidar em um dia? Estou lidando com tantas coisas! Minha vida é tão difícil e estou passando por tantas coisas. Você não sabe como é ser eu. Tenho um milhão de responsabilidades e preciso de apoio. Não consigo acreditar que você não está aqui por mim quando preciso de você. Você precisa estar disponível o tempo todo e ajudar a administrar minha vida porque tenho mais coisas sob minha responsabilidade do que me dou conta."

Se você usa essa máscara ou conhece alguém que usa, vale a pena perpassá-la, investigar os sentimentos que ela esconde e encontrar uma maneira de explorá-los profundamente.

O Criança

Quando seu filho aciona seus gatilhos, você se sente sobrecarregado pelas responsabilidades de ser um pai? Você sente que é simplesmente demais para você lidar? Você se sente sobrecarregado por todas as coisas que tem em sua própria vida? Se sim, você provavelmente está usando a máscara de um Criança.

A máscara de Criança é usada por pais que abandonam suas responsabilidades e esperam ser cuidados e maternados ou paternados por seus próprios filhos. Esses pais estão sob uma constante sensação de impotência e fragilidade, forçando seus filhos a assumirem o papel de líderes e pais. Eles ficam na cama por muito tempo, são desorganizados e bagunçados, esquecem de pagar as contas no prazo, perdem compromissos e evitam assumir o controle das situações. Simplificando, são uma bagunça total! Sua postura geral de incompetência e inaptidão cria um vazio ao seu redor que alguém precisa preencher para salvar todos de uma catástrofe. Esses pais literalmente nunca cresceram e exibem habilidades imaturas de tomada de decisão. Eles frequentemente se envolvem em promiscuidade e abuso de substâncias como adolescentes irresponsáveis. Observar esses pais é como assistir a uma criança de sete anos dirigindo um carro: é um desastre prestes a acontecer.

Aqui estão as crenças do pai Criança:

Eu tenho o direito de ser cuidado.
Eu não deveria ter que ser responsável; outros podem assumir o controle.
Prefiro me divertir e aproveitar a vida em vez de ficar sobrecarregado com coisas chatas.
Eu não preciso crescer.
Quero que os outros gerenciem minha vida por mim.

Filhos de pais assim amadurecem cedo demais para a idade. Essas crianças são lançadas ao papel de cuidadores e pais antes de estarem emocionalmente prontas para assumir tais encargos. Elas abandonam sua própria infância para lidar com a irresponsabilidade das decisões de seus pais. Sentem a pressão dessa luta enorme e sucumbem ao peso dela. Frequentemente, ficam deprimidas ou têm pensamentos suicidas, esgotadas devido a dedicação aos cuidados que distribuem. Não se sentem amparadas ou cuidadas em suas próprias vidas; mas, em vez disso, são arrastadas pelas necessidades emocionais de seus pais em detrimento de si mesmas. Essas crianças não têm permissão para serem crianças e sofrem as consequências ao longo da vida adulta.

Um pai ou uma mãe Criança pode soar assim: "A vida é tão difícil. Eu não consigo lidar. Eu não consigo lidar com minhas contas. Não quero trabalhar em um emprego chato. Odeio ter todas essas responsabilidades. Por que você não cresce para cuidar da sua própria vida? Por que tenho que fazer tudo por você? Você precisa ajudar em casa. Não consigo dar conta de tudo."

Se você usa essa máscara ou conhece alguém que usa, vale a pena perpassá-la, investigar os sentimentos que ela esconde e encontrar uma maneira de explorá-los profundamente.

OS ESTÁTUAS

Quando seu filho aciona seus gatilhos, você deseja fugir e escapar de tudo? O estresse e o conflito no relacionamento com seu filho fazem você desejar simplesmente desaparecer? Se você se sente assim, provavelmente está usando a máscara de um Estátua.

Quem são os Estátuas? São os "pais não pais". Eles estão presentes, mas não de verdade. A principal estratégia emocional usada pelos Estátuas para lidar com suas ansiedades é evitar completamente relacionamentos íntimos. Eles evitam confronto e conexão real como vampiros fogem da cruz. A *ideia* de ser pai e ter filhos lhes agrada, mas não o trabalho real de estar emocionalmente presente para seus filhos.

As emoções humanas são assustadoras para os Estátuas. Eles buscam segurança e refúgio erguendo muros ao redor de seus corações. Eles desejam conexão, mas têm medo de serem traumatizados, então aprenderam a *se desligar*. São os clássicos pais que preferem ficar no sofá e não querem ser incomodados com o dia a dia da vida de seus filhos. A relutância dos Estátuas em se envolver ou participar é evidente. Eles dão a quem está ao seu redor, especialmente aos seus filhos, a impressão de serem insensíveis e sem amor.

Os Estátuas têm as seguintes crenças:

**Se eu me envolver emocionalmente com outros, vou me machucar.
O conflito é doloroso e pode levar ao abandono.**

Você acha que pode ser assim às vezes? Você não se envolve emocionalmente com os outros porque tem medo da rejeição e da traição? Você considera as emoções confusas e incômodas? Foi tão rejeitado na infância que agora se fecha para os outros para evitar sentir essa dor novamente?

Muitos pais Estátuas experimentaram traumas na infância, o que lhes ensinou que é mais seguro ficar longe das complicações dos relacionamentos. Provavelmente, foram tão magoados e traídos que acharam mais fácil construir paredes do que conexões. Eles desejam conexão, mas estão muito machucados para deixar cair suas máscaras de Estátua, o que lhes permitiria nutrir vínculos emocionais profundos em suas vidas.

Enquanto lê sobre os subtipos de Estátuas descritos aqui, reflita sobre se você utiliza alguma dessas máscaras do ego para lidar com os desafios de ser pai ou mãe e com as dificuldades da vida.

O Meia-Boca

Quando seu filho aciona seus gatilhos, você sente medo em lidar com os sentimentos deles? É dominado pela necessidade de apenas ser deixado sozinho, como se houvesse muito estresse para lidar? Você pode estar usando a máscara do pai ou da mãe Meia-Boca.

Essa máscara é usada por pais que estão presentes, mas não estão envolvidos nos detalhes da vida da criança. Eles participam, embora relutantemente, mas não se importam em acrescentar nada. Eles precisam ser arrastados para as coisas e persuadidos a fazer parte do grupo. É como se estivessem fazendo um favor a todos estando presente. Eles não colocam a mão na massa para evitar se sujar. Eles empurram seus filhos para babás e outros cuidadores. Eles mantêm uma grande distância emocional dos outros e observam a ação de longe. Quando se envolvem, é de forma meia-boca, quase ao ponto dos outros desejarem que esses pais nem estivessem lá. Eles podem oferecer assistência, mas executam o trabalho de forma tão incompetente ou com tanta indiferença que praticamente garantem que não serão mais solicitados.

Os pais ou mães Meia-Boca têm as seguintes crenças:

Relacionamentos envolvem vulnerabilidade, e eu não quero ser vulnerável.
Eu tenho medo de me conectar com os outros.
Eu rejeito e me afasto antes que os outros possam fazer isso comigo.
É mais seguro assistir do lado de fora do que se envolver.

As crianças desses pais sentem que são um fardo para eles. Essas crianças ficam confusas e se perguntam por que não são importantes o suficiente para receber a atenção e o cuidado que desejam tanto. Elas se sentem rejeitadas e negligenciadas pelos pais ao ponto de se esforçarem ao máximo para se tornarem os melhores da classe e filhos perfeitos a fim de serem vistas e validadas.

Um pai ou uma mãe Meia-Boca pode soar assim: "Preciso mesmo ver a apresentação toda? Por que não venho só para a última parte? É tão longo e é entediante ficar sentado lá. De qualquer forma, não tem estacionamento, e eu terei que andar mais de um quilômetro. Eu realmente não gosto de assistir a apresentações. Prefiro te ver depois. Não sei por que vim."

Se você usa essa máscara ou conhece alguém que usa, vale a pena perpassá-la e investigar profundamente.

O Negligente

Você percebe que a simples presença ou ideia de seus filhos te incomoda? Você não tem interesse em se envolver na vida deles? Se sim, você pode estar usando a máscara do pai ou da mãe Negligente.

Esse tipo de pai ou mãe é apenas um peso morto para a família, impassível e emocionalmente ausente. Em termos simples, esses pais não batem ponto. Eles não demonstram um real interesse emocional pela família ou pelo cuidado com ela. Embora ocupem um espaço físico, eles não se envolvem emocionalmente. Eles estão presentes, mas a apenas um passo de não estarem lá de verdade. No entanto, por estarem fisicamente em casa, eles consomem recursos e afetam a energia das pessoas ao seu redor. Os pais Negligentes geralmente colocam pressão sobre o outro cônjuge ou os filhos mais velhos para compensar sua recusa em desempenhar qualquer papel. Os pais Negligentes querem ser membros da família sem contribuir para ela.

Os pais Negligentes têm as seguintes crenças:

Eu não preciso dar, apenas receber.
Sou incapaz de contribuir com os outros e não estou disposto a tentar.
Eu tenho medo de falhar e mostrar minha vulnerabilidade.
Ninguém se importa comigo, então por que eu deveria me importar com eles?
Eu não sou digno de participar de relacionamentos de maneira significativa.

Os filhos dos pais Negligentes podem receber essa falta de cuidado como algo pessoal e se perguntar por que seu pai ou sua mãe não está mais envolvido. Essas crianças podem criar a narrativa de que a o motivo é o fato de elas não serem boas o suficiente. Dependendo de seus próprios temperamentos, elas podem experimentar uma sensação de vazio arrebatadora e aprender a se desconectar emocionalmente. Ou podem se esforçar muito para chamar a atenção do pai ou da mãe sendo o filho extremamente bom ou o extremamente ruim. De qualquer forma, uma valiosa oportunidade de se sentir conectado é perdida quando não há resposta do pai ou da mãe.

Um pai ou uma mãe Negligente não diz ou faz muito, então é difícil imaginar como eles soariam. Esses pais transmitem a seguinte energia: "Nada ao meu redor é digno do meu interesse, recursos ou tempo. Tudo aqui é um desperdício de energia. Eu não pertenço a essas pessoas. Eu gostaria de não estar aqui. Eu sou um estranho."

Se você usa essa máscara ou conhece alguém que usa, vale a pena perpassá-la, investigar os sentimentos que ela esconde e encontrar uma maneira de explorá-los profundamente.

OS FUGITIVOS

Os Fugitivos nem mesmo estão presentes o suficiente para terem gatilhos acionados por seus filhos. Eles simplesmente desaparecem. A principal estratégia emocional usada pelos Fugitivos para lidar com seus medos é abandonar completamente o navio. Eles descartam, fogem e escapam. Seu *modus operandi* é escapar da pressão e da responsabilidade. É fácil criticar esses pais por sua falta de envolvimento, mas precisamos entender que eles também são vítimas de trauma. Sua incapacidade de se conectar e estabelecer vínculos vem de feridas da infância, não de intenções malignas. Não estou justificando seu comportamento, mas é importante compreender que essa mentalidade de fuga e abandono vem de um condicionamento profundamente enraizado, no qual eles acreditam que não são necessários ou importantes para ninguém.

Os Fugitivos têm as seguintes crenças:

Eu não tenho nada a contribuir ou dar a ninguém. Eu não existo.
Nada tem significado para mim, e eu não significo nada para ninguém.

Acha que isso pode ser aplicar a você às vezes? Você se sente tão sem valor a ponto de fugir de relacionamentos ou situações porque realmente acredita que não tem nada a contribuir? Você se afasta de compromissos íntimos porque teme ser rejeitado e traumatizado da mesma forma como foi quando criança?

Os Fugitivos aprenderam por experiência própria que se comprometer com os outros pode resultar em trauma e abandono. Portanto, é mais seguro manter-se afastado de quaisquer envolvimentos emocionais. Você pode refletir se você mesmo utiliza essa máscara de ego.

O Ioiô

Os Ioiôs estão constantemente em movimento. Compromisso de qualquer tipo os aterroriza. Esses pais vêm e vão quando têm vontade; não há uma razão nem lógica para sua presença ou ausência. Eles se recusam a seguir planos e, se fazem algum, é provável que se atrasem ou sequer apareçam. Nunca se sabe se eles vão aparecer. Quando aparecem, muitas vezes agem como se nada estivesse errado, para depois desaparecerem novamente por meses ou até anos. Os Ioiôs geralmente têm um medo extremo de compromisso e aversão à dependência. Não suportam que as pessoas esperem algo deles, então cortam todos os laços consistentes.

Esse medo da dependência parece extremamente egoísta e, em certo nível, é. No entanto, ele é alimentado pelo medo de serem uma decepção para os outros e de serem abandonados.

Pais Ioiôs têm as seguintes crenças:

Não se envolva emocionalmente com os outros, ou vai sofrer.
Abandone antes que o outro o faça.

> **Eu não tenho nada a oferecer a ninguém.**
> **Ninguém me quer em suas vidas.**
> **As pessoas são pouco confiáveis e vão te abandonar.**
> **É arriscado demais depender dos outros.**
> **Se os outros contam comigo, eles vão acabar se decepcionando.**
> **Não sou digno de dar ou receber amor.**

Filhos de pais assim se sentem negligenciados e traídos, e frequentemente ficam confusos com a natureza imprevisível do relacionamento. Eles podem gastar muita energia e recursos esperando e almejando que esses pais apareçam em suas vidas, levando a ausência dos pais para o lado pessoal. Essas crianças podem se perguntar por que não são boas o suficiente para que seus pais tenham tempo para elas, o que as faz se sentir terrivelmente inseguras.

Pais Ioiô raramente estão presentes; mas, quando estão, emitem esta energia: "Não tenho tempo para ficar por perto. Tenho uma vida inteira em outro lugar que precisa da minha atenção. Não posso me envolver nos seus problemas. Sou um viajante pela vida que precisa ser livre para ir e vir como quiser."

Se você usa essa máscara ou conhece alguém que usa, vale a pena perpassá-la e investigar profundamente os sentimentos que ela esconde.

O Abandonador

Os Abandonadores são exatamente como o nome sugere: ausentes. Ponto final. São indivíduos traumatizados que simplesmente abandonam todas as responsabilidades parentais e podem desaparecer por anos a fio. É quase melhor para seus filhos pensar nos abandonadores como mortos porque assim o abandono não parece tão pessoal.

Esses pais frequentemente sofrem de uma combinação de algum transtorno psicológico e dependência química. Essa condição geralmente resulta em completa falta de preparo para lidar com as responsabilidades e pressões da criação dos filhos. Eles simplesmente não conseguem lidar com isso. Eles também não acreditam que seu abandono esteja causando sofrimento a alguém. Eles se sentem tão indignos por dentro que não conseguem compreender a possibilidade de que alguém seja afetado por sua ausência.

Os pais Abandonadores têm essas crenças:

> Conectar-se com os outros é traumático.
> Não tenho importância ou valor.
> Não tenho nada a contribuir.
> Minha presença não melhora a vida de ninguém.
> Os outros estão melhores sem mim.

Filhos desses pais muitas vezes se sentem cruelmente abandonados, descartados e negligenciados. A menos que uma narrativa convincente dê um significado a esse abandono, é provável que eles o levem para o lado pessoal e acreditem que é porque não são bons o suficiente. A narrativa de abandono e "não ser bom o suficiente" permeará por toda sua vida. Irão precisar trabalhar muito para se curar a fim de não transmitir essa narrativa a seus próprios filhos.

Embora os Abandonadores não estejam por perto para dizer muito, sua ausência diz muito. É isso que a falta de presença deles diz para seus filhos: "Você não é importante o suficiente para que eu cure minhas feridas. Você não é importante o suficiente para que eu mude minha maneira de ser. Estou tão confuso que não consigo me importar com suas confusões e dificuldades. Já tenho muitas dificuldades e sofrimentos em relação à minha própria vida e mal consigo me manter de pé. Preciso cuidar de mim mesmo. Não posso cuidar de você."

Se você usa essa máscara ou conhece alguém que use, vale a pena perpassá-la e investigar profundamente os sentimentos que ela esconde.

Pronto, abordamos o que acredito ser nossas principais máscaras do ego. Várias características dessas diferentes máscaras provavelmente ressoaram em você, e talvez você tenha conseguido "diagnosticar" a si mesmo ou a seus entes queridos. É importante observar que podemos usar muitas máscaras diferentes, dependendo da situação que enfrentamos. Às vezes, podemos usar a máscara de "Fugitivo" em algumas situações, e em outras, a máscara de "Reparador". Ou às vezes podemos usar várias máscaras em sequência, por exemplo, começando com a máscara de "Reparador", depois usando a máscara de "Combativo" e terminando com a máscara de "Estátua".

Como Trisha, uma cliente, disse recentemente: "Começo em pânico. Corro para o resgate. Faço de tudo para agradar, para compensar. Faço tudo por ela. Coloco os sapatos dela, arrumo a cama, penteio o cabelo. Faço tudo para evitar que ela tenha uma crise de raiva. Mas, quando ela continua brigando comigo e resistindo, minha raiva começa a aumentar. Sinto-me impotente e frustrada. Antes que perceba, estou gritando feito louca. Depois, fico tão envergonhada pelo que acabei de fazer que me afasto e me fecho. É um ciclo insano, e não sei como quebrá-lo."

Trisha não está sozinha em seu sentimento de caos interno. A maioria de nós usa várias máscaras em diferentes situações com diferentes pessoas. Tomar consciência dessa tendência é uma ferramenta poderosa no processo de despertar. Lembre-se de que somos seres fluidos que não podem ser rotulados. As categorias que descrevi fornecem um quadro de referência útil, mas não devem nos prender ou nos limitar. Elas estão aqui para fornecer insights e orientação.

Cada uma dessas máscaras de ego impostor cria padrões previsíveis de comunicação com nossos filhos que podem causar sofrimento, estresse e conflito. Somente quando conseguimos identificar nossos egos impostores, que são únicos, é que podemos descobrir os padrões habituais que criamos com nossos filhos. Chamo esses padrões negativos de "ciclos disfuncionais". Continuamos girando em torno deles sem nem perceber que estamos presos em um ciclo. Você está pronto para ir mais fundo e descobrir seus próprios padrões e ciclos?

Antes de passarmos para a próxima fase, reserve um momento para se conectar consigo mesmo. Como você está se sentindo com todas essas informações? Talvez esteja percebendo o ego dentro de si e dos outros pela primeira vez. Essa consciência pode te deixar sobrecarregado, e até mesmo ser intimidante. Tornar-se consciente de nossa dinâmica interna nunca é um processo fácil, mas é vital se quisermos romper nossos ciclos disfuncionais e criar uma conexão maior em nossas vidas.

COLOCANDO EM PRÁTICA

A razão pela qual descrevi nossas máscaras de ego de forma clara e simples é ajudá-lo a identificá-las em sua própria vida, seja em si mesmo ou nos outros. Se você se encontrar preso em sentimentos negativos em relação a essa parte de si mesmo, lembre-se desses pontos extremamente importantes:

Suas máscaras impostoras não são ruins.
Suas máscaras têm salvado e protegido você do sofrimento.
Identificar seu ego não o torna uma pessoa má; o torna humano.
Tomar consciência de suas máscaras é um passo fundamental para romper padrões antigos.

Qual é o seu estilo de máscara predominante? Qual é o seu estilo secundário? Talvez você tenha reconhecido os estilos das máscaras usadas por seus pais ou entes queridos. O quadro na próxima página pode ajudá-lo a organizar seus pensamentos.

Este é um momento para você estar totalmente consciente de seus sentimentos. O que está surgindo para você? Talvez sinta vergonha ou culpa em relação ao seu passado, ou talvez sinta raiva em relação aos outros. Isso pode desencadear outro ciclo de reações do ego. Se você puder se lembrar de que o ego surge como um meio de sobrevivência, talvez consiga mostrar compaixão e empatia por si mesmo e pelos outros.

Para colocar essas novas percepções em prática, é importante começar a identificar essas máscaras no momento em que surgem. A consciência de quando você está no modo máscara é essencial para começar a romper os ciclos. Deixe-me avisar que algo mais pode ocorrer nessa fase do processo — uma regressão do ego. Deixe-me explicar:

Quando nosso ego percebe que estamos prestes a desmantelar seu domínio, ele se manifesta ainda mais poderosamente na forma de autossabotagem e nos leva de volta a estados antigos e disfuncionais de ser. Nem consigo descrever quantas vezes essa regressão ocorreu com meus clientes.

Quando meu cliente Brandon estava prestes a progredir seriamente com seu vício em jogos de azar e havia realmente começado a curar feridas da infância durante a terapia, boom! — um dia ele simplesmente parou de vir. Não importa quantas vezes eu tentasse, ele não atendia minhas ligações ou mensagens. Soube imediatamente o que tinha acontecido. Ele tinha regredido. Seu ego havia entrado em pânico e cravado as garras em sua psique, levando-o de volta aos antigos padrões para que pudesse permanecer no lugar. Ele estava tão perto de se libertar, mas estava morrendo de medo de ser saudável. Nossas psiques são complexas, não são?

Relacionamento	Máscara Primária	Máscara Secundária	Lembranças	Sentimentos
Mãe	Combativa	Fugitiva	Eu tinha cerca de oito anos e minha mãe gritou comigo por quebrar o belo prato de porcelana chinesa dela. Ela achava que eu estava sendo descuidado de propósito. Ela me chamou de inútil fracassado. Depois disso, ela literalmente não falou comigo por dias.	Eu me senti como se estivesse desaparecendo. Eu odiava aqueles longos períodos de silêncio. Eu estava aterrorizado.
Pai				
Irmãos				
Eu				

Brandon finalmente reapareceu mais de um ano e meio depois. Desanimado, ele pediu desculpas por sua ausência. Eu disse a ele que não havia nada pelo que se desculpar. Ele relatou que, durante esse período afastado, seu vício tinha voltado com força total, e ele tinha tido a pior recaída no vício de todas. Foi apenas quando sua esposa descobriu que ele estava com centenas de milhares de dólares em dívidas e ameaçou divorciar-se dele que ele escolheu me ligar. Eu senti compaixão por Brandon. Dado seu antigo trauma, eu entendia que escolher atitudes saudáveis em vez da destruição era algo desconhecido para ele. Habituamo-nos tanto a nossos padrões que não importa o quão prejudiciais sejam, eles parecem mais confortáveis do que novos padrões. Parece mais reconfortante permanecer preso e disfuncional do que adentrar no novo território da consciência e sabedoria.

Levou mais um ano de terapia para Brandon descobrir como ele havia criado um padrão de escassez e vazio em sua vida desde a infância. Durante seu tempo comigo, ele desvendou inúmeras situações em que nunca tinha dinheiro e, quando tinha, sentia-se tão desconfortável com isso que gastava tudo de uma vez. Esse padrão de escassez aguda havia criado uma relação complicada com o dinheiro ao longo de sua vida. Esse padrão lançou as bases de seus hábitos de jogo, já que eles permitiam que ele permanecesse eternamente incerto e carente em relação ao dinheiro. Foi apenas quando Brandon começou a ligar os pontos e ver como seu passado estava contribuindo para seu presente que ele começou lentamente a desfazer essas narrativas e substituí-las por outras mais saudáveis. Sua história não é tão diferente da história de qualquer um de nós; todos estamos afundados em nossos antigos padrões sem nem mesmo perceber.

Neste estágio, você talvez esteja experimentando algum medo. Se for esse o caso, seja gentil com você mesmo. Seu ego estará sussurrando todo tipo de coisas no seu ouvido: "Isso é tudo bobagem." "Você tem ficado bem todo esse tempo e pode simplesmente continuar com os velhos hábitos." "Seus amigos e sua família vão ficar bravos com você por mudar tanto." Quero que você saiba que essas declarações são formas do seu ego se manter no lugar. Apenas por estar ciente, você está começando a diminuir o controle dele sobre sua vida. O ego não é algo que você precise matar de forma brutal. Em vez disso, à medida que você estabelece o controle sobre si mesmo, pode libertá-lo camada por camada, passo a passo.

Passo 9

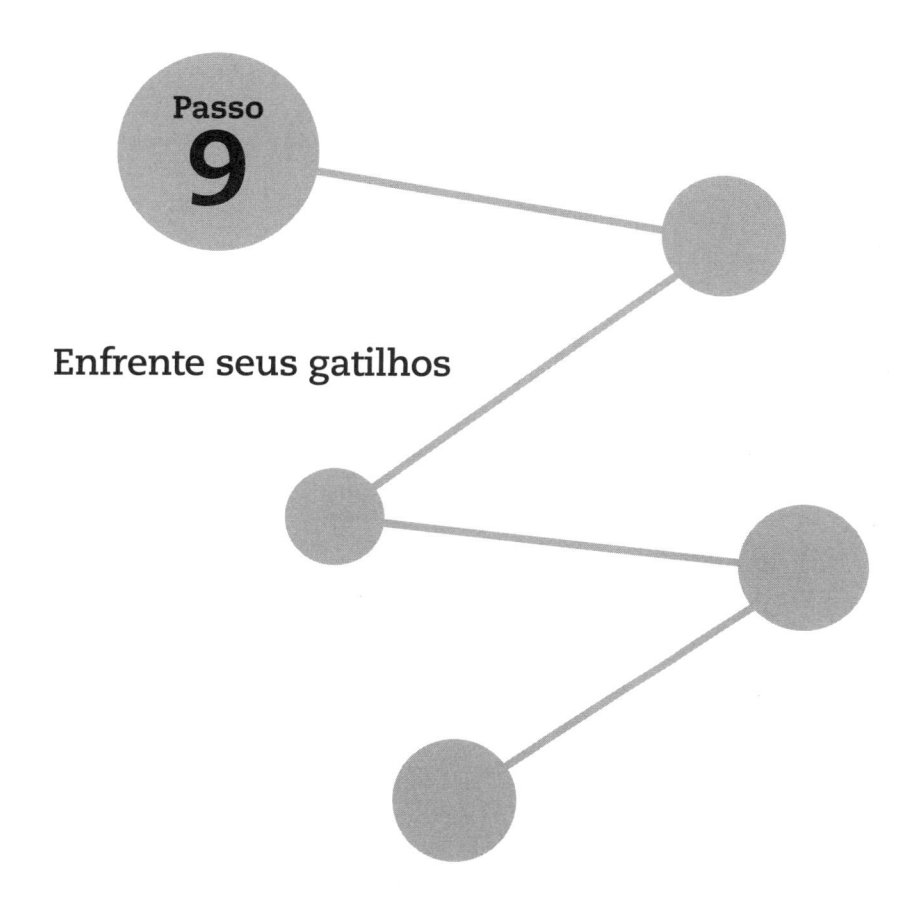

Enfrente seus gatilhos

> Minhas máscaras do ego me cegam
> E me mantêm atolado no caos
> E me desconectam dos meus filhos
> E me fazem esquecer o quanto amo ser pai ou mãe.
> É somente quando for capaz de vê-las no espelho
> E quebrar as correntes com as quais me aprisionam
> Que finalmente serei livre
> E finalmente verei a beleza que reside dentro dos meus filhos.

Depois de identificar suas máscaras do ego, você será capaz de ver exatamente como elas estabeleceram ciclos de comunicação disfuncionais que o mantém preso em meio ao caos com seus filhos. Este é um passo empolgante em sua jornada de crescimento como pai ou mãe, pois você está prestes a observar seus padrões de perto e pessoalmente. Além disso, vai começar a usar ferramentas que o ajudarão a quebrar seus ciclos disfuncionais com seus filhos. Não é uma perspectiva esperançosa?

Quando nossos filhos acionam nossos gatilhos, agimos de maneiras habituais. Esses ciclos são tão previsíveis que podem ser traçados em um gráfico. Seu filho faz A, você diz B, seu filho diz C e você diz D. Antes que você perceba, está em uma discussão. É como se você e ele tivessem memorizado os movimentos de uma dança e continuassem repetindo-os vez após vez. Aqui está a boa notícia: você pode quebrar completamente esses ciclos. Só precisa saber como. Este passo irá ensiná-lo. Somente quando você quebrar esse padrão, novas dinâmicas podem ser criadas e novas conexões estabelecidas.

Se você é um pai ou uma mãe que se vê preso em um ciclo disfuncional após outro com seus filhos, é hora de dar uma pausa e começar a interromper seus próprios padrões. Acredite ou não, você tem o poder de fazer isso por si mesmo. Este passo é sobre quebrar padrões antigos, e interromper esses padrões ajudará você a sintonizar-se com seus filhos e se conectar com eles de uma maneira totalmente nova. Não é essa conexão que todos desejamos com nossos filhos?

Para começar, precisamos nos perguntar: qual é o estopim de cada ciclo? Todo padrão disfuncional que temos com os outros começa com um elemento comum. Você sabe qual é? É um gatilho. Tradicionalmente, definimos um gatilho como algo externo que dispara algo dentro nós. Embora essa definição seja precisa, ela não é completa. Vamos analisar o que são os gatilhos e como eles operam.

Um gatilho não começa como um gatilho. Ele começa como um evento, uma situação ou uma afirmação. Pode ser uma festa de aniversário, um atraso de voo ou o comentário de alguém em uma loja. Simplificando, o gatilho começa como uma "coisa" e pode ser qualquer "coisa": um prato servido errado em um restaurante, um engarrafamento, a opinião de sua mãe sobre seu penteado. Se você documentasse as reações de cem pessoas a esse tipo de coisa, cada pessoa responderia de uma maneira diferente; algumas sequer reagiriam. Se essas coisas fossem realmente um gatilho em sua essência afetariam a todos de maneira mais ou menos igual.

Então, um gatilho começa como uma "coisa". O que o transforma em um gatilho não é a própria coisa em si, mas *como* ela é interpretada e metabolizada internamente. Essa interpretação e metabolização interna são a chave, o ponto crucial, para determinar se algo permanece apenas uma coisa ou se transforma em um gatilho. Esse provavelmente é um dos dados mais importantes ao longo de sua jornada de crescimento, tão vital que precisamos pausar aqui para reiterar: o que torna algo um gatilho não é a coisa em si, mas como você a metaboliza emocionalmente. Se você puder entender essa informação profundamente, estará bem encaminhado para quebrar seus padrões negativos com seus filhos.

Vamos usar um exemplo simples: ficar preso em um engarrafamento de trânsito. Se for um dia bonito e você não estiver com pressa para chegar a algum lugar, provavelmente experimentará o engarrafamento como um evento neutro. Você até pode transformá-lo em algo positivo ouvindo seu podcast favorito ou colocando em dia as ligações que precisa fazer. Mas e se você teve um dia péssimo e está atrasado para um compromisso à noite? De repente, esse engarrafamento de trânsito pode causar uma explosão. Você entende o que quero dizer? O efeito desse evento depende do que está acontecendo com você internamente. Se está nadando em águas calmas, reage de maneira diferente do que se estiver cheio de gasolina ou até mesmo de um combustível mais explosivo.

A "coisa" é apenas uma chama que pode crescer ou se extinguir. Mas se ela acende ou não a nossa dinamite interior, depende de algo dentro de nós. O que é esse algo? Ah, é sobre isso que temos falado o tempo todo — as máscaras do ego que temos usado. Nossas máscaras são feitas de água, algo volátil que causa uma erupção, ou algo ainda mais destrutivo que resulta em uma enorme explosão?

Aqui está a verdade sobre nossos gatilhos. Eles são apenas chamas. O que transforma essas chamas em algo destrutivo é apenas uma coisa: o nosso ego. Quanto maior o nosso ego, maior a nossa explosão emocional interna.

Vamos usar como exemplo o fato de seu filho não te ouvir. No nível básico, isso é apenas uma situação chamada "criança não ouve os pais". Isso é tudo. Agora, o que faz essa situação se tornar um gatilho? A reação dos pais com base em seu ego. Você entende? Eles cuidam amorosamente da criança ou explodem? Tudo depende do ego do pai ou da mãe, não é? Quanto mais o pai ou a mãe se sente invalidado ou inseguro, maior a força e a velocidade com que o ego se manifesta. E quanto maior o ego, mais inflamável e explosiva será a reação do pai ou da mãe.

Uma maneira simples de representar essa ideia visualmente é imaginar o mundo interno do pai ou da mãe. O pai ou a mãe está cheio de muitos buracos ou apenas alguns? Está cheio de água calma ou de explosivos perigosos? É claro que, quanto menos buracos e mais calmo o pai ou a mãe estiver internamente, menor será a combustão quando ele ou ela reagir; quanto mais buracos e explosivos internos houver, maior será essa combustão.

Nessa ilustração, aqueles com menos feridas internas, ou "buracos", simbolizados pelo primeiro coração, têm uma reação menos baseada no ego do que aqueles com mais buracos. Em cada caso, o gatilho, ou "chama", é o mesmo. Mas a maneira como ele aciona a "bomba interna" de cada pessoa é diferente: quanto mais inflamáveis nós somos, maior o tamanho da nossa bomba interna e mais grave a destruição que ela pode causar.

Com qual desses corações você mais se identifica? Talvez perceba que em algumas situações tem a energia da água, mas em outras tem a capacidade de explodir. É útil entender a si mesmo em termos de química interna para que você possa tomar medidas conscientes para proteger a si mesmo e aos outros de sua própria combustão. Em geral, quanto mais buracos internos curarmos, menos reativos seremos. Reserve um momento para refletir sobre a última vez em que você se sentiu algum dos seus gatilhos ser ativado.

Qual foi a chama ou gatilho?
Quais eram seus buracos internos? Você estava cheio de água, gasolina ou explosivos?
Como você reagiu?

Um dos exemplos mais comoventes de como nosso mundo interno dita a maneira como percebemos nossa realidade externa vem de Jake, que participou de um dos meus seminários. Ele se aproximou de mim após o evento e começou a chorar. "Finalmente estou vendo como tenho criado meu próprio pesadelo", ele disse. "Tenho brigado com meu filho de oito anos quase todos os dias há anos por causa das minhas próprias besteiras. Estou finalmente vendo! Todo esse tempo pensei que havia algo errado com ele, mas hoje você me mostrou que era eu. Eu era meu próprio gatilho. Ele não era o gatilho. Era eu, só eu." Jake explicou como seu filho tocava sua feridas durante anos porque Max não era tão masculino e atlético como ele imaginava que um filho seria. Max também sofria com atrasos na fala e dificuldades de aprendizado. Todas essas características em seu filho eram muito difíceis para Jake.

Jake, embora amasse o filho, estava entrando em batalhas diárias com ele. A gota d'água foi quando ele atirou um copo de água no filho e o arrastou pelo casaco, jogando-o contra a parede. Foi então que Jake percebeu que as coisas estavam além de seu controle e ele precisava de ajuda drástica. Foi quando ele se inscreveu em um dos meus workshops. Depois de trabalhar comigo em seus gatilhos da infância, Jake descobriu uma memória-chave da infância que o ajudou a entender muitos de seus problemas em relação ao filho. Ele se lembrou de ser encurralado em um banheiro da escola, por volta dos dez anos de idade, e ser violentamente intimidado por vários garotos mais velhos. Eles o chamaram de "mariquinha" e riram dele quando ele chorou. Jake havia enterrado aquela memória, mas ainda carregava a vergonha sobre seu medo naquele dia e como ele tinha ficado aterrorizado demais para reagir. Ele havia se culpado por uma falta de masculinidade. Na verdade, quando voltou para casa, seu pai zombou de Jake por não se impor e o fez sentir vergonha pela falta de coragem.

Desde aquele dia, Jake construiu uma máscara de hipermasculinidade. Ele se forçou a ser mais atlético e a ficar mais forte à medida em que crescia, e começou a passar muito tempo na academia. Se o visse hoje, você nunca imaginaria que ele tivesse algum problema relacionado à masculinidade. E então ele teve seu filho homem, Max, que não era o típico "garotão". Pelo contrário, Max era mais efeminado, sensível e "frágil". A divisão entre quem Max era e o que seu pai esperava que ele fosse os colocava na rota de colisão de um conflito trágico.

O que Jake não tinha consciência era do seu próprio trauma interno e de como ele estava borbulhando como lava quente dentro dele. Jake havia enterrado seu sofrimento interno tão profundamente que achava que ele não existia. Desconectado de seu próprio trauma, ele projetava essa dor em seu filho. Achava que existia algo errado com Max e ele precisava ser consertado. O antigo trauma de infância de Jake estava enterrado profundamente em seu inconsciente, impulsionando seu comportamento atual em relação ao filho. Ele tentava consertar Max para que este não passasse pela dor que o havia brutalizado. Foi somente naquele dia, após anos repreendendo e envergonhando o filho, que Jake olhou fundo o suficiente para descobrir suas próprias feridas não resolvidas. A revelação foi intensa. A criança interior de Jake finalmente foi vista em sua dor. Ela tinha estado gritando sob o ego "Combativo" de Jake, mas ninguém havia prestado atenção. O ego sempre vencia — até aquele dia, quando o ego finalmente se despedaçou e a dor da criança interior ferida jorrou para fora.

Pude ver a dor nua e crua nos olhos de Jake quando ele se deu conta de como estava transferindo toda sua dor do passado para o filho. Acolhi Jake e seu menininho interior. Ambos precisavam de muita atenção e ternura. Pedi a ele que prometesse que retornaria à sua criança interior e permitiria que essa criança chorasse toda a dor que Jake havia reprimido todos esses anos. Quanto mais ele curasse seu próprio menino interior, mais ele aceitaria o próprio filho e permitiria que ele fosse quem realmente era. Jake tinha projetado em Max a dor que ele mesmo tinha experimentado em seu próprio passado. É assim que "pessoas feridas ferem pessoas". Você percebe como, se não estivermos conscientes, podemos transmitir nossa dor não resolvida da infância para nossos filhos? É por isso que o crescimento que você está prestes a vivenciar é tão importante para você e para seus filhos.

Quando você entende que uma "coisa" externa só o afeta por causa dos explosivos emocionais que tem dentro de si, isso é uma virada de chave, e pode mudar toda a dinâmica com seus filhos. Quanto mais você se torna consciente de sua dor interior e de seus medos, mais próximo estará de se entender mais profundamente e de se conectar mais com seus filhos. Quanto mais explosões ou vazios internos você tiver, mais irá projetá-los em seus filhos. Suas projeções, por sua vez, criarão vazios em seus filhos que serão os explosivos internos deles em seus relacionamentos adultos. Este é o ciclo que estamos quebrando ao fazer este trabalho.

COLOCANDO EM PRÁTICA

Um dos métodos mais eficazes para reconhecer os gatilhos em nossas vidas é fazer um exercício chamado "Inverter a Situação". Essencialmente, pegamos algo que é um gatilho para nós em outra pessoa e invertemos a situação perguntando a nós mesmos: "Eu já fui provocado por essa parte em mim mesmo?" Se a resposta for sim, então demos o primeiro passo para entender uma ferida mais profunda dentro de nós.

Isso foi exatamente o que aconteceu com Jake no exemplo que acabamos de discutir. Quando ele inverteu o gatilho de volta para si e perguntou: "O meu lado mais feminino, ou minha própria falta de masculinidade já foi um gatilho para mim, assim como Max está sendo?", a resposta ficou clara.

Outro caso recente ecoa esse processo. Victoria entrou em uma sessão comigo um dia claramente incomodada. Sua filha de trinta anos havia pedido divórcio alguns meses antes e apenas recentemente revelou para a mãe que havia sofrido abuso físico e emocional de seu marido. Victoria estava furiosa. Ela queria fazer uma denúncia à polícia contra o genro. Ela também estava frustrada com a filha pelo que ela percebia como um comportamento passivo: "Ela é tão fraca e imatura. Eu não a criei assim. Quero que ela reaja e se defenda. Não consigo acreditar como ela permitiu que seu marido escapasse impune por esse abuso."

Pude perceber que o ego de Victoria estava altamente ativado. "Não é seu papel agir contra seu genro, é da sua filha, não é?"

Victoria continuou reclamando. "Estou furiosa com isso. Trabalhei tanto para criar uma filha forte e não consigo acreditar que, apesar de todos os meus esforços, ela tenha se tornado assim." Victoria relatou ter tido uma séria discussão com a filha e ter desligado o telefone na cara dela, tamanha a frustração.

Eu sabia que havia algo do passado de Victoria sendo reativado, então fiz o exercício "Inverter a Situação" com ela. Perguntei: "O que no comportamento da sua filha você não gosta em si mesma? Você sente que ela está sendo passiva e fraca. Houve algum momento em sua vida em que você foi passiva e fraca?"

Victoria respondeu imediatamente. "Sim! Eu era exatamente assim com meu primeiro marido, no meu casamento antes do relacionamento com o pai da minha filha! Ele costumava me agredir fisicamente e verbalmente. Tive que fazer muitas denúncias contra ele. Cada vez que ele pedia desculpas, eu acreditava, até a próxima agressão. Depois de quatro anos de inferno, finalmente tive coragem de deixá-lo. Esforcei-me muito para nunca permitir que isso acontecesse novamente. Quando me casei pela segunda vez, fiz questão de escolher um homem dócil e tranquilo que me adorasse." E ali estava. Você vê como nossas antigas feridas ressurgem de forma previsível?

A reação intensa de Victoria em relação à filha foi evocada por seu próprio passado doloroso. Ela havia trabalhado muito para se livrar de qualquer passividade e fraqueza em relação aos homens, de modo que, quando viu essa passividade surgir em sua filha, Victoria não suportou se olhar no espelho. Eu a encorajei gentilmente. "Você pode ter se tornado forte, mas ainda não se curou. Para se curar, precisa perdoar aquela parte antiga de si mesma e tratá-la com compaixão. Você apenas a matou, enterrou e seguiu em frente. Isso não é cura. Sabemos disso porque você quer fazer a mesma coisa com as partes "fracas" da sua filha como fez com as suas: matá-las, enterrá-las e seguir em frente. Você precisa permitir que sua filha assuma o controle dessa situação. Mas é somente quando você reconhecer essas partes em si mesma e as enxergar por intermédio dos olhos da compaixão e da compreensão que você se aceitará pelo seu passado. Uma vez que você se aceite com todas as suas partes "fracas", você aceitará sua filha. Você terá compaixão pela dor e pelas dificuldades dela. Isso irá aproximá-las ainda mais."

As partes dentro de nós que rejeitamos, negamos e abandonamos não desaparecem simplesmente. Elas ficam apenas enterradas profundamente. Quando as vemos surgir em nossos filhos ou em pessoas que amamos, ficamos extremamente incomodados e tentamos fazer com essas partes o que fizemos com as nossas. Nossas próprias feridas do passado nos inundam com tanta dor que convocamos nosso ego com furor. Ele invade a cena rugindo e tenta abafar nossa dor interior ao reagir contra a dor de nossos filhos. Em vez de nos conectarmos com a dor deles e enxergá-la pelo que é — separada de nós —, nós nos debatemos contra nossos filhos com controle e degradação, e eles acabam se sentindo invisíveis e invalidados. A tragédia é que nem percebemos o que estamos fazendo; tudo isso acontece de forma inconsciente. Tal é o poder do sofrimento interior não resolvido.

Passo 10

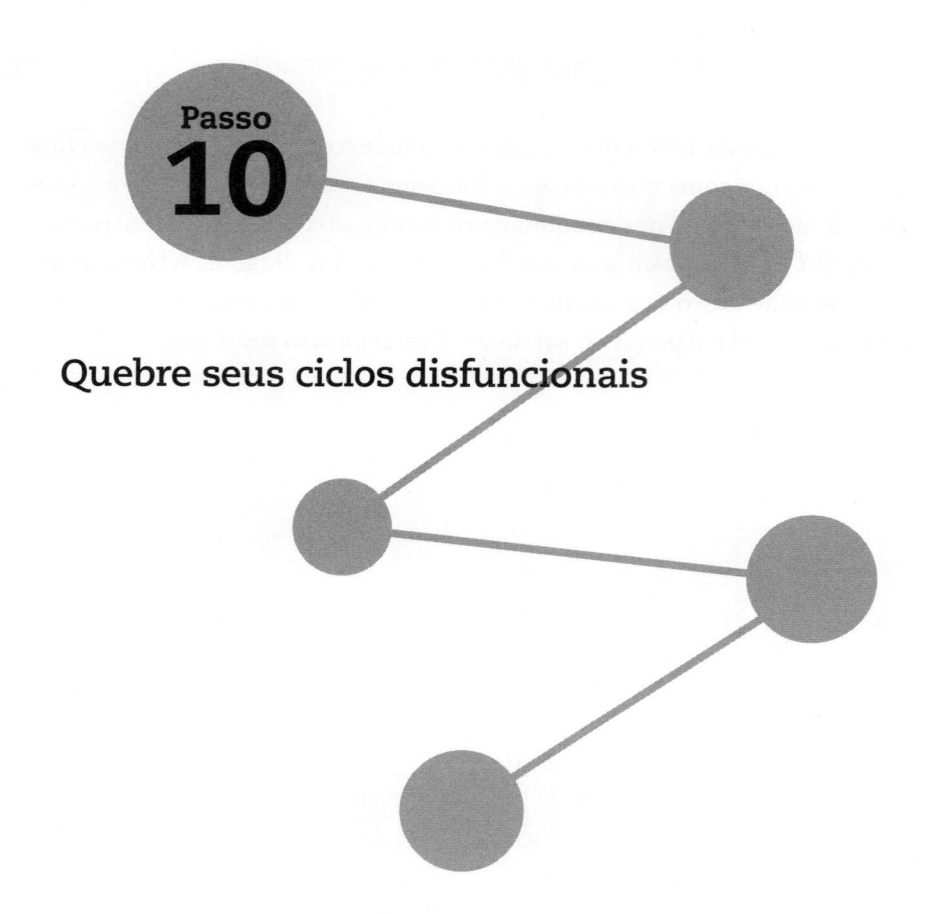

Quebre seus ciclos disfuncionais

> Andamos em círculos,
> Ignorando todas as placas de saída.
> Em vez de quebrar as correntes e nos libertar,
> As correntes nos prendem ainda mais à nossa gaiola.

A maioria de nós, pais, em algum momento fica presa em ciclos de comunicação negativos com nossos filhos. E, caramba, esses ciclos são dolorosos de se estar. Eles causam estresse, tensão e conflito. Nos fazem sentir mal. A razão pela qual nos envolvemos neles é que não estamos conscientes dos nossos próprios egos e de como eles atrapalham os relacionamentos. A menos que sejamos capazes de ver claramente nossos padrões — nossos egos em ação —, não assumiremos a responsabilidade pela nossa parte na dinâmica e tentaremos culpar nossos filhos. Essa culpa os desencadeia ainda mais, e o padrão continua.

As perguntas-chave são: Quem vai quebrar o ciclo? Quem vai interromper o padrão? Será você? Você ousará ser o agente de mudança no padrão na família? A boa notícia é que garanto que você tem o poder total de ser essa pessoa. Nossos filhos não serão capazes de ser agentes de mudança porque eles são moldados pelos nossos egos. Eles não podem evitar estar em modo de reação. Portanto, a responsabilidade é nossa. Por mais assustador que possa parecer, eu encorajo você a abraçar esse desafio com coragem, pois ao fazer isso você libertará não apenas seus filhos, mas também a si mesmo.

Zina vinha me procurando para receber orientação há mais de seis meses, quando finalmente teve um avanço. Ela estava presa, repetindo continuamente o mesmo ciclo disfuncional com sua filha de sete anos, Angela. Qual era o ciclo delas? Zina era uma Estátua. Ela odiava conflitos e sempre tentava evitá-los. Ela simplesmente não conseguia lidar com os problemas de sua filha por causa de seu próprio transtorno de estresse pós-traumático (TEPT) — uma condição da qual ela nem sequer tinha consciência. Angela, por outro lado, era uma Reparadora. Ela desesperadamente queria que sua mãe gostasse dela e faria qualquer coisa para agradar Zina. Quando Angela sentia que estava falhando em agradar sua mãe, ela chorava incontrolavelmente e até se machucava. Quanto mais voláteis eram as emoções de sua filha, mais Zina se fechava. E, quanto mais ela se fechava, mais Angela se via como "má" e "uma vergonha". O ciclo não parava.

Quando eu investiguei a vida de Zina, ela pôde examinar sua dinâmica com sua própria mãe, na qual ela se sentia apavorada por suas crises de raiva quando embriagada. Para lidar com isso, Zina aprendeu a se entorpecer dissociando-se do trauma. Zina continuou esse padrão em sua própria dinâmica com sua filha. Quando Angela era carente e dependente, Zina se sentia intimidada e com medo. Ela era incapaz de acessar seu coração materno generoso. Ela não acreditava que sua filha realmente precisava dela, já que se sentia tão indigna de ser mãe. Quando Angela ficava cada vez mais veemente, Zina levava para o lado pessoal, como se Angela fosse atacá-la e machucá-la. Basicamente, Zina entrava em modo de TEPT.

Levou seis meses de trabalho intensivo para que Zina quebrasse sua máscara de Estátua e pudesse tocar a dor interior. Uma vez que ela fez isso, a represa se rompeu. Ela se transformou em uma garotinha assustada buscando desesperadamente o amor de sua mãe. Ela soluçava dizendo: "Minha mãe nunca me amou. Ela amava a bebida mais do que a mim. Ela nunca me quis de verdade por perto. Eu me senti sem valor a minha vida inteira. Eu não conseguia competir com a bebida." Zina estava tremia e soluçava. Depois de muitos momentos de choro, ela começou a se balançar para se acalmar. Eu perguntei suavemente: "Você acha que Angela se sente da mesma forma que você sentia, e é por isso que ela chora buscando sua atenção?" Zina entendeu! Ao ver suas próprias feridas interiores em ação, ela conseguiu se conectar com o que sua filha poderia sentir. Ela percebeu que Angela apenas precisava de uma mãe, assim como Zina precisava quando era uma garotinha. A dor e a necessidade delas eram as mesmas. Lentamente, mas com certeza, Zina começou a se abrir para Angela. Conforme Zina rachava sua máscara de Estátua, ela começou a se sintonizar mais compassivamente com as necessidades de Angela. À medida que Angela sentia cada vez mais a presença de sua mãe, menos carente ela ficava. Logo, elas começaram a se conectar em um nível mais profundo.

Não importa qual máscara usemos. Como todas essas máscaras vêm de nossos egos, todas elas estão destinadas a criar padrões disfuncionais com nossos filhos. Cada máscara do ego cria ciclos de comunicação únicos com nossos filhos. Vamos dar uma olhada nesses ciclos para ver se algum deles ressoa em você. Vou examiná-los em um nível genérico, mas certifique-se de usar esses exemplos para analisar seus próprios padrões e ver se as lições se aplicam a você.

Vamos usar o mesmo evento para cada cenário e observar como cada máscara se manifesta. Vamos pegar o evento de uma criança sendo "mal-educada" e dizendo "Eu te odeio!" para os pais. Eu uso esse exemplo porque quase todos os pais são propensos a reagir de alguma forma a essas palavras. A maioria dos pais interpreta essas palavras como um sinal não apenas de desrespeito, mas também de ingratidão. Para os pais tradicionais, esses são grandes gatilhos que inflamam as feridas internas de insignificância. Vamos examinar como cada máscara de impostor pode reagir a essa situação.

O CICLO DO COMBATIVO

Quando pais do tipo Combativo ouvem "Eu te odeio" de seus filhos, eles inicialmente interpretam as palavras como um ataque pessoal. Eles imediatamente querem responder com algo como "O que você disse? Como ousa falar assim comigo!" Sua raiva e indignação iniciam um ciclo disfuncional.

Se os pais Combativos percebem a reação de seus filhos como um ataque, eles usam a raiva para recuperar um senso de poder. Os Combativos interpretam tais eventos como algo que eles precisam interromper imediatamente. Seu *modus operandi* é interromper esse comportamento usando vergonha, degradação ou punição. Eles gritam com seus filhos e os assustam para obter obediência. Diante de um pai assim, a criança se sente invalidada e não ouvida. A criança se sente reprimida e silenciada.

Nesse ciclo, a reação de um pai cria sentimentos negativos na criança. Esses sentimentos não desaparecem, mas desencadeiam uma cascata de novos padrões negativos, e o ciclo continua.

O CICLO DO REPARADOR

Os pais Reparadores também se sentem pessoalmente afetados quando seus filhos dizem "Eu te odeio". Mas, em vez de tentar controlar o comportamento da criança, os Reparadores tentam controlar a percepção da criança sobre eles como pais. Eles têm medo de perder o amor da criança, então farão o possível para recuperá-lo a qualquer custo. Eles usam técnicas como permissividade e resgate para garantir que seus filhos não os abandonem. Seu *modus operandi* é interromper o comportamento ruim por meio de condescendência e agrados. Vamos ver como esse ciclo pode parecer.

> **Te odeio!**
>
> **Isso é péssimo, estou preocupada que ela me odeie.**
>
> **Não se preocupe, querida. Vou te ajudar.**

A criança diante do pai ou da mãe Reparador se sente negligenciada, os verdadeiros sentimentos da criança são ignorados, pois o pai ou a mãe parece preocupado apenas em converter os sentimentos de ódio da criança de volta para o amor pelo pai. Os pais Reparadores não parecem se preocupar com o motivo pelo qual a criança está se sentindo dessa maneira ou em fazer qualquer reparação profunda. Nesse ciclo também a reação do pai cria sentimentos negativos na criança. Esses sentimentos não desaparecem, mas desencadeiam uma cascata de novos padrões negativos, e o ciclo continua.

O CICLO DO DISSIMULADO

Quando ouvem "Eu te odeio" de seus filhos, tudo que os pais Dissimulados conseguem pensar é em como a situação parecerá para o mundo exterior. A imagem e a persona pública dos Dissimulados são mais importantes do que qualquer outra coisa. Eles farão tudo para evitar que a atenção negativa seja direcionada a eles. Seu *modus operandi* é disfarçar o problema de qualquer maneira, forma ou modo a fim de parecerem de determinado jeito para o resto do mundo. Os sentimentos das crianças são completamente ignorados, pois os pais Dissimulados estão focados apenas em como os outros os percebem.

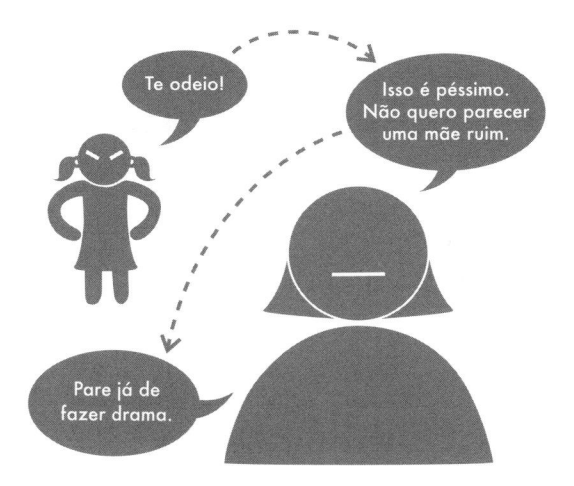

[Figura: criança dizendo "Te odeio!" para mãe que pensa "Isso é péssimo. Não quero parecer uma mãe ruim." e responde "Pare já de fazer drama."]

Essas crianças percebem que seus sentimentos estão sendo rejeitados e talvez sintam que estão sendo excluídas.

Mais uma vez, nesse ciclo a reação dos pais cria sentimentos negativos na criança. Esses sentimentos não desaparecem, mas desencadeiam uma série de novos padrões negativos, e o ciclo continua.

O CICLO DO ESTÁTUA

Quando os pais do tipo Estátua ouvem seus filhos dizerem "Eu te odeio", eles também interpretam a situação como algo pessoal. Eles fazem o máximo para ficarem imóveis e passarem despercebidos.

[Figura: criança dizendo "Te odeio!" para pai/mãe que pensa "Isso é péssimo. Não sei o que fazer." e responde "Agora não! Estou ocupado."]

O conflito é um gatilho enorme que faz com que os pais do tipo Estátua se fechem. Os Estátuas ficam paralisados e rejeitam quaisquer apelos de seus filhos. Seu *modus operandi* é se esconder. Em vez de se aproximar da criança e demonstrar preocupação com as emoções dela, esses pais preferem cuidar do próprio conforto e se refugiar sob uma cama de concreto fria e sem emoção. Seus filhos recebem a mensagem de que suas emoções não alcançam seus corações. Isso leva a uma sensação de isolamento e falta de senso de valor na criança. Nesse ciclo, a reação do pai cria sentimentos negativos na criança que não desaparecem, mas desencadeiam uma cascata de novos padrões negativos, e o ciclo continua.

O CICLO DO FUGITIVO

Pais do tipo Fugitivo interpretam "Eu te odeio" como algo do qual fugir. Eles não levam para o lado pessoal, já que estão completamente desconectados de qualquer responsabilidade pessoal devido aos seus próprios traumas. Eles simplesmente não enxergam o problema da criança como sendo seu problema. Os Fugitivos correm de responsabilidades e dificuldades. Seus filhos se sentem invisíveis e percebem que são insignificantes para os pais Fugitivos. Esses sentimentos criam uma desconfiança geral em relação aos outros combinada com uma sensação intensa de traição e abandono.

Você percebe algo alarmante nesses ciclos? Vê como a criança está sendo ignorada em todos eles? Esses ciclos são tóxicos para nossos filhos porque, quando estamos presos neles, acabamos desconsiderando completamente os sentimentos e a visão de mundo de nossos filhos. Focalizamos apenas como nos sentimos e como podemos *nos* proteger.

O grau em que exibimos nossas máscaras de ego para o mundo exterior está diretamente relacionado à gravidade de nossas feridas internas. Quanto mais dor interna, maior é nossa explosão externa. E, em grande medida, nossos filhos são reféns indefesos de nossos humores e caprichos. Eles não podem simplesmente fugir e morar em outra cidade. Eles dependem de nós e são presas de nossos monstros egoicos internos; são prisioneiros inocentes sem recursos nem uma rota de fuga. Essa é uma das principais razões para fazermos nosso próprio trabalho interno de cura para que não despejemos nossa dor sobre eles.

É difícil como pais admitir que podemos agir de forma tão inconsciente. No entanto, essa é a realidade brutal. Fomos criados de forma inconsciente, então não é surpresa que transmitamos nossas feridas aos nossos filhos. Mas quando podemos claramente ver nossos padrões em ação, podemos começar a quebrá-los. Somente aí podemos começar a nos sintonizar com nossos filhos por quem eles são e pelo que sentem.

Uma vez curados internamente, podemos finalmente parar de reagir a partir de nossos vazios internos e, em vez disso, responder a partir de um lugar de plenitude interna. Essa plenitude irá nos permitir criar a criança diante de nós, em vez da criança *dentro* de nós.

COLOCANDO EM PRÁTICA

É difícil quebrar nossos padrões quando estamos no meio deles, não é? É difícil identificar nosso ego enquanto estamos nele. É difícil sair de um ciclo uma vez que ele está em movimento. Nossa única esperança é interrompê-lo antes que comece. Para isso ser possível, é importante reconhecer como nosso corpo reage diante de um gatilho.

Veja bem, nosso corpo tenta nos sinalizar quando entra em estado de alarme. Existem sinais e sintomas definidos, só precisamos estar cientes deles. Eles se manifestam em nossos corpos. Então, como começamos a prestar atenção? Sintonizamos. Sintonizamos com o quê? Com o sistema de alarme do nosso corpo. Meu coração está acelerado? Tenho palpitações ou as palmas das mãos estão suadas, peito pesado, lábios tremendo, olhos lacrimejantes? O que meu corpo está tentando me dizer? Sintonizar esses sinais pode nos ajudar a identificar quando estamos prestes a explodir. Dessa forma, nossas emoções atuam como sinais de que algo está errado. Reconhecer nossos padrões no nível emocional é um grande passo para nos libertarmos deles.

Para simplificar, categorizei os estilos emocionais mais comuns em atitudes básicas. Compreender a si mesmo por meio dessas cinco categorias pode te ajudar a se estabilizar e evitar que seu ego reaja. Vamos refletir sobre essas emoções agora:

> O estilo emocional do Combativo é a *agressividade*.
> O estilo emocional do Reparador é a *ansiedade*.
> O estilo emocional do Dissimulado é a *busca por atenção*.
> O estilo emocional do Estátua é a *esquiva*.
> O estilo emocional do Fugitivo é o *abandono*.

Você consegue identificar seu estilo emocional predominante? Como seu corpo expressa esse estilo? Como sou naturalmente uma Reparadora, minha assinatura emocional é a ansiedade. Reconhecer os sinais de ansiedade em meu corpo antes de entrar em colapso tem sido útil para mim. Quando sinto ansiedade e estresse, meu corpo imediatamente me avisa. Sinto meu peito pesado e meus olhos lacrimejando. Uma energia nervosa se acumula dentro de mim. Fico enjoada e minha mente fica acelerada. É óbvio que estou prestes a ter um colapso emocional.

Quando presto atenção a esses sinais de alerta e pauso, posso me engajar em práticas de autocuidado, como meditação e escrita no diário. Às vezes, quando estou em uma tempestade emocional, ligo para um amigo ou tiro algumas horas de folga do trabalho para me exercitar na natureza. Essas coisas me ajudam a me centrar e me estabilizar. No entanto, há muitas vezes em que perco os sinais, ou melhor, os observo, mas finjo que não estão ali. Então, entro diretamente no modo reativo e explodo em minha máscara de Reparadora. Uma vez que a explosão começa, é difícil contê-la. É por isso que quero ajudá-lo a aprender como mudar seus próprios padrões antes de uma explosão.

Vamos dar uma olhada em como esse ciclo se parece e onde você pode começar a quebrá-lo.

```
       Medo e
      ansiedade
         │
         ▼
   Estilo emocional
      dos 5 As
         │
         ▼
    Consciência
      corporal
         │
         ▼
   Máscara do
   Combativo/
   Reparador/
   Dissimulado/
    Estátua/
    Fugitivo
         │
         └──► (ciclo)
```

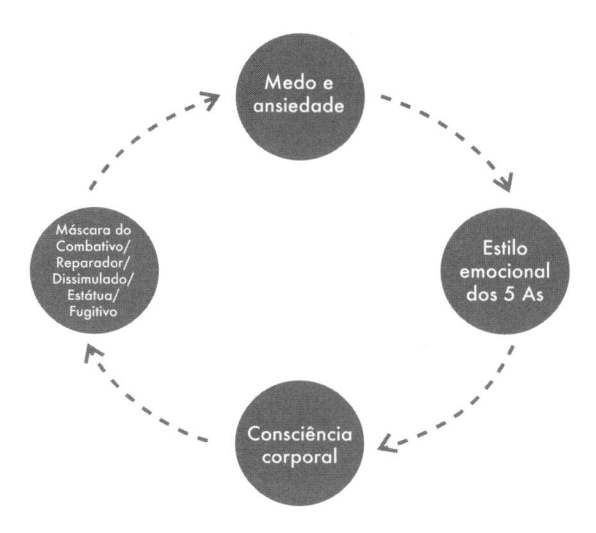

Minha cliente Becky, por exemplo, usa a busca por atenção quando sente alguma carência interna. Como uma pessoa de grandes realizações, ela está acostumada a receber validação externa e entra em um modo de busca de atenção em excesso. Stuart, outro cliente, é o eterno "evitador". Conflitos e qualquer drama emocional o aterrorizam, então ele se fecha e se transforma em um Estátua. Essa resposta causa uma tremenda tensão emocional em sua família. Meu amigo Jonathan usa a raiva para se sentir importante e poderoso. Ele geralmente explode e depois se afasta. (Eu considero a raiva uma reação comum para muitos homens condicionados a usar controle e dominação para demonstrar seu valor.) O ex-marido de Debbie é um típico "abandonador" que ficou tão traumatizado com o divórcio que cortou completamente o contato com ela e fugiu do país.

Precisei mostrar a cada um dos meus clientes como reconhecer seus próprios padrões de ego e os padrões emocionais subjacentes deles e de seus entes queridos. Uma vez que eles se tornaram conscientes de seus padrões emocionais, eu os ajudei a perceber esses padrões em seus corpos. À medida que se tornavam mais conscientes do corpo, eu podia ajudá-los a fazer uma pausa e mudar os padrões. Combativos, por exemplo, podem notar o ranger de dentes ou o apertar de mandíbulas. Reparadores podem ficar com as mãos suadas e o peito ofegante. Dissimulados podem sentir falta de ar devido ao pânico de serem descobertos pelos outros. Estátuas podem perceber palpitações no coração, já que qualquer conflito emocional os aterroriza. Fugitivos podem ter pés frios e sentir o desejo emocional de fugir.

Eu chamo esses estilos de "emocionais" e não de "sentimentais" porque faço uma diferenciação entre emoções e sentimentos. Emoções são a manifestação exterior de nossos sentimentos internos e muitas vezes são protetoras e baseadas no ego. Usamos emoções para expressar que algo está errado dentro de nós. É o nosso sinal de que algo deu errado. Mas elas estão longe de serem nossos verdadeiros sentimentos. Nossos verdadeiros sentimentos são exatamente isso — sentimentos, que devem ser sentidos e processados dentro de nós. Por exemplo, impotência é um sentimento, mas culpa é uma reação emocional; vulnerabilidade é um sentimento, mas raiva em relação a outra pessoa é uma reação emocional. O sentimento é algo que sentimos profundamente dentro de nós e que pode ser experimentado de forma silenciosa e privada. A reação emocional é o que empregamos para fugir do sentimento ou expressar o sentimento. Expressar o sentimento não é o mesmo que viver o sentimento. Você vê a diferença?

É somente quando notamos nossas reações emocionais que podemos começar a lidar com elas de forma tranquila. Talvez possamos nos acalmar dizendo algo como: "Estou em um tsunami emocional. Estou prestes a reagir de maneiras destrutivas e tóxicas. Preciso interromper o padrão aqui. *Preciso entender o que estou realmente sentindo por dentro.*"

Apenas essa pausa tem o potencial de interromper nossos padrões egoístas de agir, permitindo-nos ir mais fundo para realizar algum trabalho com nossa criança interior. As duas chaves para a cura são notar suas reações emocionais antes que elas se tornem máscaras e então ir sob essas reações, onde estão os sentimentos reais que elas mascaram. O exercício a seguir pode ajudar você a fazer isso.

No lado esquerdo de uma página em branco, escreva suas reações emocionais baseadas no ego que foram acionadas por gatilhos, como nos exemplos a seguir. No lado direito da página, tente descobrir os verdadeiros sentimentos de sua criança interior em relação a esses acontecimentos, como também mostrado nos exemplos. A menos que acessemos os sentimentos por trás de uma reação, corremos o risco de permitir que nossas emoções saiam do controle. Reações não controladas levam à solidificação de nossas máscaras impostoras do ego. Uma vez que essas máscaras entram em jogo, é difícil se livrar delas porque elas desencadeiam outras dinâmicas.

Por exemplo, os estilos emocionais podem ser revelados da seguinte forma:

Estilo de reação emocional	Verdadeiros sentimentos
Agressividade: "Eu te odeio. Não quero ficar perto de você."	"Você está me magoando."
Ansiedade: "Vou dar um jeito nisso. Sou bom. Preciso de vocês."	"Estou com medo de que você não me ame."
Busca de atenção: "Você me vê? Você se importa?"	"Sinto-me vazio sem seus elogios."
Afastamento: "Não quero ficar perto de você!"	"Tenho medo de que você me rejeite."
Abandono: "Não me importo com você!"	"Tenho medo de ser abandonado novamente."

Para recapitular, estes são os passos para mudar padrões emocionais destrutivos e quebrar seus ciclos de disfunção:

1. Quando sentir emoções intensas em seu corpo, pause.
2. Observe os sinais físicos.
3. Esteja ciente de que, a menos que cuide de si mesmo, essas emoções vão explodir de alguma forma.
4. Diga a si mesmo: "O que estou realmente sentindo agora? O que está acontecendo dentro de mim? Antes de agir, vou dedicar um tempo para descobrir meus verdadeiros medos."

As emoções são mensageiras que nos indicam que um tsunâmi interno está se formando. Elas se manifestam por intermédio de nossos corpos. Se não prestarmos atenção nas manifestações emocionais da agressividade, ansiedade, busca por atenção, esquiva e abandono em nossos corpos, iremos reagir de maneiras aleatórias sem saber por quê. Logo estaremos imersos em uma dinâmica agressiva de disfunção e desconforto com nossos filhos, nos perguntando como chegamos ali. A verdade é que havia muitas pistas ao longo do caminho; simplesmente não sabíamos como prestar atenção a elas. Este mapa está apresentando os passos para ajudar você a fazer exatamente isso.

Passo 11

Ative seu terceiro Eu

> Preso no tsunâmi do meu ego
> Eu arruinei e destruí meu amor
> E, por sua vez, te fiz sentir vergonha, meu filho.
> No entanto, se você soubesse que isso não tem nada a ver com você,
> Perceberia que sou eu que estou ferido por dentro
> E sou eu que preciso me curar
> Antes de aprender a cuidar de você.

A razão pela qual você tem uma criança interior amedrontada é porque seus pais tiveram dificuldade em te honrar por quem você era na infância. Quando você tentava ser autêntico, enfrentava resistência e rejeição. Você vivia com medo e evitava essa rejeição. Você ansiava por validação.

Suzie passou toda a sessão comigo chorando. "Minha mãe disse que gostaria de nunca ter me tido. Ela disse que eu era uma vergonha para ela porque eu era gorda e não era inteligente na escola. Todos os dias eu tentava não comer e estudar bastante, mas nunca era suficiente para ela. Mesmo agora, aos trinta anos, ainda me odeio por todas as formas como nunca consegui corresponder às expectativas da minha mãe."

A criança interior de Suzie estava desesperada por validação. Ela se culpava por todas as maneiras como sua mãe projetava seus próprios vazios nela. Não conseguia ver que esses vazios eram de sua mãe, não dela. Suzie era uma menina obediente que acreditava na mãe quando ela dizia que era sua culpa a mãe estar chateada com ela. As crianças são assim, entende? Elas acreditam em seus pais. Se seus pais estão com raiva delas ou desapontados com elas, as crianças automaticamente acreditam que é culpa delas. Elas não têm maturidade para perceber: "Ah, minha mãe está projetando sua própria dor em mim!" Elas simplesmente acreditam em seus pais confiando que seu feedback é verdadeiro.

Para nos proteger contra essa rejeição parental e obter a validação desejada, criamos as máscaras de nossos egos impostores. Suzie, por exemplo, criou a máscara da Superesforçada. Ela trabalhou duro a vida toda para receber a validação que tanto desejava de sua mãe. No entanto, não emagreceu. Na verdade, ela foi na direção oposta e começou a comer de forma obsessiva, até mesmo com episódios de compulsão alimentar. Ela me disse: "Esta é a minha forma de manter o controle, sabe. Se eu entregasse meu corpo a ela também, não teria nada para mim mesma." Trabalhei por muitos meses com Suzie para ajudá-la a aprender a se aceitar e se validar. Ela teve de construir uma nova percepção de si mesma e liberar aquela que estava desesperadamente em busca da aprovação de sua mãe.

Agora, imagine isso: se você tivesse um pai ou uma mãe que aceitasse você exatamente como você é. Você nunca teria precisado criar todas essas falsas identidades para obter validação, certo? Nossos filhos sofrem muito quando nós, pais, estamos presos em nossos egos. Quando nós, como pais, não estamos em contato com nossos verdadeiros sentimentos, inevitavelmente ignorando as verdadeiras necessidades emocionais de nossos filhos e invalidando suas experiências autênticas. Como você viu nos passos anteriores, fazemos tudo ser sobre nós mesmos.

A missão do ego é apenas proteger o eu a todo custo. Não importa que isso machuque nossos filhos inocentes. Você consegue imaginar como trataríamos nossos filhos se não estivéssemos usando nossas máscaras? Você consegue imaginar que tipo de pais seríamos sem nossas reações egoicas? Bem, é para isso que sua cura vai te levar e é o que você está aprendendo a fazer. Mas aqui está a questão: nosso ego é recrutado por um chefe silencioso e oculto. Ele não funciona por conta própria. Quem é esse chefe? Como mencionei antes, é a nossa criança interior. Enquanto nossa criança interior estiver escondida e ferida, nosso ego estará disponível para proteger seus sentimentos. Portanto, para realmente curar, precisamos ir ao cerne de nossas questões: a dor e os medos da nossa criança interior. Quando cuidamos da criança interior, automaticamente cuidamos do nosso ego. Quanto mais nossa criança interior se sentir acolhida e cuidada, mais nosso ego se acalmará e recuará. É disso que se trata esta etapa no mapa da parentalidade: a cura da criança interior.

Para curar a criança interior, é fundamental entender por que ela existe em primeiro lugar. Ela existe porque não havia um pai ou uma mãe consciente para acolhê-la e aceitá-la como ela realmente era. Portanto, para curar a criança interior, isso é o que precisamos ativar dentro de nós: um pai ou uma mãe interior totalmente acolhedor. Você acha que está pronto para isso? Vou mostrar como você pode maternar ou paternar a si mesmo, se ajudar a se curar de maneiras transformadoras e poderosas. É disso que se trata esta etapa: cultivar um pai ou uma mãe interior amoroso, a quem chamo de seu Terceiro *Eu*, ou seu *Eu aguçado*.

Quando sua criança interior começa a sentir a energia amorosa interna do seu Eu aguçado, ela começa a se transformar de maneira profunda. Ela começará a se sentir acolhida e validada e começará a se curar. E à medida que isso acontece, o ego não precisará mais ser chamado para proteger o eu interior porque o eu interior não se sentirá mais rejeitado ou invalidado. Ele se sentirá visto e validado — por você mesmo. Como é poderoso esse processo!

O ego vai sumir lentamente. Claro, ele não desaparecerá do dia para a noite. Primeiro, ele nos testa para garantir que estamos realmente a caminho da cura. O ego é resistente. Afinal, ele tem nos protegido por décadas, então não vai desaparecer sem testar o poder do Terceiro *Eu*, até mesmo tentar sabotá-lo. O ego precisa saber que estamos em boas mãos. Quando ele vir o poder desse Terceiro *Eu* acolhedor, ele se retrairá silenciosamente e permitirá que o Terceiro *Eu* acalme a criança interior.

Nosso Terceiro *Eu* aguçado é o eu que você deveria ter internalizado de seus pais na infância. É um eu que acalma e acolhe, um eu espelhado por um pai ou uma mãe que ama incondicionalmente e que o vê como você realmente é. A maioria de nós foi criada por pais inconscientes que tinham seus próprios problemas de raiva e ansiedade para lidar; esses pais não puderam estar presentes para nós de maneira amorosa. Na verdade, na maioria das vezes, eles projetaram sua angústia e inadequações sobre nós, assim como fazemos com nossos próprios filhos, como vimos.

Vou te mostrar como você pode criar e cultivar essa nova parte de você. Você *pode* se tornar seu próprio pai ou mãe — leva apenas tempo e uma consciência renovada. É preciso treino para consolidar essa parte dentro de nós. Seus filhos precisam que você desenvolva essa parte de si mesmo para que possa gerenciar a dinâmica entre sua criança interior e seu ego impostor. Quando sua criança interior é gerenciada, seu ego se acalma.

Os passos que precisamos seguir para acalmar o ego são os mesmos para todas as máscaras do ego impostor. Vamos enumerá-los:

1. **Torne-se consciente da dinâmica entre seus dois "Eus".** A sua criança interior e seu ego impostor. Entender que o ego responde aos medos da criança interior é fundamental. Até agora, você estava apenas no modo ego. Agora, está começando a entender que o ego está apenas reagindo à criança interior assustada dentro de você. Essa percepção precisa estar incorporada à sua consciência para que a cura possa começar. Isso se manifesta de maneiras diferentes para cada máscara do ego: o Combativo, o Reparador, o Dissimulado, o Estátua e o Fugitivo.

O Combativo

O Reparador

- Estou com medo.
- Estou errada e farei o que puder para impedir que me abandonem.

O Dissimulado

- Estou com medo.
- Não posso estar errada e farei o que for preciso para parecer certa.

O Estátua

- Estou com medo.
- Estou errado e não sei o que fazer, então vou ficar paralisado.

O Fugitivo

- Não sou digna.
- Eu não ligo se estou certa ou errada, apenas não ligo.

Estar ciente de que o seu ego está sempre reagindo a uma criança interior amedrontada é um passo poderoso em sua jornada de cura. Isso permite que você perceba que a verdadeira ameaça está dentro de você, não no lado de fora. O próximo passo é identificar esse medo enquanto ele percorre o seu corpo. A consciência corporal é fundamental. Lembra-se dos estilos emocionais? Identificar como essas emoções se manifestam no seu corpo permitirá que você faça uma pausa.

2. **Faça uma pausa, por meio da consciência corporal, dos estilos emocionais.** Perceber e sintonizar-se com o seu corpo ao longo do dia são essenciais. As emoções se manifestam no seu corpo. O seu corpo responde ao seu subconsciente mais rapidamente do que a sua própria mente consciente. Fazer a si mesmo estas perguntas ao longo do dia é uma maneira poderosa de se manter sintonizado:

O meu corpo está sentindo as emoções de raiva ou ansiedade? Ou o meu corpo está carente de atenção, ou deseja evitar o momento presente? Se sim, posso fazer uma pausa e entrar em contato comigo mesmo em um nível mais profundo? Como posso honrar o que estou sentindo e cuidar desses sentimentos sem ativar o meu ego impostor?

Essa pausa é vital para o nosso crescimento. Fazer uma pausa nos permite centrar em nossos corpos e escolher diferentes planos de ação. Antes, nossos egos entravam em ação com reatividade automática, mas agora somos capazes de fazer uma pausa e discernir o que realmente está acontecendo dentro de nós.

Uma vez que entramos visceralmente em contato com as necessidades e medos da nossa criança interior, estamos prontos para ativar uma nova maneira de ser e desenvolver uma nova consciência. Estamos prontos para criar nosso Terceiro *Eu*.

3. **Ative o seu Eu aguçado**. A voz do Eu aguçado é calma, reconfortante e amorosa. Ele ouve os medos da criança interior e a acalma. Deixe-me dar um exemplo de como isso funciona por intermédio da história de uma de minhas clientes, Linda.

Linda estava tendo dificuldades crônicas de relacionamento com sua filha de dezessete anos, Tracy, que queria tirar um ano sabático antes da faculdade para trabalhar e morar sozinha. Essa ideia deixou Linda apavorada. Ela tinha medo de que, uma vez que Tracy saísse dos trilhos da vida acadêmica, ela nunca mais voltasse. Linda nunca tinha ido para a faculdade, pois seus pais não podiam pagar por seus estudos e ela não se qualificava para o financiamento estudantil. A perspectiva de sua filha seguir seus passos a aterrorizava. Ela havia experimentado em primeira mão os perigos de não ter um diploma universitário e não queria que sua filha estivesse na mesma situação. A criança interior de Linda, aquela que tanto desejava a validação de um diploma universitário e se sentia insegura sem ele, estava tendo um ataque de pânico. A insegurança, a dúvida e o medo a estavam deixando totalmente descontrolada. Quanto mais sua criança interior clamava, mais seu ego impostor Reparador entrava em ação. Ela implorava, bajulava e suplicava a Tracy. Oferecia-se para pagar aulas particulares, preencher formulários de inscrição e pagar por qualquer faculdade de escolha de Tracy. Mas não importava o quanto ela tentasse, Tracy rejeitava a ajuda de sua mãe. Na verdade, Tracy se tornava cada vez mais resistente. Após algumas semanas tentando salvar a situação, Linda ativou sua máscara de Combativa. Ela começou a ter ataques de raiva por todos os lados. Ela brigava com Tracy sempre que tinha chance, despejando todas as suas ansiedades na filha e Tracy revidava. As batalhas eram incessantes e ambas estavam exaustas e frustradas.

Quando mostrei a Linda que ela não estava reagindo realmente a Tracy, mas à sua própria criança interior, ela ficou chocada. Expliquei: "Você está aterrorizada por conta do que aconteceu com você. Você nunca se sentiu boa o suficiente por causa da falta do seu diploma universitário. Você se sentiu envergonhada e insegura. Esses sentimentos ainda vivem dentro de você. Seu ego tem mascarado tudo isso por anos. Agora que sua filha está escolhendo desistir de algo que você desejava desesperadamente para si mesma, sua criança interior está fora de controle, com medo e projetando esses medos sobre ela."

Linda ficou chocada: "Você está certa. Estou em pânico porque é assim que eu me sentia. Pode não ser o que ela sente. Ela não sou eu. Somos diferentes."

Então, ajudei Linda a cultivar seu Terceiro *Eu*. Encorajei-a a seguir os passos que temos discutido. "Cada vez que você se sentir ansiosa em seu corpo, preste atenção. Isso significa que seu ego está prestes a ser ativado. Quero que sintonize e ouça o que seu corpo está tentando lhe dizer. Entre em contato com a menininha assustada dentro de você. Comece a acalmá-la. Diga a ela que ela está bem e segura. Ela não precisa de um diploma universitário para sentir que tem algum valor. Diga a ela que Tracy também ficará bem."

Eu dei a Linda uma série de frases para dizer a si mesma em momentos de pânico, incluindo as seguintes:

Eu ficarei bem, independentemente das decisões que minha filha tomar.
Eu não preciso que minha filha me faça sentir boa o suficiente.
Sou uma mãe suficientemente boa, não importa o que minha filha escolha fazer com sua vida.
Eu sou uma pessoa digna mesmo que minha filha faça escolhas não convencionais.

Linda começou a fazer esse trabalho interno de maternar a si mesma diariamente. Ela começou a se acalmar em momentos de pânico. Tracy sentiu a mudança imediatamente. As brigas pararam, a calma prevaleceu e a conexão floresceu. Linda começou a ver Tracy como um indivíduo diferente dela. Em vez de lutar contra a filha, Linda agora a apoiava. Tracy estava grata por esse apoio e começou a responder de maneira positiva.

Quando acalmamos nossa criança interior, não apenas nos sintonizamos com nossos filhos, mas também os libertamos para viver suas vidas com autonomia e liberdade. É esse o poder desse trabalho interno. O Terceiro *Eu* será diferente para cada tipo de ego, como você pode ver nas ilustrações para o Combativo, Reparador, Dissimulado, Estátua e Fugitivo nas páginas seguintes.

Você consegue ver como a voz do Eu aguçado tranquiliza e está cheia de validação? Ela acalma nossos medos e ameniza nossas inseguranças. Permite-nos aceitar nossos medos internos como eles são sem julgamento ou vergonha. É a voz que nunca internalizamos na infância e da qual temos sentido falta todo esse tempo.

Conversar com nós mesmos na voz do Terceiro *Eu* é fundamental para nossa cura. Se estamos constantemente oscilando entre nossa criança interior e nosso ego, como podemos esperar ser uma voz de calma e razão para nossos filhos? Somente quando conseguimos maternar ou paternar a nós mesmo poderemos esperar ser pais para nossos filhos da maneira que eles merecem. Esse é o cerne da criação consciente.

Agora podemos começar a nos sintonizar com nossos próprios sentimentos de maneira consciente. Podemos viver com um mundo interior calmo e centrado. Isso nos dá a capacidade emocional de cuidar dos nossos filhos da maneira que eles precisam. Não estamos mais cegos por nossos próprios medos, podemos oferecer a eles o conforto de que precisam. Agora não se trata mais de como eles nos fazem sentir, mas de como nós *os* fazemos sentir.

O Combativo

Você é suficiente! Você não precisa de controle. Tente entender o seu filho.

O Reparador

Você é amada! Você não precisa consertar sua filha. Sintonize-se com ela.

O Dissimulado

Você tem lugar aqui! Você não precisa impressionar ninguém! Conecte-se com sua filha.

O Estátua

Você é bom o bastante! Você não precisa ter medo. Você não será rejeitado.

O Fugitivo

Nós compreendemos que nossos filhos, assim como nós, também têm uma criança interior e um ego em ação. Agora podemos nos conectar com as dinâmicas interiores e as vidas de nossos filhos para ajudá-los a lidar com suas próprias lutas internas. Agora, porque nos elevamos a um estado de calma e serenidade, podemos estar presentes para nossos filhos da maneira que eles precisam que estejamos. Isso é a base da criação consciente.

COLOCANDO EM PRÁTICA

Ativar o seu Terceiro *Eu* vai exigir muita observação e prática. Eu preenchi a primeira das duas tabelas a seguir para fornecer exemplos dessas três partes de si mesmo: a criança interior, o ego impostor e o Terceiro *Eu* — o seu Eu aguçado. Você também pode preencher a tabela em branco.

Não há nenhuma regra sobre o que o seu Eu aguçado pode dizer a você. Você pode ser criativo e flexível na abordagem. Pode fazer afirmações como "Você é amado e digno!" Você pode gentilmente elogiar sua criança interior para que ela alcance um lugar de autoaceitação dizendo: "Lembre-se de que o seu valor vem de dentro de você e não dos seus feitos." Ou você pode escrever uma música ou um poema para lembrar sua criança interior de que ela é vista e validada. Compaixão, empatia e não julgamento são as características da voz do seu Eu aguçado.

Quando você não está reativo, está calmo e em um estado de serenidade. Essa é a natureza do seu Eu aguçado. Tente observar a si mesmo ao longo do dia enquanto transita entre essas partes de si mesmo. Sintonize-se com o seu corpo e preste atenção às mensagens emocionais que ele lhe envia. Isso permitirá que você faça uma pausa e escolha novas direções. À medida que o fizer, você se acalmará e sentirá uma expansão interior. A partir desse senso de espaço interno, você se sentirá capacitado para deixar de lado suas reações egoicas e sintonizar-se com seus filhos.

Vamos dar uma olhada em algumas coisas que essas vozes internas podem dizer. Eu preenchi um exemplo (veja a tabela abaixo), e você pode preencher a sua própria tabela para praticar.

Uma vez que compreendemos que precisamos olhar para dentro de nós mesmos, somos capazes de criar um efeito cascata de mudanças positivas que nos permitem romper com nossos padrões disfuncionais. Aqui está um resumo dos passos que precisamos tomar para quebrar nossos padrões.

	Criança interior	Ego impostor	Eu aguçado
Combativo	Sou um fracasso	Vou consertá-lo	Você está com medo. Você se sente que não está no controle. Não há nada para controlar.
Reparador	Não sou amado	Vou agradá-lo	Você está com medo. Você quer consertar tudo. Não há nada para consertar.
Dissimulado	Não pertenço	Vou fazer com que gostem de mim	Você está com medo. Você quer que eles gostem de você. Você é querido do jeito que é.
Estátua	Não sou bom o bastante	Vou ignorá-lo	Você está com medo. Você quer ignorar tudo isso. Não há necessidade de ignorar.
Fugitivo	Não tenho valor	Vou deixá-lo	Você está com medo. Você quer deixar tudo para trás. Você pode tentar ficar.

	Criança interior	Ego impostor	Eu aguçado
Combativo			
Reparador			
Dissimulado			
Estátua			
Fugitivo			

Passo um: Vamos quebrar esse ciclo

Na ilustração, vemos uma situação comum entre mãe e filha. A criança diz algo que a mãe considera desrespeitoso, e a mãe reage da maneira egoica usual empregando uma das cinco máscaras. Nesse caso, é a mãe Combativa. Se a mãe continuar reagindo dessa maneira em vez de interromper o ciclo, a dinâmica entre mãe e filha permanecerá tóxica e disfuncional.

Passo dois: Os pais olham para dentro de si

Para romper nossos padrões tóxicos como pais, é essencial que nos conectemos com a nossa criança interior, pois é ela que ativa nossos egos. Na ilustração, você vê a mãe fazendo uma pausa e ouvindo sua criança interior.

Passo três: Os pais acalmam seu interior

Aqui, a mãe está suficientemente consciente para dar à sua criança interior o que ela precisa e acalmá-la. Quando a criança interior se sente cuidada, ela não recorre ao ego como forma de proteção.

Passo quatro: Os pais criam uma conexão afetiva com seu filho

Uma vez que o pai ou a mãe acalma sua própria criança interior, ele ou ela está pronto(a) para ajudar seu filho a se acalmar. A criança se sente conectada e assistida. Esse é o caminho definitivo para a conexão que tanto pai e mãe quanto a criança anseiam.

Passo cinco: A conexão definitiva entre pais e filhos

Quando você olha para a ilustração, que sentimentos vêm à tona? Você sabe que isso poderia ser sua realidade? Absorva essa imagem e permita-se visualizar um relacionamento assim com seus filhos.

Maternar ou paternar a nós mesmo não é tarefa fácil. Não só precisamos nos livrar de todas as velhas vozes dentro de nós, mas também precisamos implantar novas. Literalmente, precisamos aprender uma nova linguagem. Isso pode ser um processo desnorteante. Você pode sentir como se estivesse viajando em um país estrangeiro sem um mapa. Se está experimentando esse tipo de desconforto agora, seja paciente consigo mesmo. Permita-se sentir essas emoções desconfortáveis e tente acolhê-las com amor. Entenda que você está tendo esses sentimentos porque tudo isso é novo para você. Parabenize-se por ter chegado a essa etapa da jornada.

Esse trabalho interno continuará por toda a vida. Ele não termina. Nosso objetivo não é chegar a um destino específico, mas simplesmente continuar iluminando nosso interior para nos sentirmos cada vez mais completos. A jornada rumo à plenitude nunca termina. No entanto, podemos continuar nos aproximando. Ter chegado até aqui já fará uma grande diferença no relacionamento com seus filhos. Ao se tornar consciente de suas dinâmicas internas e acalmar os medos dentro de si, você está transformando profundamente sua capacidade de se conectar com seus filhos.

A próxima seção trata das maneiras concretas através das quais essa conexão pode se tornar mais viável e duradoura em nosso dia a dia. Você está pronto para aprender novas ferramentas para criar um relacionamento mais profundo e pleno com seus filhos? Sei que eles serão eternamente gratos pelo esforço imenso que você está fazendo. Celebro o fato de que você embarcou nessa jornada. Vamos respirar fundo e continuar.

ETAPA TRÊS
Do conflito à conexão

Quando estou presente com meus filhos
E os aceito por sua essência única,
Eles começam a florescer sob meu olhar.
Seus peitos se enchem com o senso de valor,
Seus pés se enraízam ao chão com resiliência.
Eles se sentem extraordinários em sua simplicidade.
Eles não têm nada para fazer, nenhum lugar para ir.
Eles estão em casa exatamente onde estão.
Eles estão em casa dentro de si mesmos.
Este presente da minha presença os alcança profundamente
E permite que suas asas se abram amplamente.
Minha celebração incondicional vale ouro.
Começa em como celebro meus próprios tesouros internos.

ETAPA TRÊS

Do conflito à conexão

Pense nas pessoas em sua vida com as quais você se sente mais conectado. Aposto que a lista é curta. Ela irá abranger aquelas com as quais você sente que pode ser *você mesmo*.

O que realmente significa "ser você mesmo"? Na minha opinião, significa que você se sente aceito e celebrado pelo seu verdadeiro eu, a sua essência. Você se sente seguro para ser *você*, seja qual for a forma que isso tome. Quando estamos perto de pessoas que nos fazem sentir dessa maneira, nos sentimos dignos e empoderados. Sentimo-nos fortalecidos e revigorados. Sentimo-nos como se fôssemos ouro. É uma sensação maravilhosa, não é?

Adivinhe só? Isso é o que nossos filhos desejam de nós mais do que qualquer outra coisa. Eles também querem se sentir seguros e valorizados em nossa presença. Eles querem se sentir aceitos como são. Esse é todo o objetivo da criação consciente: aceitar seus filhos pelo que são, ponto final. Criar os filhos não se trata de suas notas, talentos ou troféus. Trata-se de aceitá-los incondicionalmente como são.

Apenas aceite seus filhos! Parece tão fácil, não é? Quão difícil poderia ser? Bem, se formos muito sinceros, é extremamente difícil aceitar alguém de forma incondicional. Você sabe por quê? Porque não nos aceitamos. Não recebemos essa aceitação de nossos pais e não a damos a nós mesmos. Aceitar a si mesmo e aos outros provavelmente é uma das tarefas espirituais mais difíceis. Requer muita consciência. Por que é tão difícil? Por causa de todo o nosso condicionamento cultural sobre como as coisas "devem" ser. É por causa das nossas idealizações predefinidas sobre coisas e pessoas que não podemos simplesmente estar presentes com elas.

Se vemos uma rosa, queremos arrancá-la. Se testemunhamos um pôr do sol deslumbrante, queremos tirar uma foto dele. Não conseguimos simplesmente *estar* com as coisas. Sentimos a necessidade de *fazer* algo com elas. Estar presente para a essência das coisas — sejam essas nossos próprios sentimentos e conflitos internos ou os de outra pessoa — é algo para o qual não somos condicionados a fazer. Em vez disso, somos condicionados a *reagir* às coisas. Daí o estado das coisas em nosso mundo hoje. Tudo o que não aceitamos dentro de nós, projetamos nos outros por meio de uma reação egoica.

É claro que toda essa reatividade vem das carências de nossa criança interior. É por causa do que está faltando dentro de nós que enxergamos falta no mundo exterior, em nossos filhos ou em situações da vida. Por isso, completar a etapa dois é tão importante antes de avançarmos para a etapa três. Simplesmente não podemos nos conectar conscientemente com ninguém antes de nos conectarmos com nós mesmos.

As crianças que recebem aceitação incondicional de seus pais experimentam um senso de valor indelével. Elas se sentem aceitas por seu verdadeiro eu, entende? E porque cada um desses verdadeiros eus é intrinsecamente completo, essas crianças crescem se sentindo completas exatamente como são. Elas não precisam ganhar a confiança ou a aprovação de seus pais; elas já as possuem, tão natural e óbvia quanto sua própria respiração. Sentem-se realizadas exatamente como são, sem precisar ganhar uma única medalha ou corrida. Sentem-se vistas, ouvidas e validadas. O desejo mais íntimo de serem totalmente aceitas e celebradas por serem verdadeiras e autênticas é satisfeito. Tais crianças são autônomas, proativas e independentes; são universos inteiros em si mesmas.

Crianças com autoestima ainda podem cometer erros, perder empregos, tirar notas baixas e se divorciar. Elas ainda podem ficar frustradas ou chorar até dormir. Elas não estão isentas da vida ou das emoções. A diferença não é que suas vidas não apresentem dificuldades, mas que elas são capazes de recorrer a seus próprios recursos internos para lidar com as adversidades sem se afundar em vergonha e desprezo por si mesmas.

Você não gostaria que seus filhos pudessem se sentir dessa maneira? A boa notícia é que você pode proporcionar isso a seus filhos a partir deste momento. Você só precisa saber como. É isso que esta etapa do processo vai esclarecer: como se conectar à essência de seus filhos e deixá-los sentir que são vistos pelo que são, em vez do que você talvez deseje que sejam.

Conectar-se conscientemente com a essência de seus filhos é a peça-chave da parentalidade consciente. É a estratégia transformadora final deste trabalho. E embora essa estratégia possa parecer passiva ou simples, está longe disso. Ela é ativa e complexa. Requer trabalho — trabalho interno. Exige uma consciência e uma atenção de momento a momento. Requer um pai ou uma mãe com a criança interior curada. Exige o *seu* crescimento.

Passo 12

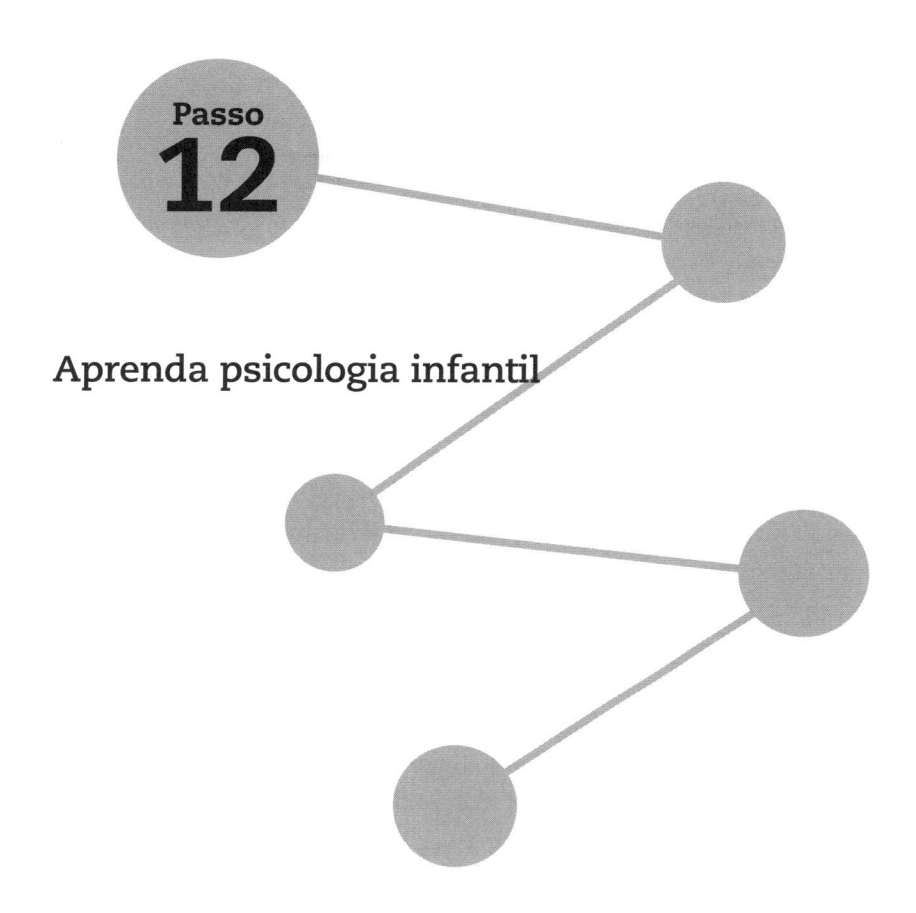

Aprenda psicologia infantil

> Embora eu queira te moldar e te dar forma como se você fosse argila
> E te recriar à minha imagem
> E lançá-lo em uma representação das minhas fantasias,
> Percebo que a angústia do seu autoabandono
> Pode ser dolorosa demais para meu coração suportar.
> Então minha única escolha é mudar a mim mesmo
> E liberar meus medos e expectativas cegas,
> E finalmente me conectar com quem você realmente é
> E por intermédio disso finalmente aprender o verdadeiro amor.

Você conhece seus filhos? Quero dizer, conhece *de verdade*, a essência deles, seu eu interior? Ficamos tão envolvidos no *fazer* da criação dos nossos filhos que perdemos quem eles *são*. Esse é o ingrediente vital ausente de nossas próprias infâncias: o *ser* de tudo isso. Na verdade, é o ingrediente que falta na vida, ponto final.

Estamos tão ocupados fazendo, fazendo, fazendo que perdemos o verdadeiro propósito de tudo isso, que é nos conectarmos com nossos filhos e com nosso próprio ser. Em vez de moldarmos nossa abordagem aos nossos filhos, esperamos que eles moldem suas naturezas a nós. Quando nos envolvemos nessas acrobacias psicológicas com eles, nossos filhos perdem e são obrigados a criar suas próprias máscaras de impostor falsas. Para minimizar o grau em que nossos filhos criam versões inautênticas de si mesmos, precisamos criar espaço para que sejam eles mesmos. A responsabilidade é nossa.

Nossos próprios pais provavelmente perderam a chance de celebrar verdadeiramente nossa essência. Eles podem ter nos celebrado por nossas notas ou realizações, mas talvez não tenham nos permitido sentir o quanto somos dignos em nossa normalidade. Como resultado, embarcamos em uma busca por importância e valor vasculhando todos os lugares errados. Por esse motivo, nossos próprios egos impostores podem ser grandes e ameaçadores. Talvez o trabalho interno que você acabou de fazer na etapa dois agora o ajude a controlar seu ego para que você possa começar a entrar em um novo reino de compreensão do verdadeiro eu de seu filho. É disso que se trata esta etapa: conectar-se à verdadeira natureza de seu filho.

Assim como nós mesmos fizemos um dia, nossos filhos chegam ao mundo com suas essências únicas. Quando não os aceitamos por essas essências, é provável que criem suas versões infantis de nossos egos impostores: suas próprias miniversões das cinco máscaras, o Combativo, Reparador, Dissimulado, Estátua e Fugitivo. Quando tanto os pais quanto a criança são acionados e entram no ego, as batalhas pelo poder e pela importância podem ser bastante dramáticas. Tanto os pais quanto a criança têm potencial para acionar cada vez mais o ego um do outro. Quem você acha que pode sofrer mais? Obviamente a criança, certo? Eles são mais jovens e mais inocentes, mais ingênuos e dependentes. Os efeitos em sua psique são muito maiores por causa de sua idade. Portanto, cabe a nós, pais, tentar ao máximo controlar nossos egos. À medida que liberamos nossos próprios egos, podemos entrar em nosso espaço do coração e nos conectar mais profundamente com nós mesmos. E à medida que fazemos isso, é natural nos conectarmos mais profundamente com nossos filhos.

Lembre-se: quanto mais ego nós, pais, temos, mais ego nossos filhos terão. Eles precisam ter ego para lidar com os nossos, entende? Não existe outra opção. Seus egos se formam em reação aos nossos, quase como uma estratégia de defesa. Se pedirmos para eles fazerem algo e eles gritarem conosco ou forem insolentes, podemos interpretar seu comportamento como rude e desrespeitoso. Mas, na verdade, provavelmente é resultado de como eles se sentem em relação ao que dissemos. Claro, é rudimentar e desagradável, mas é uma estratégia de defesa deles. O mesmo acontece quando nossos filhos se afastam de nós ou nos evitam. Eles estão sendo rudes ou estão tentando lidar com nossos egos? Não estou dizendo que somos a única causa dos egos de nossos filhos. Claro que não. Afinal, eles têm centenas de outros conflitos que podem causar o surgimento de seus egos. O que estou dizendo é que, quando os pais estão presos em seus próprios egos, seus filhos podem não ter escolha senão ativarem seus próprios egos também.

Quando Angie veio me ver, ela estava com quase quarenta anos. Estava magra, com o corpo coberto de tatuagens. Seu cabelo era extremamente fino, com falhas calvas em todo o couro cabeludo. Suas unhas estavam roídas até o sabugo. Ela disse que sofria de tricotilomania, roía as unhas e possuía comportamentos repetitivos desde os sete anos de idade. Era evidente que estava sofrendo. Quando abordamos sua história de traumas, ficou claro que Angie havia herdado uma crença profundamente arraigada de não merecimento. Seu pai estava sempre furioso e frequentemente a punia fisicamente. Sua mãe tinha crises de depressão constantemente, se afastando da vida por semanas seguidas. Angie não tinha ninguém para ajudá-la com seus sentimentos e dificuldades. Ela se lembrava de ter começado a arrancar os cabelos por volta dos sete anos: "Doía, mas aquela dor fazia com que eu me sentisse bem. Era como se eu conseguisse manifestar toda a dor que sentia no coração."

O arrancar de cabelos se tornou tão grave que ela teve que usar um chapéu para ir à escola. Quanto mais ela arrancava, mais irritado seu pai ficava com ela. Então, ela começou a cutucar a pele e roer as unhas. Ela foi excluída na escola e rejeitada pelos colegas. Não tinha ninguém a quem recorrer. Ela se via como o maior fracasso possível. Quando comecei a orientá-la, reformulei seus comportamentos. Todos eles, desde as tatuagens e piercings até o arrancar de cabelos e roer de unhas, eram estratégias de enfrentamento diante das pressões desmedidas de sua infância. Eu disse a ela com a voz mais amorosa que consegui: "Você era uma menininha negligenciada e abusada. Não tinha ninguém para ajudá-la. Seus pais despejaram todos os problemas deles em você. Você não podia compartilhar sua voz com ninguém, então encontrou a única maneira possível de expressar seu sofrimento por meio do seu corpo. Isso era inteiramente sua estratégia de enfrentamento. Era sua maneira de dizer 'Me ajude!'"

Angie olhou para mim em choque. Parecia que nunca ninguém a havia acalmado dessa maneira antes ou mostrado qualquer gentileza a ela. Ela estava tão acostumada a se machucar que receber esse tipo de ternura parecia algo estranho. Lentamente, ao longo de meses, consegui ajudar Angie a perceber que ela havia sido vítima de uma infância traumática que a havia deixado sem alternativa a não ser se machucar. Todo o seu corpo se tornou uma tela de exibição para seu sofrimento. Ela estava gritando por todos os poros: "Estou sofrendo! Alguém pode me ajudar, por favor?" Ninguém a tinha ouvido até agora. Na verdade, quanto mais ela expressava sua dor, mais era bombardeada com um diagnóstico após outro. Seus psiquiatras continuavam lhe dando rótulos e medicamentos como se ela fosse louca. Angie me disse: "Eu me senti defeituosa a vida toda, como se devesse ser trancada em uma instituição."

Você vê como Angie estava assumindo todas as doenças mentais dos outros em sua família? Porque eles não haviam feito seu trabalho interior, estavam despejando todos os problemas sobre ela. E ela estava realmente sã o suficiente para dizer: "Ei, isso está me deixando louca, me ajuda, sou apenas uma criança!" Mas como seus pais estavam tão envolvidos em seu próprio sofrimento, ninguém a ouviu. Foi apenas por meio de nossa conexão que ela foi capaz de aos poucos reformular suas crenças sobre si mesma e criar uma nova base de valor e empoderamento.

Muitos de nós estivemos apenas no modo de sobrevivência, criando padrões de defesa para lidar com traumas de nossa infância. Os egos de nossos pais estavam tão arraigados que sobrecarregaram nossos verdadeiros eus e os devoraram. Tudo o que restou foi uma dor pura e penetrante. Entender a nós mesmos por meio de uma lente de compaixão é fundamental para nos curarmos. Reestruturar nossos comportamentos, de "loucura" para "enfrentamento", é crucial se quisermos mudar a narrativa.

E se nossos pais tivessem curado sua própria dor e não tivessem egos gigantescos que massacrassem nosso verdadeiro eu? Você consegue sequer imaginar como ser criado por esses pais teria sido? Imagine sentir-se completo por dentro exatamente como você é. Nesse estado de plenitude interior, nosso verdadeiro lar não seria uma mansão ou uma ilha com águas oceânicas, mas a morada que carregamos dentro de nós mesmo. Nesse estado, seríamos nossos melhores amigos, líderes e parceiros. Carregaríamos a sensação de estar em casa onde quer que estivéssemos — porque teríamos a nós mesmos onde quer que fôssemos. Se todos vivêssemos com essa sensação de completude interior, haveria uma diferença imensa em como experienciamos o mundo. Sem guerras, sem violência, apenas uma interdependência profunda e uma conexão consciente.

Vou ser brutalmente honesta com você. Durante os primeiros anos da minha filha, eu estava envolvida nas minhas próprias ideias egoicas sobre quem ela deveria ser, e nem estava ciente disso. Quando comecei a observar a verdadeira essência da minha filha, por volta dos dois ou três anos, fiquei chocada. Ela era tão diferente de quem eu tinha sido quando criança. Pensava que ela seria minha minieu, ou melhor ainda, uma mini-Buda. Mas ela era tudo menos isso! Quem era aquela criatura?

Eu não conseguia entender quem ela era em seu verdadeiro e autêntico eu. Enquanto eu era uma criança tímida e uma pessoa submissa e que vivia para agradar, ela era o oposto. Ela era ousada, até confrontava outras crianças, e absolutamente desinteressada em agradar a qualquer um, principalmente a mim. Enquanto eu era suave e complacente, ela era teimosa e desafiadora. Enquanto eu era hesitante e passiva, ela era ousada e agressiva. Eu queria que ela fosse diferente, caramba, como eu! Fácil de criar, moldável e submissa. Mas ela era tudo menos isso. Ela era um pequeno turbilhão: enérgica, briguenta e desafiadora. Foi porque ela era tão oposta à minha criança dos sonhos — ou melhor, porque ela não era uma versão espelhada de mim — que relutei em aceitá-la como ela era. Veja bem, eu não tinha trabalhado minhas questões internas o bastante.

Tentei o meu melhor para encaixá-la no "filme Shefali" para que eu pudesse roteirizar seus modos como quisesse. Eu queria criar uma nova forma para ela. Queria uma cópia exata de mim mesma. Inevitavelmente, nós brigávamos e nos desconectávamos bastante. Eu estava tentando enfiar minha maneira de ser goela abaixo dela, e ela não queria nada disso. Quanto mais ela reagia, mais meu ego se inflamava, e o ciclo vicioso continuava. Foi só quando comecei o caminho da criação consciente que as coisas começaram a se mover em uma direção positiva e saudável.

Enquanto escrevo essas palavras, estou ciente de que você talvez me julgue. Estou me expondo de forma transparente nessas páginas porque quero que você veja como nenhum de nós, inclusive eu, está além da sedução devoradora dos nossos egos, e que cada um de nós precisa fazer o trabalho interno necessário para a cura. Projetar uma imagem de perfeição seria falso e cheio de inautenticidade. Não tenho interesse em tal projeção. Somente expondo nossas feridas é que podemos nos curar. Quero que você testemunhe o compartilhamento sincero do meu ego para que se sinta seguro o bastante para encontrar o seu. Essa revelação transparente é a única maneira pela qual podemos nos curar, e até que essa cura profunda ocorra, projetaremos nossa dor interna e nosso vazio sobre nossos filhos.

Ainda consigo me lembrar do momento em que testemunhei minha filha abandonando seu verdadeiro eu quando ela era uma criança de três anos agitada e aventureira. Eu estava muito chateada e a repreendendo por não me ouvir. Minha voz estava elevada e minha atitude era autoritária. Continuei falando sem parar e, então, em um instante, vi algo desolador acontecer. Vi-a baixar a cabeça envergonhada e curvar os ombros. Seu corpo inteiro ficou mole como um balão murchando e o brilho de fogo em seus olhos se apagou. Meu ego imediatamente parou. Eu soube naquele momento que estava totalmente fora da rota e que, se eu não controlasse meu ego, destruiria a essência da minha filha.

Meu ego estava atingindo o fundo do poço repetidamente. Esse foi mais uma virada de chave na minha vida, quando comecei a cura das minhas próprias feridas internas e comecei a praticar a criação consciente. A personalidade forte da minha filha despertou uma forma totalmente nova de ser em mim. Eu precisei me fazer a pergunta difícil "Por que você não está aceitando sua filha como ela é?", e percebi que era porque eu não aceitava a mim mesma como eu era.

Repetidamente digo a Maia, que agora tem vinte anos: "Você é a razão pela qual eu ensino a criação consciente. Você ousou ser você mesma, apesar das tentativas do meu ego de te sufocar. Você permaneceu fiel à sua essência, e isso me forçou a abandonar meu ego." Sou eternamente grata por ter dado à luz um espírito corajoso e indomável. Se ela fosse diferente, talvez eu nunca tivesse compreendido o quão intensa era minha inconsciência e talvez nunca tivesse tido coragem de me transformar.

Quando não reconhecemos nossos filhos por suas essências autênticas, criamos uma divisão em nossa conexão com eles. Veja bem, não somos capazes de evitar fazer isso quando os enxergamos pelas lentes do nosso ego.

Entrar em nosso espaço do coração e nos conectar com quem eles são simplesmente não podem acontecer sem todo o trabalho descrito na Etapa Dois. Ninguém nos diz, quando temos filhos, que um grande elemento da paternidade é paternar a nós mesmos, certo? Entramos nessa jornada completamente despreparados e, antes que percebamos, despejamos todos os nossos antigos traumas em nossos filhos e achamos que são *eles* os problemáticos. Ah, a ironia de tudo isso. É por isso que esse mapa da parentalidade é tão vital, porque precisamos aprender a *como* nos curar para que o ciclo de dor não se repita indefinidamente.

Usando o exemplo da Maia novamente, se eu tivesse continuado sendo uma mãe extremamente controladora e dominadora, certamente teria destruído sua autoestima. Se eu continuasse a vê-la como "má", teria feito que ela sentisse vergonha de sua personalidade natural. Não era culpa dela ser como era. Ela estava apenas sendo ela mesma. Era minha inadequação e insegurança que estavam criando o problema. Não tinha nada a ver com ela.

Aneika era o oposto de Maia. Ela era filha de um cliente que veio até mim em busca de ajuda. Aneika tinha a mesma idade de Maia, mas elas não poderiam ser mais diferentes. Aneika era de fala suave e dócil — uma seguidora, não uma líder. Com medo da própria sombra, Aneika permitia que seus pais e amigos mandassem nela e a orientassem. Seus pais estavam encantados com o quão "boa" ela era. Você vê, Aneika era a "filha dos sonhos". Ela obedecia sem hesitação e ouvia cada palavra de seus pais. Eles a elogiavam consistentemente como "perfeita", e, quanto mais eles a elogiavam, mais ela tentava ser perfeita. Aneika não apenas tentava ser perfeita, ela tentava se tornar super-humana.

Tudo parecia bem até que Aneika entrou no ensino médio. Foi aí que tudo desandou. Ela se transformou em uma "menina má" da noite para o dia. Ela jogou a perfeição pela janela e começou a matar aulas, usar drogas e se rebelar de todas as formas possíveis. Seus pais estavam perplexos. O que havia acontecido com sua filha angelical?

Expliquei ao meu cliente: "Isso acontece com 'crianças boas', especialmente meninas. O que acontece é que, como a natureza delas é ser obediente, um pai que não está sintonizado com isso pode dominar essas crianças. 'Crianças boas' facilitam para que o ego dos pais assuma o controle. E isso é o que você fez. Você achou que poderia apenas mandar nela, e foi isso que fez até que ela não suportasse mais. Agora, Aneika explodiu. Ela não consegue mais ser sua filha ideal e perfeita. E tudo desmoronou. Mas isso, na verdade, é algo bom. O que está desmoronando é a máscara de superperfeccionismo dela."

Sem intenção consciente, os pais de Aneika devoraram sua bondade natural até que seus egos a consumissem completamente. Sua personalidade de agradadora instintiva foi aumentando gradativamente até um dia entrar em sobrecarga e ela se perder completamente em meio à necessidade de agradá-los. Ela buscava uma imaculada perfeição que nenhum ser humano pode alcançar. Esse fardo acabou levando a máscara de perfeccionismo de seu ego a rachar. Embora a mudança em Aneika tenha machucado seus pais, eles precisavam entender que ela precisava fazer isso para que sua essência pudesse sobreviver. Embora o relacionamento entre Aneika e seus pais parecesse perfeito superficialmente, na verdade era perfeito apenas para o ego dos pais. Para a essência de Aneika, o relacionamento era opressivo e tóxico. A verdade era que ela estava se moldando ao *ego de seus pais*, em vez de eles se moldarem à *sua essência*.

A mãe de Aneika teve dificuldade em se adaptar a essas novas ideias. Estava tão acostumada a ter a filha perfeita que não conseguia se relacionar com essa nova Aneika. Ela levou muito tempo para aceitar sua parte na dinâmica e assumir as formas como havia projetado expectativas irreais sobre a filha. Os pais de crianças "boas" têm dificuldade em aceitar a situação quando seus filhos deixam de ser tão bons. Os egos desses pais estão tão acostumados a ter o que querem que simplesmente não conseguem mudar de curso no meio do caminho. No meu caso, a forte essência de Maia não permitiu que meu ego fizesse as coisas do seu jeito desde o início. Então (felizmente), meu ego foi impedido muito cedo. Independentemente de nossos egos serem controlados desde cedo ou se o ego da criança se revela mais lentamente, como no caso de Aneika, o fato é que nós, pais, precisamos confrontar nossos próprios egos. Quanto mais cedo fizermos isso na vida de nossos filhos, melhor.

Assim como usamos categorias para entender nossos egos na Etapa Dois, vou introduzir maneiras de ajudá-lo a entender a essência de seu filho. Claramente, em algum nível, a essência de seu filho nunca pode ser encaixotada em uma categoria; eu nunca sugeriria tal coisa. As crianças não podem ser categorizadas. No entanto, elas se situam ao longo de um *continuum*, e é isso que delineei de forma abrangente nesta seção para fazer você pensar sobre quem seu filho é em sua essência. Quanto mais nos sintonizarmos com suas verdadeiras naturezas, mais poderemos criar conexões fortes com eles.

As categorias a seguir não se baseiam em um espectro de *bom para ruim*, mas sim em um espectro de *alta a baixa ansiedade*. Elas indicam o quão intrinsecamente ansiosas nossas crianças são no nível básico de sua constituição. Algumas são nervosas, outras são mais calmas e descontraídas. Dê uma olhada nessas categorias e tente identificar em qual seu filho se encaixa nesse espectro. Em seguida, pergunte a si mesmo:

Estou sintonizado com seu temperamento e essência autêntica?
Posso dar a eles espaço para serem quem são sem controlá-los ou dominá-los?
Posso honrar e celebrar seu verdadeiro eu sem julgamento ou vergonha?

Essas mesmas categorias também podem ser aplicadas a você e a qualquer outra pessoa que conheça. Elas falam sobre a natureza fundamental e inerente de cada um de nós. Cada natureza é um superpoder quando transformada de forma consciente. Devemos lembrar que cada um de nós tem algo a contribuir e apenas precisa das condições certas para destacar essas forças.

Quando finalmente comecei a aceitar a essência da minha própria filha, tudo mudou. Comecei a me adequar ao seu temperamento em vez do contrário. Em vez de resistir ao seu poder natural e liderança, comecei a fluir com eles. Comecei a ver sua rebeldia como confiança, sua teimosia como independência. Comecei a admirá-la e a aprender com ela. Comecei a aproveitar sua companhia! Hoje, aos vinte anos, Maia ainda é explosiva e extremamente independente. Ela não aceita muitos conselhos ou instruções minhas. Mesmo agora, vejo meu ego se levantar em protesto: "Por que ela não pode simplesmente ser obediente e dependente?" — e percebo que essa é minha persona Reparadora, aquela que precisa que ela seja carente, e não meu verdadeiro eu. Por exemplo, agora sei que devo encarar sua impetuosidade como empoderamento e sua independência como um traço positivo. Quando faço isso, me aproximo dela com respeito e aceitação em vez de críticas e julgamentos, o que melhora diretamente nosso relacionamento. Com minha máscara de Reparadora, preciso que ela esteja enfraquecida e dependente da minha orientação. Somente quando estou completa posso permitir que ela seja quem ela é e ver isso como algo digno de celebração. Somente quando estou celebrando meu verdadeiro eu posso ver a luz que ela realmente é, em vez de vê-la nas sombras do desmerecimento. Tudo depende do meu estado interno e se projeto ou não meu próprio vazio sobre ela.

Você vê como criamos uma dinâmica disfuncional quando deixamos de nos sintonizar com nossos filhos e, em vez disso, projetamos nosso vazio interior sobre eles? Sintonizar a essência de nossos filhos não apenas nos ajuda a nos tornar mais conscientes e facilita um relacionamento mais consciente com eles; também ajuda nossos filhos a se entenderem melhor. Quando somos capazes de ajudá-los a compreender seu verdadeiro eu, eles podem se apropriar melhor de quem são. Dessa forma, podemos ensiná-los a celebrar a si mesmos e manter suas próprias verdades enquanto percorrem a jornada da vida.

Enquanto você lê as categorias a seguir, faça isso com o coração em vez de com a cabeça. Essas categorias são destinadas a ajudá-lo a entender melhor seus filhos e crescer em direção a uma maior autoaceitação, não para julgá-los ou julgar a si mesmo. A parentalidade consciente é sobre enxergarmos a nós mesmos e aos nossos filhos como seres inteiros, completos e dignos. Quando estamos em um estado de autoaceitação e autocelebração, somos capazes de honrar e reverenciar nossos filhos por quem eles naturalmente são, sem enfeites ou elogios atribuídos.

Lembre-se de aproveitar esse processo sem ser muito rígido em relação a qualquer categoria porque, afinal, a natureza humana não é rígida, absoluta nem categorizada. Lembre-se de que estou me movendo ao longo do espectro nessas descrições da alta ansiedade para a baixa ansiedade. Todos nós somos seres fluidos que percorrem esse *continuum* em pontos diferentes de nossa jornada. Então, tenha isso em mente ao tentar identificar a essência de seu filho.

O ANSIOSO EXPLOSIVO

Você considera seu filho como um balão prestes a estourar, ou uma bomba pronta para explodir? Ele é muito exigente, irritável e nervoso? Reclama e choraminga? Irrita-se com a menor coisa? Bem, se este é o seu filho, você pode ter uma criança altamente sensível.

Crianças altamente sensíveis são porosas. Essa é a sua beleza, elas conseguem sentir tudo. Mas, como resultado, reagem a muitas coisas. Essa reatividade pode ser difícil para os pais. Como esse tipo de criança sensível tem tantos sentimentos na maior parte do tempo, elas absorvem a ansiedade ao seu redor. O que elas fazem com toda essa ansiedade? Elas explodem. É demais para elas!

Essas crianças são desafiadoras para os pais estarem por perto, pois são acionadas constantemente. Roupas, odores e palavras podem ser gatilhos, fazendo com que precisem de muita atenção e paciência de seus pais. Sua sensibilidade aguçada faz com que elas captem constantemente a energia de outras pessoas, o que leva a formarem opiniões fortes sobre os outros — tanto boas como ruins. Isso pode tornar desafiador para os pais ajudarem essas crianças a manejarem seu caminho pela vida.

Chorar e entrar em pânico é algo comum para essas crianças. Elas também têm uma imaginação fértil, que cria todo tipo de futuro sombrio que geram ansiedades irracionais. São as crianças que perguntam "E se *isso* acontecer?" ou "E se *aquilo* acontecer?", sem nunca ficarem realmente satisfeitas com as respostas. Essas crianças são esponjas captando cada sinal do ambiente externo e reagindo a ele.

Você sente que seus filhos são frequentemente assim? Estar perto deles pode ser exaustivo, não é mesmo? É compreensível que você se sinta esgotado às vezes. Essas crianças precisam muito de seus pais. Dependendo de seus próprios temperamentos, os pais podem reagir de duas maneiras inconscientes: supercontrolando ou superprotegendo. Pais supercontroladores tentam frustrar seus filhos por intermédio da raiva e do controle, fazendo-os se sentirem mal e inferiores. Normalmente, um pai ou uma mãe do tipo Combativo, Estátua ou Dissimulado reage dessa maneira. Ou os pais podem superproteger seus filhos e criar um alto grau de envolvimento, como um pai ou mãe Reparador pode fazer. Pais Reparadores, que também são altamente ansiosos, buscam administrar as ansiedades de seus filhos tentando resolver seus problemas. Eles consertam o ambiente de seus filhos o tempo todo para que eles sintam com menos intensidade. Como resultado dessa superproteção, o pai ou a mãe muitas vezes fica esgotado e, além disso, as crianças se tornam ainda mais necessitadas e dependentes. São as crianças que incessantemente ligam para seus pais em busca de conselhos e ajuda, mesmo quando são adolescentes ou adultas. Isso pode parecer um relacionamento próximo, mas na verdade é um relacionamento com uma fusão extrema.

Então, do que essas crianças realmente precisam? Elas precisam de pais que sejam firmes, equilibrados e calmos — nem um Combativo nem um Reparador. Elas precisam de um pai que possa transformar suas ansiedades em intuição e poder. Elas precisam de pais conscientes que possam ajudá-las a reformular suas ansiedades e descobrir sua independência. Por sua vez, os pais precisam manter um estado estável e calmo na presença dessas crianças. Se um pai reage de forma impulsiva, seja com raiva ou ansiedade, isso pode desencadear um tsunâmi de emoções. O único caminho a seguir com essas crianças é usar o antídoto da calma suprema e do equilíbrio interno. Isso não é fácil, mas é o que essas crianças necessitam desesperadamente.

Se você tem esse tipo de criança, pode estar no limite da sua paciência, pronto para jogar a toalha em alguns momentos. Talvez esteja exausto devido à grande ansiedade deles e pode se sentir completamente esgotado, como se nada do que você faz realmente faça diferença. Então, como podemos, como pais, celebrar essas crianças? O caminho para fazer uma diferença real é transformar suas sensibilidades em poder. Elogie-as por sua capacidade de sentir e processar seu ambiente, mas também ensine-as a se voltarem para si mesmas para encontrar as respostas e o conforto de que precisam. Por exemplo, você pode dizer a elas:

> *Você é como uma esponja seca absorvendo tudo ao seu redor. É sensível e dócil, assimilando tudo ao seu redor. É difícil para você separar seus humores dos humores de outras pessoas e, por causa disso, muitas vezes você explode. Quando se sentir nervoso, feche os olhos e repita para si mesmo: "Eu estou seguro agora, estou em casa agora, vou ficar bem." Perder a calma não faz de você uma pessoa ruim. Isso é o que acontece com pessoas extremamente sensíveis. Conforme for aprendendo a se sentir mais seguro neste mundo, ficará mais calmo. Quando vejo você explodir, sei que é porque se sente ansioso e inseguro. Farei o meu melhor para lembrá-lo de que está seguro neste momento. Sua sensibilidade é um superpoder se você aprender a usá-la dessa maneira. É um radar e um GPS que te ajudam a perceber o humor de outra pessoa. Logo você vai aprender a usá-los sem se deixar sobrecarregar pelas informações. Quando fizer isso, vai conseguir usar essa sensibilidade a seu favor.*

Você consegue ver como uma explicação desse tipo pode ajudar essas crianças a se sentirem compreendidas e aceitas? Você está comunicando que vê a essência delas como algo puro e inestimável, não como algo inconveniente ou ruim. Ao abordar sua ansiedade, está ensinando algo valioso sobre seus mundos internos e como seu ego se manifesta. Está ajudando a criança a criar uma narrativa de valor e autorrespeito. Isso será tremendamente curativo para eles enquanto seguem sua jornada pela vida.

Ao utilizar essa abordagem gentil, você pode respeitar o lugar em que eles estão sem sentir que precisa controlar, consertar ou envergonhá-los. Pode mostrar a eles que são plenamente capazes de encontrar seus pontos fortes e suas próprias soluções.

O EXPLORADOR HIPERATIVO

Você tem uma criança que simplesmente não consegue ficar parada, que está constantemente em movimento e nunca está onde você a deixou pela última vez? Essa é uma criança que está sempre com arranhões, hematomas e cortes; que está sempre se metendo em enrascadas; e que sempre tem aquele brilho nos olhos que você sabe que significa uma travessura. Se for esse o caso, você pode ter um Explorador em suas mãos. Se tiver, tentar controlar ou reprimir seu filho vai ser um pesadelo. Quanto mais você tentar conter essas crianças, mais agitadas e incontroláveis elas se tornarão.

Essas são crianças que precisam estar constantemente em movimento explorando criativamente seus mundos. Muitas vezes, essas crianças são rotuladas como "levadas" por seus pais, professores e pela sociedade em geral sem motivo algum, exceto pelo fato de serem mais ativas em seus corpos e mentes. Elas provavelmente serão diagnosticadas com transtorno de déficit de atenção ou transtorno opositor desafiador e se sentirão inferiores. A verdade é que essas crianças são apenas diferentes. Elas não prosperam dentro dos padrões convencionais da sociedade. São as crianças *selvagens* que precisam ser aceitas por seu espírito intenso, em vez de serem humilhadas e envergonhadas.

Aposto que muitos de vocês estão lendo isso agora e concordando dizendo: "Sim, eu era assim quando criança! Eu era o selvagem. Tentaram me domar!" Se formos sinceros, a maioria de nós tem um pouco dessa energia selvagem dentro de si. No entanto, aprendemos a sufocá-la porque vimos o que aconteceu com outras crianças selvagens. Aprendemos com o tratamento que receberam que ser selvagem significa problema.

Essas crianças precisam de pais que as "compreendam" e as aceitem por suas maneiras não convencionais e selvagens. Elas precisam de pais que as admirem por seus espíritos aventureiros, não pais que as envergonhem por isso. Pais muito convencionais podem se sentir ameaçados por crianças assim e tentar controlá-las. Ou os pais podem ter medo da "energia intensa" de seu filho e se afastar completamente. Tudo depende de como os pais as enxergam. Eles podem olhar para essas crianças com admiração ou como inferiores, dependendo de como foram condicionados em sua própria infância.

Essas crianças precisam desesperadamente que seus pais estejam ao seu lado e não as prendam em conformidade e estruturas tradicionais. Essas crianças prosperam em espaços amplos de liberdade e experimentação. Elas se sentem sufocadas em ambientes convencionais. Se a liberdade não lhes for concedida voluntariamente, elas lutarão por ela mordendo e chutando. Essa necessidade de liberdade pode levá-las a ter problemas na escola e com a lei. A solução para essas crianças é ter pais que as apreciem e as compreendam profundamente, mas também as ajudem a canalizar suas energias intensas de maneiras construtivas. Essas crianças se desenvolvem melhor em espaços de autonomia e orientação. Seus pais precisam depositar uma imensa quantidade de confiança nelas para permitir que floresçam em seus próprios termos. Se essas crianças se sentirem excessivamente controladas, irão definhar ou protestar e se revoltar.

Se você tem esse tipo de criança, pode ter medo de que ela seja excluída da sociedade e nunca encontre seu caminho na vida "normal". Por medo, pode rotulá-la como "levada" ou "malcriada". A verdade é que elas não são nem uma coisa nem outra. Elas são simplesmente muito diferentes da criança típica e convencional. Essas crianças pensam e se comportam de maneira diferente. Elas precisam de uma abordagem completamente diferente do protocolo parental usual. Aceitar que seu filho não está dentro da curva padrão pode parecer difícil. Mas aqui está a verdade que pode te aliviar: seu filho está perfeitamente bem do jeito que é. A sociedade é que é muito restrita para ele. Se a sociedade fosse mais fluida e expansiva, seria capaz de aceitar seu filho sem fazê-lo se sentir excluído ou "estranho".

A melhor abordagem é lembrar que seu filho não é anormal; ele é simplesmente notável. Eles precisam receber sua aceitação e apoio incondicionais para que possam se aceitar em um mundo que talvez os rejeite diversas vezes. Você pode dizer algo assim para o seu filho:

Você é como o sol explodindo de poder e energia. Você é cheio de criatividade e espírito de aventura. Você é um explorador por natureza! Você é diferente da maioria das crianças. Isso é o que te torna único. Não há nada com o que se envergonhar ou ficar triste. Ser diferente é legal. O mundo vai fazer você se sentir mal consigo mesmo, mas não podemos deixar isso acontecer. O mundo tem medo de pessoas como você, que pensam fora da caixa, e as pessoas vão continuar tentando te encaixar nelas. Você precisa confiar em quem é. Eu te vejo e te admiro por sua criatividade e imaginação. Suas maneiras diferentes de ser e de pensar são seus superpoderes e podem ajudá-lo a fazer coisas incríveis na vida. Vamos encontrar uma maneira para você se sentir aceito e seguro sendo você mesmo.

Ao adotar essa abordagem e tranquilizar seu filho, você pode ajudá-lo a respeitar sua diferença ao mesmo tempo que ajuda a reformular essa diferença como um superpoder.

O SUPERESFORÇADO, SUPERCOMPLACENTE, SUPERATENCIOSO

Você tem uma criança que é como manteiga, macia e maleável, fácil de moldar e modelar? Ah, seu ego tem sorte! Você tem a criança empática e superatenciosa dos sonhos do ego parental. Essas crianças são presas perfeitas para nossa necessidade parental de controle e dominação. Sem resistência ou oposição, elas se submetem facilmente. Elas se moldam da maneira que você desejar sem oferecer resistência. Tímidas e dóceis, essas crianças são gentis por natureza e sempre dispostas a obedecer.

Sendo excessivamente sensíveis e empáticas, essas crianças não têm a capacidade interna de tolerar o sofrimento ou a ira dos outros. A rejeição ou a raiva de outra pessoa destroem seu mundo interno. Elas não conseguem lidar com emoções "fortes" e desmoronam. Contanto que não precisem correr riscos ou levar a culpa, elas são mais felizes como seguidoras. Essa propensão a dizer "sim" faz delas ingênuas, crédulas e presas fáceis para predadores. No entanto — assim como Aneika, a garota sobre quem falei anteriormente que se desmoronou no ensino médio —, essas crianças eventualmente sucumbem à pressão de seguir os desejos dos outros. É difícil para elas aprender como seguir sua própria voz interior e seu coração. Eventualmente, essa separação de seu verdadeiro eu as alcança e as despedaça.

Essas crianças precisam que seus pais entendam o quão sensíveis e agradadores seus filhos são. É responsabilidade nossa vigiar nossos próprios egos e não explorar a docilidade inerente dessas crianças para o nosso próprio conforto. Se os pais não forem cuidadosos, essas crianças podem passar de dóceis a servis, de amorosas a se sacrificarem por outros, de generosas a tornarem-se autodestrutivas, de bons alunos a superesforçados. Essas crianças possuem os ingredientes emocionais para se tornarem adultos dependentes, então precisamos estar muito conscientes para nutrir a bondade delas sem explorá-las, sobrepor-nos a elas ou dominá-las com nossos próprios egos.

Essas crianças farão de tudo para deixar os pais felizes. Elas muitas vezes são crianças de alto desempenho acadêmico e fazem coisas demais. Elas preenchem lacunas, assumem tarefas domésticas e recebem estrelas douradas por suas conquistas. Elas têm uma predisposição inata a se doarem. Uma vez que se sintam recompensadas por esse ato de doação, frequentemente vão a extremos e passam para o autosacrifício e abnegação. Por estarem tão dispostas a ajudar os outros, elas muitas vezes ultrapassam seus limites e assumem tarefas e responsabilidades parentais, tornando-se o "adulto da casa" e carregando os fardos dos pais. Fazer isso acarreta numa perda da alegria da infância e da inocência. Essas crianças naturalmente empáticas podem se tornar os terapeutas de seus pais ajudando-os a lidar com seus sentimentos. Dessa forma, muitas vezes são usadas pelos egos de seus pais e perdem seu próprio senso de direção e liderança.

Existem muitas maneiras através das quais podemos e devemos ajudar essas crianças a manterem sua essência sem cairmos nas armadilhas de nossos próprios egos ou dos egos de outras pessoas. Por exemplo, quando elas pedem nossas opiniões — e elas pedem com frequência –, em vez de nos apressarmos em oferecer respostas, podemos permitir que elas cheguem às suas próprias conclusões. Precisamos dar a elas espaço para vivenciarem dificuldades e se atrapalharem para que possam descobrir sua própria verdade. Mesmo quando elas pressionam os pais a assumir o controle de suas vidas e entregam as chaves para que possam fazer isso, os pais precisam resistir à tentação. Precisamos conter o impulso de dominar nossos filhos e trabalhar para aplacar nosso próprio desejo por controle. Se não o fizermos, essas crianças se acostumarão a ser subservientes e, portanto, serão presas fáceis para a dominação de outros.

Crianças excessivamente complacentes precisam entender como seus corações naturalmente generosos os tornam vulneráveis no mundo de hoje. Os pais podem ensinar a essas crianças como se proteger de predadores e a respeitar seus limites internos e externos sintonizando-se com suas próprias necessidades e satisfazendo-se de dentro para fora. Sem assustá-las demais, podemos dizer a elas:

> *Você é um ser extremamente generoso que não quer nada além de fazer os outros felizes. Essa é a sua natureza. Outras pessoas podem tirar proveito disso se você não proteger seu coração. Você precisa perceber que, a menos que você agrade e ame a si mesmo primeiro, vai ser negligente com você mesma. Você não precisa ser perfeita para que os outros te amem. Você tem permissão para ser comum, e até mesmo falhar. Você não precisa agradar os outros o tempo todo. Você vai encontrar muitas pessoas que não são tão atenciosas quanto você. Você é generosa, e vai encontrar muitos que continuarão aproveitando-se de você sem saber quando parar. Você precisa discernir quem merece e quem não merece. Se aprender a abrir seu coração generoso para as pessoas certas, isso será seu superpoder. A pessoa mais importante em sua vida é você; lembre-se disso sempre. Você vem em primeiro lugar. Ouvir a si mesma e respeitar sua própria verdade são primordiais.*

Talvez essas palavras sejam reconfortantes para você como pai ou mãe, especialmente se você também for do tipo agradador. Lembre-se: essas são apenas ideias do que pais conscientes poderiam dizer ao buscar criar um relacionamento melhor com os filhos. Adapte essas ideias a situações e necessidades como quiser. No seu cerne, essas palavras demonstram a capacidade e disposição dos pais para ver a essência da criança por intermédio dos olhos da aceitação e da celebração. Quando os pais são capazes de enfrentar as restritas normas culturais e defender seus filhos, ajudando-os a compreender e aceitar a si mesmos melhor, essas crianças podem enxergar suas diferenças como superpoderes em vez de limitações.

O SONHADOR RECLUSO

Você constantemente pega seu filho olhando para o nada, rabiscando no caderno, brincando por horas com brinquedos imaginários, ou sentado em um canto escrevendo em um diário dia após dia? Você tem um filho que passa tantas horas sozinho que você se pergunta se ele está mesmo em casa, ou um filho que não consegue ficar com os amigos por muito tempo antes de se cansar da companhia e querer voltar para casa? Seu filho evita brincadeiras brutas ou esportes competitivos e agressivos, preferindo ficar fora dos holofotes? Se sim, você pode ter um filho cuja natureza inata é a de um sonhador e introvertido.

Essas crianças são mais quietas e tímidas do que a maioria. Podem ser distraídas, tão perdidas em suas imaginações e mentes sonhadoras que muitas vezes até se esquecem de escovar os dentes ou amarrar os sapatos. São os famosos professores distraídos e podem se tornar artistas ou programadores de computador.

Essas crianças frequentemente se metem em problemas com professores e pais por esquecerem suas chaves, tarefas ou mochilas. Elas têm dificuldade em se organizar e gerenciar o tempo. O mundo externo é menos interessante para elas do que seus mundos internos. Elas também podem ter habilidades sociais e de conversação limitadas. Desajeitadas e desengonçadas na companhia de outras pessoas, elas tendem a ser solitárias e reclusas. Tímidas e amáveis por temperamento, essas crianças são propensas a ser alvo de bullying e provocação na escola por colegas mais barulhentos e agressivos. Esse tratamento resulta em maior retração. Essas crianças às vezes são as mais estudiosas ou "nerds" que gostam de fazer coisas que a maioria das crianças da idade delas não faz. Elas podem não gostar de esportes agressivos e violentos, de beber quando estão no ensino médio ou de se envolver em comportamentos sexualizados. Como resultado, elas podem se sentir deslocadas e excluídas, o que as leva a se afastarem ainda mais do ambiente social ao seu redor.

Pais de crianças assim podem se sentir extremamente incomodados se forem mais convencionais. Tenho observado pais, em particular, ficarem chateados se seus filhos, especialmente os meninos, têm essa natureza. É como se fôssemos condicionados a acreditar que os meninos não devem ser introvertidos ou sonhadores. O condicionamento convencional é de que os meninos devem ser extrovertidos, barulhentos, atléticos e competitivos. Ter um filho com essa natureza é, portanto, extremamente desafiador para esse tipo de pai.

Essas crianças precisam de ajuda e encorajamento para se sentirem seguras em serem quem são, já que o mundo lhes transmite a mensagem de que deveriam ser o completo oposto. Ser quieto e tímido não é considerado uma característica positiva, e as crianças muitas vezes são forçadas a ser mais sociais do que realmente se sentem. Afinal, a cultura favorece as crianças mais extrovertidas, sociáveis e amigáveis em vez das mais reclusas. Devido à pressão familiar e social para ser assertivo e audacioso, essas crianças frequentemente acabam sentindo vergonha de quem são e, assim, crescem com um sentimento persistente de não merecimento. Elas se comparam com outras pessoas da mesma idade e percebem que não são como elas. Essa percepção traz insegurança e impotência.

Os pais dessas crianças precisam entender intuitivamente o quão difícil deve ser para seus filhos serem eles mesmos na cultura dominante. Precisam se esforçar ainda mais para estar atentos e não pressionar seus filhos a se juntarem à multidão, em vez disso enxergando neles os pontos fortes que possuem de forma única. Precisam trabalhar suas próprias expectativas e perceber que existem muitos aspectos positivos em uma criança que está "fora da média" e talvez até "fora do padrão". A pergunta que não quer calar é se os pais dessas crianças apreciam sua diferença e encontram o lado positivo nisso, em vez de verem seus filhos como inferiores.

Precisamente porque essas crianças tendem a ser mais incomuns e diferentes, os pais precisam se esforçar ainda mais para respeitá-las pelo que elas têm a oferecer. Criticá-las e compará-las a outras crianças apenas farão com que se sintam ainda mais envergonhadas e retraídas. Para ajudá-las a aumentar sua autoestima, os pais precisam incentivar essas crianças a serem positivas sobre quem são e a se sentirem valorizadas por si mesmas.

Destacar seus pontos fortes é extremamente importante para essas crianças porque elas não recebem muita validação externa da sociedade, especialmente quando são jovens. Os pais podem fazer isso dizendo:

Você é uma alma única. Tem uma imaginação rica e um mundo interior. Você está sempre cheio de ideias e sonhos. Essas são qualidades bonitas. Você prefere estar na sua própria companhia e passar tempo sozinho, o que é uma qualidade maravilhosa. O mundo vai te dizer que isso é ruim e que você deveria preferir estar com pessoas, mas isso não é verdade. Não deixe as pessoas imporem a você suas ideias sobre como deveria ser. Lembre-se: aqueles que são capazes de ficar sozinhos são pessoas fortes. Eu admiro você exatamente como você é.

Quando os pais não trabalharam em seus próprios filmes de fantasia sobre a parentalidade, é fácil projetar todas as expectativas não atendidas em seus filhos. Essas crianças absorvem intuitivamente a percepção de que não estão atendendo aos padrões dos pais e que os estão desapontando. Auxiliar nossos filhos a encontrar seus pontos fortes e talentos únicos os ajuda a perceber que têm valor do jeito que são e não precisam se conformar com as expectativas da sociedade sobre quem eles deveriam ser.

O REBELDE NÃO CONFORMISTA

A sua criança tem a força de vontade de um touro, é alguém que não vai obedecer ao seu pedido até que seja convencido de que é algo que deseja fazer; que te desafia e discute; que não tem medo da sua autoridade ou influência e que resiste a ambas? Essa criança é audaciosa e confrontadora. Elas não se importam nem um pouco em agradar você. Isso soa familiar? Se sim, provavelmente você tem uma criança rebelde e não conformista.

Acredite em mim, eu sei o quão desafiadoras essas crianças podem ser. Minha filha, Maia, é uma dessas crianças. São as que falam o que pensam a qualquer custo e não medem as palavras. Elas se expressam de maneira ousada e dramática sem se preocupar em como isso pode ser recebido pelos outros. Essas crianças são leais a si mesmas e têm pouco medo de ir contra a corrente. São líderes natos e agentes de mudança. Elas não seguem a multidão nem desejam pertencer a ela. No entanto, por causa de sua confiança natural, as multidões muitas vezes as seguem. Essas crianças não temem os adultos nem sua autoridade. Elas veem o mundo como um campo de batalha equilibrado e se sentem capacitadas para participar. Agradar as pessoas não é o forte delas. Como resultado de seu poder interior, essas crianças são difíceis de criar, ou melhor, são difíceis de controlar ou influenciar. Portanto, é fácil envergonhá-las por serem "malcriadas" e diminuí-las por sua rigidez e teimosia.

Essas crianças não levam críticas de forma leve ou passiva. Se sentirem que não estão sendo tratadas com o respeito que merecem, rapidamente se desconectam, sem se importar. Para se conectar com essas crianças, os pais precisam se esforçar para conquistar sua confiança e respeito. A maneira de fazer isso é confiando e respeitando-as primeiro.

Elas são naturalmente autônomas e independentes. Não podem ser tratadas da forma padrão e instruídas a seguir cegamente a autoridade. Elas precisam se sentir respeitadas por seu empoderamento interior. Uma vez que experimentam esse respeito vindo de você, irão retribuir. No entanto, no momento em que se sentem desrespeitadas, se rebelam, brigam e fogem. Essas crianças mantêm seus pais alertas e os obrigam a elevar seu jogo. Tais crianças não poupam esforços em sua busca por se expressarem e serem donas de si mesmas. Você pode escolher seguir com ela essa jornada ou ser deixado para trás.

Por mais intransigentes e desafiadoras que essas crianças sejam, elas são dignas de admiração. Seu forte senso de identidade e sua coragem em expressá-lo são realmente dignos de respeito. Uma vez que os pais superem a perda de influência e controle, é provável que descubram muitas qualidades incríveis em seus filhos, assim como eu descobri. Quando abri mão das ideias que tinha sobre quem Maia deveria ser e me entreguei a quem ela era, uma pessoa assertiva e empoderada, eu pude recuar e deixá-la assumir o controle de sua própria vida.

Essas crianças vêm ao mundo com uma autoconfiança e poder interior inegáveis. Elas simplesmente não vão ser conduzidas passivamente ao longo de suas vidas. Elas vão pegar as rédeas e direcionar a carroça para onde desejam. Elas nem vão se importar com a falta de aprovação dos outros. Seguir sua própria bússola interna importa mais do que a validação ou o elogio de estranhos. Claro, essas crianças podem irritar seus pais e serem desanimadoras, especialmente para aqueles que desejam submissão e conformidade, mas a força e a coragem delas precisam ser celebradas.

Encorajo os pais com filhos assim a abrirem mão do controle e do julgamento. Respeitar a individualidade e a força deles é o que mais importa. E isso pode ser feito com palavras como:

Você é uma das pessoas mais fortes que eu conheço. Sua confiança em si mesmo é impressionante. Gostaria de ter uma vontade interna e senso de valor tão forte quanto os seus. Eu admiro sua capacidade de seguir sua própria voz interior e não ser influenciado por tendências ou opiniões dos outros. Você é capaz de se defender sozinho. Provavelmente, vai deixar os outros desconfortáveis com suas expressões ousadas e sua falta de consideração pelas opiniões deles. Não perca sua confiança interna por causa do que os outros dizem. Não lute contra as regras simplesmente pelo prazer de lutar, ou você irá se desgastar. No entanto, não pare de lutar por causas justas. Saiba a diferença entre as duas coisas. Continue brilhando.

Quando os pais conseguem liberar essas crianças para seus próprios destinos, elas são capazes de alçar voo. Elas estão além de sua idade e são capazes de manifestar seus sonhos muito além da capacidade dos pais de ajudá-las. Essas crianças chegaram à terra para incorporar plenamente sua autenticidade. Elas não vão permitir que ninguém as detenha. Os pais são aconselhados a recuar e deixar ir. Essa é a única maneira de sobreviver à jornada de uma criança rebelde e não conformista.

O TRANQUILO, ALEGRE E DESPREOCUPADO

Você tem uma criança que é como um pequeno Buda, sempre rindo e de bom humor? Aquela que é a favorita de todo mundo? Bem, você pode ter uma criança tranquila! Esse tipo de criança é sempre doce, gentil e amorosa. Nunca perde a calma e sempre consegue deixar o clima mais positivo. Se você tem uma criança assim, está em uma jornada de parentalidade tranquila!

Elas são fáceis de se ter por perto. Não são exigentes, mandonas ou autoritárias. Seus temperamentos são divertidos e alegres. A única desvantagem é que às vezes podem ser relaxadas demais e, assim, tendem a ser desmotivadas e procrastinadoras. Esse tipo de criança pode ser um pesadelo para pais com personalidade Tipo A, que são mais enérgicos e têm um senso de urgência constante, pois eles simplesmente não conseguem acompanhar o ritmo dessas crianças e, em vez disso, tentarão transformá-las em seres superambiciosos.

Essas crianças não correm, elas vagueiam. Elas seguem em frente se deixando levar pela vida. Elas não se estressam com provas ou prazos e muitas vezes esperam até o último minuto para fazer as coisas. Embora saibam como aproveitar a vida e vivam o momento, sua essência pode ser rotulada como passiva e preguiçosa por pais que simplesmente não as entendem. Além disso, sua natureza agradável pode ser interpretada como passividade, permitindo que sejam exploradas por crianças mais agressivas. É difícil fazer essas crianças se preocuparem, o que é algo bom. Por serem tão relaxadas e tranquilas, podem deixar seus pais em um frenesi nervoso. Se os pais não estiverem conscientes, podem perceber seus filhos como menos capazes e envergonhá-los, fazendo-os se sentirem indignos e inferiores. Fazer isso pode resultar em uma comunicação desconectada e disfuncional entre pais e filhos.

Como essas crianças tendem a viver no presente, é difícil planejar coisas para o futuro. Elas tendem a resistir a qualquer tipo de compromisso. Também têm dificuldade em levar as coisas a sério quando "devem". Por um lado, as dificuldades escorregam de suas costas como água, o que leva a uma baixa ansiedade. Mas, por outro lado, é difícil para as coisas se fixarem. Para desespero de seus pais, essas crianças frequentemente não se esforçam para desenvolver todo o seu potencial. Os pais precisam estar cientes de que elas não se afirmarão prontamente e precisarão ser conscientemente incentivadas a sair de suas zonas de conforto.

Essas crianças têm uma presença "zen" admirável e merecem ser celebradas por sua beleza interior e pela maneira como encaram o mundo. Sua natureza gentil e tranquila deve ser aceita e respeitada pela bondade que transmitem aos outros. Elas sempre acrescentam alegria às situações e nunca sobrecarregam os outros com suas preocupações. Perturbar o equilíbrio delas seria realmente uma transgressão grave. Aqui estão algumas coisas que os pais podem dizer a essas crianças para ajudá-las a se sentirem valorizadas:

> *Você é alguém que naturalmente vive de uma forma fluída e graciosa, assim como a natureza. Você é raro e diferente. Sua natureza é única porque você traz calma e paz para todas as situações. Você é um tesouro e precisa ser tratado como tal. No entanto, neste mundo louco, vão dizer a você que não é bom o suficiente e que precisa ser mais assim ou assado. Isso não é verdade, e você deve resistir a essas pressões. Não ceda às tensões dos outros. Eles dançam ao som de uma batida diferente. Mantenha seu próprio ritmo porque é um ritmo perdido que o restante de nós precisa adotar.*

Essas crianças têm joias para oferecer a este mundo; elas apenas precisam de permissão para serem quem são.

Você entende agora o que significa estar sintonizado com a essência de seus filhos? Significa respeitar a beleza dessa essência sem julgamento, comparação ou vergonha. Quando entendemos nossos filhos nesse nível fundamental, percebemos que grande parte de seu comportamento vem dessa natureza. Por terem nascido com essa predisposição, grande parte de seu comportamento é incontrolável.

Sintonizar significa fazer essas perguntas cruciais ao fundo de nossa alma:

> **Quem é meu filho de verdade?**
> **Eu sou capaz de compreender quem meu filho é sem fazer julgamentos?**
> **Eu consigo alinhar minhas expectativas com quem meu filho realmente é em oposição a quem eu quero que ele seja?**
> **Eu consigo encontrar os pontos fortes na essência do meu filho e celebrá-los?**

Uma vez que estejamos dispostos olhar nós mesmos, podemos começar a examinar nossas próprias ideias e fantasias. Precisamos colocá-las sob a luz de nossa consciência sempre nos questionando:

> **De onde vêm as minhas expectativas?**
> **Elas vêm do meu passado ou do presente?**
> **Elas vêm do medo e da carência ou da abundância e da alegria?**

Manter uma vigilância consciente sobre nossas próprias projeções é vital para que possamos dar um passo atrás e prover os nossos filhos com o espaço para estarem no poder. Antes de abrir a boca para dar ordens, podemos nos perguntar:

> **Eu consigo simplesmente observar meu filho agora?**
> **Eu consigo entender a origem das atitudes de meu filho nesse momento?**

Eu consigo fazer o movimento de encontrá-lo onde ele está agora? Do que preciso me libertar para fazer isso?

Uma vez que permitimos que nossos filhos sejam quem são e nos tornamos capazes de enxergar valor neles dessa forma, eles irão florescer naturalmente. Assim como não precisamos direcionar as flores ao sol, nossos filhos têm uma inclinação natural para o empoderamento e autovalorização; eles só precisam das condições certas para prosperar. Eles têm todos os ingredientes para o seu próprio autovalor até interferirmos em seu fluxo natural.

Nosso papel como pais conscientes é nos sintonizar com seu modo de funcionamento e moldar a forma como os criamos de acordo com suas estruturas fundamentais. Quando fazemos isso, fluímos com a natureza da criança em vez de resistir a ela. Muitos de nós fomos transplantados para jardins que não escolhemos e fomos forçados a florescer em ambientes incompatíveis com quem realmente éramos. Como resultado, tivemos de usar uma máscara de ego após outra para sobreviver. Se ao menos tivéssemos sido autorizados a ser nós mesmos e encontrar nossos próprios caminhos, não teríamos desperdiçado anos e anos perseguindo sonhos que não eram autenticamente nossos.

Assim como as mangas crescem na estação certa e nas condições adequadas, o mesmo acontece com a nossa essência e a essência de nossos filhos. Quando forçamos uma manga a crescer fora de seu habitat natural, ela morre. Assim acontece com nossas almas. Elas morrem quando somos obrigados a ser alguém que não somos. Nos tornamos estressados e ansiosos, e também sofremos com dificuldades físicas. As rachaduras e fissuras aparecem em todos os lugares à medida que nossas vidas começam a se desintegrar devido à fragilidade de nossos "eus" impostores. O eu-ego é sempre frágil e quebradiço, entende? Somente quando estamos enraizados nas profundezas de nossa essência é que podemos alcançar nosso poder ilimitado e nos tornar inquebráveis. Por esse motivo, permitir que nossos filhos permaneçam em sua própria essência o máximo possível é o objetivo da parentalidade consciente.

Ajudar nossos filhos a permanecerem enraizados e alinhados a sua essência é uma tarefa muito mais importante para os pais conscientes do que ajudá-los a se tornarem esquiadores ou jogadores de xadrez. A primeira tarefa é sobre ser, a última é sobre fazer. Se o nosso trabalho na tarefa mais importante for instável, nossos outros esforços também irão titubear. Como seres humanos, apenas quando nosso estado de "fazer" pressupõe um alinhamento com nossa essência interior é que podemos alcançar uma sensação permanente de durabilidade interna. Como pais, quando alcançamos esse poderoso alinhamento interno — primeiro dentro de nós mesmos e depois com nossos filhos —, nossa abordagem em relação a eles se transforma fundamentalmente. Em vez de arrastá-los pelo nosso caminho, os capacitamos a manifestarem o deles.

No mundo atual de vício em mídias sociais, sintonizar a essência de nossos filhos é extremamente difícil devido a todo o barulho e distração em nossas vidas. E mesmo que consigamos nos sintonizar com eles em sua primeira infância, em breve eles serão lançados em um mundo de comparação social e pressões insanas. Será necessário muito poder interior por parte da criança para não ceder a esse tipo de coisa. Na verdade, é muito provável que elas não consigam resistir. Por esse motivo, os adolescentes americanos (e talvez adolescentes de todo o mundo) estão mais ansiosos do que nunca e propensos a desmoronar sob esta pressão. Uma das razões altamente plausíveis para essa ansiedade é que, por causa das mídias sociais, eles estão mais expostos e vulneráveis que nunca à rejeição. Enquanto antes uma criança poderia, ocasionalmente, enfrentar a rejeição de uma ou duas crianças na escola, agora sua exposição à possível rejeição está muito maior. E a exposição não se restringe ao seu grupo de amigos, mas agora é em nível global. Suas escalas de comparação, portanto, são ainda mais implacáveis e irrealistas. Embora os dados ainda sejam inconclusivos, é provável que o aumento do suicídio entre adolescentes na última década tenha sido altamente impactado pelo uso viciante das mídias sociais. Mas é claro, recessões econômicas, mudanças climáticas, violência e o impacto global devastador da pandemia da COVID-19 têm e continuarão a ter um impacto psicológico duradouro.

Por que essa invasão das mídias sociais é especialmente relevante para nós, pais, darmos atenção? Bem, isso significa que nossa capacidade de nos conectar e influenciar a vida de nossos filhos está em grave perigo. Pode ter sido difícil competir com a tecnologia pela atenção de nossos filhos no passado, mas agora é significativamente mais desafiador. Nossos filhos estão sendo influenciados por algoritmos e estratégias de marketing em massa que estão além de nossa capacidade de compreensão. O que isso significa para nós, pais? Significa que precisamos trabalhar três vezes mais para garantir que estejamos presentes e sintonizados com nossos filhos. Precisamos prestar atenção extra aos sinais que eles nos dão e aos seus sentimentos. Não podemos enfiar nossas cabeças na areia tecnológica, por assim dizer, se esperamos preservar nossos filhos. Eles precisam que os protejamos dessas influências predatórias, especialmente até que tenham idade suficiente. Infelizmente, a maioria dos pais não está fazendo isso em seus lares, e crianças de três ou quatro anos estão na internet sem supervisão. Cada vez mais, os pais estão usando a tecnologia como um cuidador substituto. As crianças têm menos interações sociais com outras crianças da mesma idade ou com seus pais e passam menos tempo na natureza, ingredientes vitais para seu bem-estar. Essas deficiências têm implicações graves para o futuro e não podem ser minimizadas ou negligenciadas.

Se ser pai ou mãe sempre foi difícil, hoje é extremamente desafiador por causa do redemoinho tecnológico em que estamos vivendo. As telas estão devorando as almas de nossos filhos e roubando delas seu direito à infância. A inocência da infância está se perdendo em meio aos videogames e à realidade virtual. A vitalidade fresca do brincar, do ar livre e das conexões sociais em tempo real está desaparecendo em uma era esquecida. Não podemos permitir que isso aconteça. Precisamos ajudar nossos filhos a recuperar o poder de suas infâncias. Eles confiam em nós para fazermos isso.

COLOCANDO EM PRÁTICA

A sintonia é uma arte e uma prática diária. Não é apenas um conceito bonito, mas uma maneira ativa de estar no mundo. Ela envolve uma atitude de extrema consciência em relação ao nosso próprio estado e ao estado do outro. Muitos pais querem saber o "como" da sintonia. O que ela realmente envolve? Como expressá-la?

Para ajudar a responder a essas perguntas, eu uso a sigla OPRE: observar, permitir, retribuir, espelhar. Utilizando essas abordagens e outras mais, podemos nos sintonizar com a psicologia de nossos filhos e prestar atenção às suas essências. Esse "sintonizar" é uma das ferramentas mais poderosas da parentalidade consciente, pois nos permite ajustar e idealizar nossa criação de acordo com a criança diante de nós. Adaptamos e ajustamos nossas energias para melhor atender às necessidades de nossos filhos. Esse é um presente inestimável que podemos oferecer a eles.

Observar

Quando estamos tentando cultivar a sintonia com nossos filhos, primeiro precisamos aprender a observá-los. Precisamos prestar atenção a como eles ficam em pé e como se sentam, como suas vozes tremem ou suas mandíbulas se contraem, como tensionam os ombros ou mordem os lábios, e muito mais. Em um nível mais profundo, observar significa que precisamos desacelerar, recuar, pausar e prestar atenção em como eles expressam verbal e fisicamente a raiva, o cansaço ou o sentimento de desvalorização. Quais são os sinais verbais e não verbais deles? Quais são os sinais emocionais e físicos de angústia e ansiedade?

Nossos filhos estão sempre expressando como se sentem para nós. Precisamos apenas prestar atenção aos sinais que eles nos dão. Achamos que precisamos perguntar, investigar e bisbilhotar. De jeito nenhum. Os dados estão bem ali; só precisamos nos libertar das distrações mentais para perceber. Por exemplo, se pudéssemos simplesmente observar algo tão simples como a forma como nossos filhos descem da van escolar e entram em casa, poderíamos coletar muitos dados sobre o que eles precisam de nós sem precisar fazer uma única pergunta. Eles estão com os ombros caídos e arrastando-se até a porta? Ou chegam pulando e cantando? Prestar atenção nos dá sinais claros sobre como precisamos estar com eles. Ao observar seu filho com atenção todos os dias, você começa a perceber padrões de comportamento. Só preciso ver minha filha, Maia, interagir com o cachorro dela para saber em que humor ela está. Você pode obter muitas informações sobre o dia a dia de seus filhos por meio de seus comportamentos. Eles estão cantando no chuveiro? Eles geralmente são alegres e brincalhões ou querem se isolar? Observar sem pressioná-los com perguntas ou ordens é um primeiro passo crucial para nos sintonizarmos com eles. Quando somos observadores atentos dos jeitos de ser de nossos filhos, não precisamos sondá-los com perguntas intermináveis. E vamos ser honestos: a maioria das crianças detesta ser bombardeada com perguntas. Em vez disso, aprendemos a ver nossos filhos como realmente são e a compreender o estado emocional deles a qualquer momento. Essa é uma maneira poderosa e necessária de se conectar com nossos filhos em um nível mais profundo.

Permitir

Uma atitude permissiva significa que deixamos a vida e nossos filhos fluírem, em vez de constantemente sentir que precisamos ajustar, gerenciar, consertar e controlar tudo. É uma atitude de "Vamos esperar um pouco e ver como isso se desenrola" em vez de "Isso vai dar errado, preciso controlar tudo em detalhes".

Permitir requer um ingrediente-chave que a maioria de nós não possui: paciência. Certamente eu não tinha paciência quando era uma jovem mãe. A maioria de nós, pais, é altamente impaciente, pois queremos que as coisas sejam feitas do nosso jeito imediatamente. O que não percebemos é que as crianças não funcionam no nosso ritmo. Elas têm um ritmo totalmente diferente, um ritmo muito mais lento. Se atropelamos o ritmo delas com o nosso ritmo, as forçamos a deixar de lado a chance de compreender sua própria experiência de vida e, em vez disso, a se adaptar a um jeito artificial: o nosso. Tomar as rédeas e controlar as coisas para nossos filhos não são atitudes saudáveis para eles. Fazem com que duvidem de si mesmos e os privam de seu jeito natural de processar suas experiências.

O próximo elemento-chave em um espírito de permissão é criar um espaço seguro. Isso significa que "permitimos" aos nossos filhos a segurança de praticar todos os tipos de comportamento — sim, até mesmo comportamentos de rebeldia. Eles podem gritar e berrar ou serem desafiadores e opositores. Eles podem testar a sensação disso e liberar tudo o que precisam. Dar espaço aos nossos filhos permite que eles encontrem suas vozes e se compreendam melhor. Essa ideia pode soar radical para muitos pais tradicionais: "O quê!? Eu devo simplesmente permitir que meu filho se comporte mal?" Permita-me tranquilizá-lo de que não estou sugerindo que ensinemos comportamentos negativos e de rebeldia para nossos filhos. Dar espaço às nossas crianças significa permitir que elas se expressem em seus estados naturais, de maneira segura, sem serem punidas. Depois que elas se acalmarem, podemos conversar sobre as coisas com elas.

Você pode se perguntar por que tal abordagem é importante. Aqui está o motivo: quando nossos filhos reprimem suas expressões naturais, isso se manifestará em outra parte de seu repertório comportamental. Em vez de se prejudicarem de alguma forma indireta, é muito mais terapêutico para nossos filhos se expressarem em um ambiente seguro conosco para que toda a sua "bagunça" possa ser liberada. Caso contrário, essa bagunça aparecerá em outro lugar. Novamente, não estou sugerindo que deixemos nossos filhos nos dominarem, de forma alguma. A permissão apenas significa que não precisamos estar em um estado de pânico e controle de danos todo o tempo, o que nos leva a intervir e silenciar inconscientemente as expressões e o processamento interno de nossos filhos. Em vez disso, permitimos seu caos, imperfeição, normalidade e lentidão crônica porque essas são a natureza da infância. Aceite isso.

Retribuir
Engajar-se em um relacionamento recíproco com nossos filhos significa que não se trata apenas de nós para eles, mas também muito sobre eles para nós. A reciprocidade é a forma mais elevada de respeito que podemos oferecer a outro ser humano. Tratamos eles verdadeiramente como queremos que nos tratem. Os pais frequentemente estão tão focados em serem os professores de seus filhos que esquecem completamente que eles são mais nossos professores do que jamais poderemos ser. Respeitar a natureza recíproca desse relacionamento poderoso é um ingrediente-chave para preservar o senso de valor interno de nossos filhos.

Embora eles ainda não saibam como emitir cheques, fazer orçamentos ou pagar impostos, nunca devemos subestimar a sabedoria de nossos filhos sobre seu próprio estado de ser, não importa sua idade. Nunca é cedo demais para demonstrar confiança e respeito mútuos em relação aos nossos filhos. Portanto, se eles dizem:

> "Estou cansado, preciso de mais tempo", precisamos respeitá-los como respeitaríamos a nós mesmos.
> "Eu não gosto da minha professora de balé", precisamos respeitá-los como respeitaríamos a nós mesmos.
> "Estou com raiva agora", precisamos respeitá-los como respeitaríamos a nós mesmos.

Seja qual for a expressão de nossos filhos, seja sobre suas preferências, opiniões ou sentimentos, e não importa o quão diferentes sejam das nossas, precisamos respeitá-los, assim como gostaríamos que nossos filhos respeitassem nossas próprias preferências, opiniões e sentimentos.

Já consigo ouvir as objeções: "As crianças não sabem das coisas! Elas não sabem de nada!" E aqui está minha resposta: "Claro, elas não sabem tudo o que nós adultos sabemos, mas elas sabem como se sentem no momento." Portanto, embora não precisemos reagir a cada sentimento delas, pois os sentimentos delas passam rapidamente, certamente podemos respeitá-los e prestar atenção se persistirem. Se isso acontecer, eles têm alguma base válida que precisamos aceitar e respeitar.

No momento em que falo sobre respeitar nossos filhos, os pais começam a me desafiar: "Devemos simplesmente ceder às suas vontades e desejos?" Eles imaginam crianças que ficam acordadas a noite toda comendo sorvete e biscoitos ou que são alcoólatras aos dez anos de idade. A razão pela qual os pais entram em pânico quando falo sobre respeito e reciprocidade é que eles têm medo de perder o controle. Eles veem esse tipo de reciprocidade mútua como uma ameaça à sua dominação. Por esse motivo, eles associam isso à negligência e à anarquia.

Aqui está a verdade: a criação consciente não é sobre negligência. É exatamente o oposto. Trata-se de entender que esses pequenos seres que chamamos de nossos filhos estão sedentos por terem valor, importância e controle, exatamente como nós. Quando abordamos nossos filhos com essa compreensão, os capacitamos a participar ativamente do mundo deles em vez de passivamente entregarem seus bastões de poder para nós. Essa abordagem não se trata de *ceder* às suas vontades e desejos; trata-se de entender que nossos filhos têm o direito de tê-los. Eles têm uma voz, não importa o quão caprichosa e fantasiosa ela seja. É sobre o respeito por esse direito que estou falando aqui, não sobre permissividade ou aprovar cada capricho de nossos filhos.

Quando damos aos nossos filhos a reciprocidade e o respeito que eles merecem, eles sentem essa reciprocidade. Eles absorvem a sensação de que fazem parte de um relacionamento de duas vias, não apenas um relacionamento de mão única. Eles internalizam a sensação de que importam porque os tratamos como pessoas que importam.

Nossos filhos sentem que estamos ouvindo e nos importando com suas necessidades, gostos e desejos. Eles percebem como prestamos atenção e os respeitamos. Tudo isso é processado internamente por eles e os faz sentir que têm valor. Eles começam a se tornar quem são e evoluem como participantes ativos em suas próprias vidas. Uma vez que reconhecemos mais plenamente suas experiências, o relacionamento entre pais e filhos é transformado.

Enquanto a criação tradicional é normalmente sobre hierarquia e dominação, a criação consciente é sobre reciprocidade e circularidade. Você vê como o antigo paradigma era tóxico para nós quando estávamos crescendo? É por isso que precisamos mudar para um relacionamento recíproco com nossos filhos: para que eles se sintam vistos e ouvidos, assim como nós desejamos nos sentir.

Espelhar

A energia principal em torno da sintonia é espelhar os outros em sua "essência".

Deixe-me explicar. Se chegarmos em casa do trabalho com a expectativa de que nossos filhos tenham terminado a lição de casa, saído para passear com o cachorro e feito um bolo, apenas para encontrá-los esparramados na cama lendo quadrinhos, nosso instinto é ir para cima deles. Poderíamos gritar: "Não consigo acreditar que você está sendo tão preguiçoso! Você precisa fazer a lição de casa. Levanta agora mesmo!" Imagine como ouvir isso seria para eles — não muito bom, imagino.

Aqui está o que significa espelhar a energia deles e se sintonizar com eles: "Vejo que você está relaxando. Isso é maravilhoso. Está mais descansado? Acha que está na hora de começar a fazer a lição de casa? Talvez, se começar agora, a gente possa jantar logo."

Percebe a diferença? A primeira abordagem é um grito, uma ordem. A segunda abordagem é mais respeitosa ao estado atual da criança. Esse respeito não nega o fato de que seu filho precisa fazer a lição de casa. Tudo o que essa abordagem faz é que você "entre na sala" com uma energia diferente. Consegue ver como essas abordagens são diferentes? Veja, a primeira pressupõe julgamento e culpa. Ela entra na dinâmica com um ar de superioridade e condenação. Ninguém realmente responde bem a esse tipo de abordagem, que demonstra desconfiança em relação aos nossos filhos. A segunda abordagem é calorosa, convidativa, curiosa e respeitosa. Ela compreende o estado emocional de nossos filhos e demonstra confiança em sua capacidade de fazer o que é necessário.

Você entende o que significa espelhar o estado energético de nossos filhos? Modulamos nosso tom e toda a nossa abordagem para acompanhar onde eles estão. Mostramos a eles que estamos nos unindo a eles e nos encontrando onde estão, em vez de condená-los, resistir a eles e controlá-los. Podemos nos tornar conscientes de nossos próprios estados de espírito e ajustá-los em vez de tentar controlar cegamente o humor de nossos filhos.

    Dessas e de outras maneiras, podemos nos conectar com a psicologia de nossos filhos e prestar atenção em sua essência. Essa sintonia é uma das ferramentas mais poderosas da parentalidade consciente, pois nos permite ajustar e projetar toda a nossa forma de educar de acordo com a criança diante de nós. Adaptamos as nuances das nossas energias para melhor atender às necessidades de nossos filhos. Este é um dos presentes mais valiosos que podemos oferecer a eles.

Passo 13

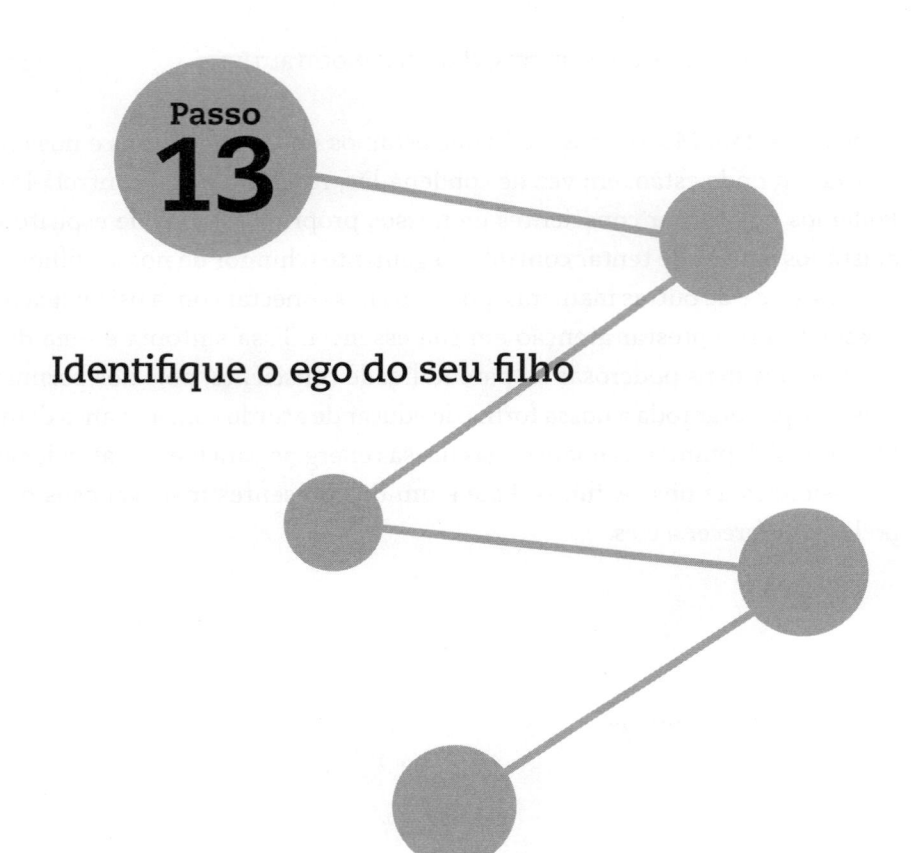

Identifique o ego do seu filho

Meu filho,
Eu vejo as muitas máscaras que você usa.
Vejo seus olhos se tornarem opacos por trás delas
E seu rosto entristecer.
Elas te sufocam e te asfixiam,
Mas você não enxerga outra maneira.
É a única escolha que sente ter
Para sobreviver no frio lá fora.
Foi meu ego, você sabe, que fez isso com você,
Que apagou a chama do seu espírito
E nos deixou vazios dentro das cavernas gélidas da inautenticidade.
Agora estou trabalhando para abandonar minhas máscaras
Para que eu possa enxergar sua essência com mais clareza
E respeitar quem você realmente é
Para que possa se sentir seguro para ser você mesmo novamente.

Cada um de nós anseia ser aceito por quem somos. Nenhum de nós — e quero dizer, absolutamente nenhum de nós — *quer* usar uma máscara. Nenhum de nós *quer* mentir, trapacear, roubar, matar ou ser rebelde e quebrar regras. Chegamos a esses lugares desesperados apenas por *achar que não temos escolha*. Ou não conhecemos outra maneira de fazer as coisas, ou conhecemos, mas não nos sentimos capacitados para isso.

Pegue o exemplo de um ladrão. Você realmente acredita que ele *quer* ser um ladrão? Ou eles são condicionados por uma vida inteira de desespero? Considere os pais que agridem verbalmente seus filhos. Você acha que eles querem fazer isso? Sei que uma resposta possível e cínica é "Eles sempre têm uma escolha. Algumas pessoas simplesmente são más". Essa não é uma abordagem sábia ou útil para aplicar a todos, pois julga sem realmente entender a motivação interna e a história de alguém.

A verdadeira transformação só pode ocorrer quando entendemos o contexto. Por esse motivo, a terapia é um veículo poderoso para a mudança. Ela nos ajuda a entender o poder de nossas histórias em termos de como nos levaram aos lugares em que nos encontramos agora. Dessa forma, não ficamos presos na vergonha ou na culpa. Em vez disso, começamos a entender o *porquê* e o *como*. É sobre entender as histórias de nossos filhos. Por que e como sua dinâmica com seu filho chegou ao ponto em que está? Quais são as causas e os efeitos que levaram seu filho a agir dessa maneira? Que mistura de fatores complexos levou seu filho a chegar a isso?

Acredite em mim: seu filho não acorda um dia decidindo ser um rebelde ou ser desobediente. Muitas causas e efeitos tiveram de ocorrer na vida de ambos antes que isso acontecesse. Entender a cadeia interminável de causa e efeito é a chave para compreender a história das vidas de nossos filhos. É algo que tem o poder de criar compaixão e empatia, que nos permite criar uma ponte para as experiências dos nossos filhos onde antes havia um abismo.

Assim como nossas máscaras de ego foram criadas em parte por meio de nosso relacionamento com nossos filhos, as máscaras dos nossos filhos são criadas por meio de seu relacionamento conosco. Isso é natural, não é? Quando eles percebem nossas máscaras, eles automaticamente colocam as suas. Lembra-se do que disse anteriormente sobre as estratégias de enfrentamento de nossos filhos? Suas máscaras são suas formas de lidar com a força e a fúria dos nossos próprios egos. Estar ciente de como nossos filhos as enfrentam nos permite dar um passo para trás e entendê-los com maior compaixão. Caso contrário, reagimos cegamente, o que apenas solidifica seus egos e estabelece um ciclo vicioso de reações entre seus egos e os nossos.

Vamos tentar ver como nossos padrões de ego estabelecem os padrões de ego de nossos filhos e descobrir como podemos usar nosso Terceiro *Eu* para romper o ciclo disfuncional entre nós.

A CRIANÇA COMBATIVA

Embora qualquer criança possa usar a máscara de um Combativo, geralmente a criança que usa essa máscara é um Explorador Ansioso, um Explorador Hiperativo ou um Rebelde Não Conformista. Quando essas crianças experimentam rejeição ou se sentem menosprezadas por um dos pais, elas entram na defensiva e revidam. Quando nossos filhos se tornam Combativos, nossos próprios instintos protetores entram em ação e é extremamente difícil manter a compaixão e a gentileza com eles. Mas, se entendermos que eles estão usando máscaras, podemos acessar sua essência e trazê-los amorosamente de volta aos seus corações dizendo coisas como:

> *Vejo que te frustrei. Entendo que às vezes eu posso te deixar doido. Eu te magoei, e peço desculpas. Vejo que te machuquei e que você se sente invalidado e menosprezado. Sinto muito por ter te causado sofrimento. Você não precisa brigar comigo para ser compreendido. Eu te entendo. Agora você pode relaxar.*

Quando as crianças são muito pequenas, você pode usar uma versão abreviada, como uma das seguintes:

A mamãe te deixou chateado?
O papai te assustou?

Estou vendo que você está muito bravo comigo. Sinto muito por ter te deixado chateado. Daqui a pouco você pode me contar sobre o quão chateado eu te deixei.

Quando observamos nossos filhos no modo Combativo e não resistimos a eles, mas fluímos junto com eles, permitimos que eles se sintam validados sendo exatamente como são. Não gritamos e não nos enfurecemos, pois isso é realmente a coisa menos produtiva a se fazer quando nossos filhos já estão no modo Combativo. Em vez disso, assumimos nossa parte na cocriação da máscara deles. Compreendemos que eles usam suas máscaras para se proteger de nós. Em vez de ficarmos chateados com eles por essa resposta, assumimos a responsabilidade por nosso papel nela.

Assim como nossas próprias máscaras de ego se desenvolveram a partir do sofrimento, a máscara do Combativo dentro de nossos filhos também é resultado desse processo. Quando entendemos isso, podemos tentar acessar a dor interior deles. Essa abordagem gentil e compassiva é a única maneira de ajudar nossos filhos a se afastarem do ego e voltarem à sua essência.

A CRIANÇA REPARADORA

É realmente difícil para um pai ou uma mãe não amar uma criança Reparadora. Essas são as crianças cujas máscaras de ego realmente funcionam para nós. Nossos egos adoram essa máscara de ego em nossos filhos! Lembra da Aneika? Ela era um exemplo clássico de uma garota doce e agradável que usava a máscara de Reparadora para deixar seus pais ainda mais felizes com ela. Usar essa máscara eventualmente a esgotou, mas ela deixou os egos de seus pais extremamente felizes enquanto a usava.

Como podemos aprender com o caso da Aneika, essa é a armadilha a ser evitada: se não prestarmos atenção na natureza enganadora dessa máscara, usaremos e abusaremos de nossos filhos para satisfazer nossas próprias necessidades. O resultado pode ser que as crianças desrespeitem seus próprios limites para obter nossa aprovação e, posteriormente, se tornem presas fáceis para outras pessoas na vida. Por esse motivo, precisamos prestar atenção especial em nossas crianças Reparadoras e resistir à tentação do ego de usá-las e abusar delas para nossa própria satisfação.

Aquelas que normalmente tendem a usar essa máscara são as crianças Supercomplacentes e as crianças Tranquilas e Alegres. Essas crianças têm uma predisposição para concordar, então é fácil para nós, como pais, passar por cima delas e moldá-las de acordo com nossos próprios comandos. Justificamos nossas ações dizendo: "Bem, elas disseram sim" ou "Elas queriam seguir nossas opiniões", o que nos permite não confrontar nossa própria sombra.

Quando estamos sintonizados com os temperamentos inerentes de nossos filhos, especialmente com as crianças do tipo Supercomplacente, somos capazes de perceber melhor as máscaras que podem adotar sob pressão. Essa compreensão pode evitar que eles precisem usar quaisquer máscaras. Podemos garantir a essas crianças superansiosas que são perfeitas do jeito que são dizendo algo como:

Vejo que está se sentindo ansioso agora e quer resolver isso fazendo mais do que o normal. Você quer cuidar de nós, mas essa não é sua responsabilidade. Talvez você esteja com medo de que não iremos te amar do jeito que você é. Mas amamos. Você não precisa fazer mais do que já está fazendo. Você é perfeito do jeito que é. Quero que se lembre disso.

Quando ajudamos nossos filhos a perceberem suas máscaras impostoras de forma gentil sem reagir, permitimos que eles se conectem com seus sentimentos sem se sentirem julgados ou repreendidos. Mais uma vez, só podemos fazer isso com eles quando partimos de um lugar de abundância e senso de valor. Caso contrário, é provável que usemos e abusemos de seus egos para nos servir, o que, por sua vez, solidifica seus egos. Conhecer nossos filhos nesse nível profundo nos ajuda a nos sintonizar com eles e a encontrá-los onde estão.

A CRIANÇA DISSIMULADA

A máscara de ego Dissimulado é usada devido à necessidade desesperada da criança por elogios e aprovação. Um Supercomplacente pode se tornar subconscientemente viciado em ser uma estrela para obter atenção e reconhecimento. Essa máscara também pode ser usada por crianças Sonhadoras-Reclusas, que alternam para essa máscara a fim de evitar sentirem-se isoladas ou excluídas. Essas crianças podem se esforçar ao máximo para serem notadas e sentirem um senso de pertencimento, pois foram envergonhadas e ridicularizadas por seu comportamento recluso. A criança Rebelde Não Conformista também pode seguir nessa direção buscando atenção ao quebrar as regras.

Essa máscara pode se parecer com aquelas usadas pelo tradicional palhaço da turma, o engraçadinho, a rainha ou o rei do drama, ou a criança "má" e rebelde. Essa é uma máscara que busca atenção a todo custo e tentará obtê-la de toda forma possível. Se pudéssemos ouvir o grito interno do Dissimulado, ouviríamos clamores por atenção: "Você me nota? Você gosta de mim? Você se importa?" Quando estamos atentos a essa máscara, podemos ajudar nossos filhos a ser libertarem dela gentilmente e com compaixão dizendo coisas como:

Eu te vejo agora e sempre. Percebo o quão incrível você realmente é. Você não precisa mais carregar o fardo de tentar chamar minha atenção. Eu negligenciei suas verdadeiras necessidades, e vou mudar minha forma de agir para atendê-las melhor. Você é minha prioridade, e vou garantir que sinta isso vindo de mim.

As máscaras de busca de atenção são usadas a partir de uma necessidade subconsciente desesperada de serem notadas. Como pais, podemos reconhecer nossa parte nisso fazendo-nos perguntas como estas:

O que estou fazendo que contribui para meu filho sentir-se tão desesperado por atenção?
Estou tão distraído em minha própria vida que não estou prestando atenção nas necessidades do meu filho?
Como posso estar mais presente para o meu filho?

As crianças Dissimuladas carregam a dor de não se sentirem validadas ou reconhecidas pelo que são. Como resultado, sentem a necessidade de usar essa máscara para conseguir o que estão perdendo de seus pais. Sintonizar-se com sua dor ajudará essas crianças a removerem suas máscaras impostoras para que possam se sentir livres para serem quem realmente são.

AS CRIANÇAS ESTÁTUAS E FUGITIVAS

Quase toda criança pode se tornar um Estátua ou um Fugitivo em algum grau. Tudo depende do nível de trauma pelo qual estão passando. Embora um Sonhador Recluso tenha mais tendência a se retrair, essas duas máscaras impostoras estão menos relacionadas à natureza da criança do que à natureza do trauma envolvido. Quanto mais inconsciente e agressivamente abusivo um pai ou uma mãe é em relação a uma criança, ou quanto mais negligencia suas necessidades, mais a criança congela, se dissocia e escapa de sua realidade.

As pistas de que as crianças são Estátuas ou Fugitivas estão em seu comportamento em relação aos pais. Elas se afastam? Isolam-se em seus quartos e se escondem de você? Esses são sinais de que se sentem traumatizadas e desejam ficar afastadas. Essas crianças usam paredes grossas em torno de suas emoções para se proteger da ira dos pais inconscientes. Quando estamos conscientes dessas máscaras, por meio da compaixão podemos ajudar gentilmente nossos filhos a abandonar sua armadura dizendo coisas como:

Eu entendo por que você está agindo assim comigo. Eu te machuquei muito no passado e agora você não confia no nosso relacionamento. Você sente que não pode ser amado e que não tem valor. Eu contribuí para esse sentimento. Eu quero mudar. Você me permite mostrar que eu estava errado e que você merece ser tratado de forma melhor? Eu estava inconsciente das minhas ações e quero reparar e renovar nosso relacionamento porque você significa muito para mim.

Essa máscara de ego esconde um enorme sofrimento dentro da criança. Quando somos capazes de olhar além da armadura para a criança interior trêmula e com medo, talvez possamos nos conectar da maneira que a criança precisa. Essas crianças são como filhotes maltratados com medo de mais rejeição e trauma. Elas precisam de muita paciência e cuidado dos pais para trazê-las para fora de suas sombras e para a luz do amor e da alegria.

COLOCANDO EM PRÁTICA

Voltamos agora à ideia de prestar atenção aos seus filhos e às suas reações a eles. Essa é a prática mais importante para identificar as máscaras impostoras de seus filhos. Observar as nuances em seus comportamentos e prestar atenção aos seus sentimentos não expressos ao mesmo tempo que não permite que seu próprio ego seja ativado — isso é fundamental. Saber que nossos filhos estão usando máscaras é uma coisa, mas manter nossas próprias máscaras desligadas é a parte complicada.

Manter-se em contato com seus sentimentos ao longo do dia ajudará você a não ser ativado pelas máscaras de seus filhos. Práticas de autocuidado, como exercícios, meditação, descanso e relaxamento, nos ajudam a permanecer centrados quando nossos filhos se comportam mal. A seguir estão algumas afirmações concretas que me ajudaram a permanecer centrada quando o ego da minha filha estava me atingindo. Cada uma aborda uma parte diferente da dinâmica.

O que está acontecendo com meu filho?
Meu filho está cheio de sentimentos que não consegue expressar.
Meu filho está com medo e está usando uma máscara para se proteger.
Meu filho está sentindo que não tem nenhum controle e esse comportamento é a única maneira de recuperar um senso de controle.

O que está acontecendo comigo?
Estou com medo de perder o controle.
Estou com medo de ser uma mãe/pai ruim.
Estou com medo de que meu filho não me respeite.

Afirmações para curar minha criança interior:
Você tem valor da forma como é. Você não precisa de um ego para se sentir valorizado.
Você é responsável por suas próprias emoções. Ninguém mais é.
O comportamento do seu filho não reflete sua capacidade de ser pai/mãe.
Seu valor não depende do estado de espírito do seu filho.

O que meu filho precisa de mim agora?
Meu filho precisa que eu esteja presente e centrado.
Meu filho precisa que eu seja o adulto na situação.
Meu filho precisa que eu não o julgue.
Meu filho precisa que eu entenda que ele está passando por momentos difíceis.

Manter-se em contato com nossos próprios sentimentos é de crucial importância se quisermos criar um relacionamento mais forte com nossos filhos, pois reforça a consciência de que eles também experimentam sofrimento, assim como nós. Essa compreensão é fundamental se quisermos ser forças de cura em suas vidas. Ao vermos a dor e a humanidade deles através de lentes semelhantes às que usamos para enxergar as nossas próprias, conseguimos nos aproximar mais de nossos filhos, estar em maior sintonia com eles e nos conectarmos mais. Esse é o poder de uma comunhão compartilhada: ela forja uma união. Qual poderia ser a forma mais poderosa de alcançar essa comunhão do que ver a dor dos nossos filhos como um eco da nossa própria dor?

Passo 14

Domine a linguagem das crianças

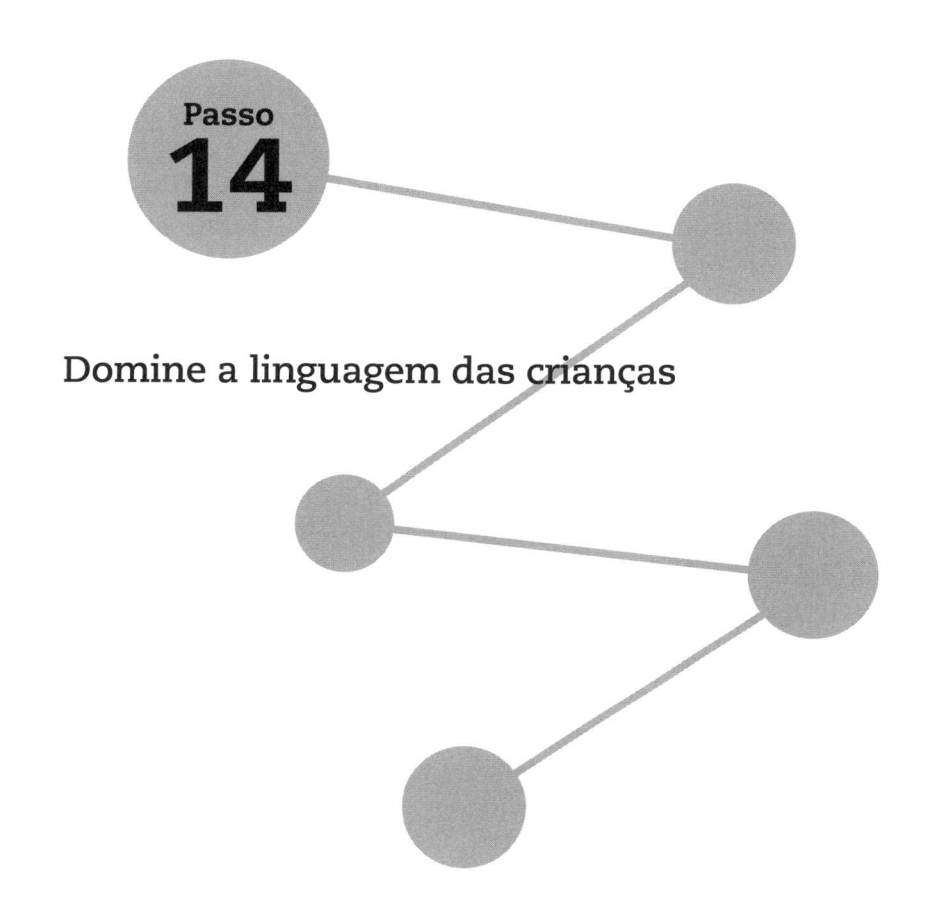

> Seus comportamentos são uma cortina de fumaça.
> Eles distraem, desviam e dispersam
> Do verdadeiro sofrimento que há em você,
> Da verdadeira raiz por trás de tudo isso.
> É ali que meus olhos precisam procurar
> E meu coração precisa sentir.
> Preciso focalizar suas dores e medos,
> E é ali que preciso ajudá-lo a se curar.

As crianças se expressam em sua própria linguagem e nem sempre se comunicam de maneira direta ou articulada. Aliás, os adultos também não o fazem. Se a maioria dos adultos tem dificuldade em expressar efetivamente seus sentimentos, imagine o esforço que isso representa para uma criança. Se ao menos todos nós tivéssemos aprendido a reconhecer e expressar nossos sentimentos na infância, não estaríamos na situação em que nos encontramos. Sem isso, não percebemos nossas próprias pistas e então despejamos nossos sentimentos de um jeito descuidado no mundo externo, ou em nós mesmos, de várias maneiras que não são saudáveis. Às vezes, fazemos isso por meio da raiva ou de explosões, e outras vezes por meio do isolamento ou da ansiedade. É preciso um desejo consciente e intencional de aprender a decodificar sentimentos e transformá-los em uma comunicação clara.

Uma das principais desconexões entre o jeito das crianças e o jeito dos adultos é a linguagem do brincar. As crianças brincam, mas os adultos não. Aqui está uma grande desconexão entre como as crianças processam o mundo e como nós o fazemos. A maioria dos adultos não gosta de brincar com crianças; eles acham que é perda de tempo. Claro, muitos adultos brincam de algum esporte com seus filhos ou um jogo de tabuleiro estruturado, mas apenas brincar? Não. É entediante e improdutivo. Mas aqui está a questão: o brincar desestruturado e imaginativo é a linguagem primária da criança. Portanto, se nós, pais, não podemos nos envolver com elas em sua primeira linguagem, imagine a desconexão.

As crianças brincam antes de falar, analisar, se educar ou trabalhar. Esta é sua linguagem primária. A razão disso é que a capacidade de pensamento crítico e do pensar para a vida real ainda não se desenvolveu nelas. Seus cérebros ainda estão em desenvolvimento e em um estado de existência onírica, pelo menos até cerca dos sete anos de idade. Elas interpretam seu mundo por meio de símbolos, imagens e metáforas. Não têm palavras, rótulos ou análises críticas para suas experiências. Elas vivem por intermédio da experiência direta.

Seus primeiros anos são cruciais porque é a fase em que as crianças são mais vulneráveis e absorvem mais as energias ao seu redor. Como sua capacidade de pensamento analítico ainda não está em vigor, elas são presas indefesas para influências externas. Quanto mais lixo é jogado em seu caminho, mais sua mentalidade é poluída. Quanto menos despejarmos lá, mais livres elas serão para cultivar uma conexão profunda com seu conhecimento interno. Os anos antes dos sete anos são os mais cruciais para o bem-estar psicológico, pois é durante esse período de tempo que a base emocional da criança é estabelecida.

Forçamos as crianças a abandonarem sua linguagem primária antes de estarem prontas e a entrarem em nosso mundo de jogos estruturados e competitivos, regras, notas e aprendizado instruído. É aqui que nossas crianças já ficam em desvantagem, tendo de abandonar sua língua materna, por assim dizer, e aprender uma língua estrangeira — a dos adultos. Brincar com as crianças significa entrar em seus mundos de imaginação e possibilidades. Significa se agachar no chão como um filhote de cachorro ou se arrastar pelo tapete como uma cobra. Claro, brincar com as crianças pode ser irritante, mas é isso que significa entrar no mundo de nossas crianças em vez de transplantá-las para o nosso.

Veja bem, a maioria de nós não entende como as crianças falam, pensam ou agem. Interpretamos seus comportamentos pelos olhos de um adulto e pela lente do nosso próprio ego. Como resultado, estamos completamente em desacordo com elas. Se apenas as entendêssemos melhor, poderíamos nos conectar melhor. É isso que esta etapa pretende ensinar a você: como interpretar as ações e os comportamentos dos seus filhos para que você possa estabelecer um vínculo profundo com eles.

Não posso dizer o quão frequentemente os pais vêm até mim perturbados com o choro de seus filhos. Muitas vezes, essas crianças têm menos de sete anos. O que os pais não entendem é que é assim que as crianças comunicam angústia — por meio do choro. Elas ainda não têm palavras para falar sobre suas dificuldades ou medos, então choram. Os pais interpretam isso como algo não natural ou anormal.

Muitos de nós, pais, ficamos incomodados e nos sentimos mal quando nossos filhos falam conosco de uma maneira que percebemos como rude ou indiferente. Lembro-me quando Maia, por volta dos doze anos, disse "Não suporto você!" porque ela estava chateada com algo. Nossa, como eu me agarrei àquela frase. Meu modo vítima entrou em ação total.

"Como se atreve a dizer isso! Como pode ser tão cruel quando faço tanto por você?" E continuei tentando fazê-la se sentir mal.

Ela finalmente disse: "Mãe, eu estava chateada. Não quis dizer isso. O que eu quis dizer é que eu não suporto isso, não você! Por que você leva tudo para o pessoal?"

Aquele momento abalou meu mundo e revolucionou minha abordagem. Eu tinha ampliado a declaração dela para uma proporção tão catastrófica que fiquei sentindo pena de mim mesma, me sentindo como se não fosse querida ou amada. Minha criança interior havia sido totalmente ativada. Quando ouvi a interpretação dela do que tinha dito, meus pensamentos mudaram completamente: "Ah, ela não quis dizer da maneira que eu estava interpretando. Ela não quis fazer um ataque pessoal. Eu simplesmente não entendi como ela usa as palavras quando está chateada. Preciso decodificar a linguagem dela de forma diferente." Agora, quando Maia diz algo que parece pessoal, mesmo que seja "Eu te odeio!", interpreto como "Eu odeio *isso*, mãe!".

Existe um ditado que circula pelos grupos da psicologia popular: "As crianças sabem exatamente como mexer com a gente." O que essa afirmação implica é que nossos filhos sabem quais são nossos pontos fracos, e é missão deles fazer coisas que toquem nesses pontos. Isso é uma grande mentira, e muito prejudicial, porque faz com que os pais fiquem alertas ao redor de seus supostos filhos malvados, que estão "pronto para pegá-los"! Você percebe como esse tipo de pensamento causa desconexão?

A verdade é que nossos filhos não sabem quais são nossos pontos fracos, nem se importam. Eles não estão "querendo nos prejudicar". Eles estão mais interessados em ser eles mesmos e descobrir como se divertir ao máximo na vida. Entender esse fato é fundamental para nos afastarmos da ideia de que nossos filhos são intencionalmente manipuladores e estão tramando contra nós. As crianças podem ser espertas ao encontrar maneiras de satisfazer suas necessidades? Claro que sim! Mas isso não significa que elas sejam intencionalmente mentirosas ou más. E, se elas escolhem usar a manipulação contra nós, cabe a nós nos perguntarmos: "Como contribuí para que meu filho sinta a necessidade de me manipular dessa forma em vez de me pedir diretamente o que deseja?"

Um dos gatilhos mais comuns para os pais é acionado quando seus filhos mentem para eles. Eli era um desses pais. Ele estava furioso com o filho, Noah, por mentir sobre suas notas na faculdade. Noah deu a impressão a seu pai de que suas notas eram boas e que tudo estava sob controle. Quando Eli descobriu mais tarde que Noah tinha mentido e que, na verdade, mal estava passando nos exames, Eli ficou furioso. Ele veio para a terapia com Noah e expressou sua raiva: "Eu te criei para ser uma pessoa honesta, e aqui está você — o maior mentiroso do mundo. Você passou vergonha e humilhação. Acho que não posso confiar em você novamente!"

Enquanto ele dizia essas palavras, Noah abaixou a cabeça. Era evidente que a raiva de seu pai estava afetando-o profundamente. Eu tive de intervir. Perguntei: "Eli, você consegue entender por que seu filho mentiu? Ou por que as pessoas mentem no geral? Não acha que ele mentiu porque estava com medo de contar a verdade? Você ficaria fora de si. Seu filho mentiu porque se importava com o que você pensava sobre ele. Mentir parece ser algo negativo à primeira vista; mas, se olharmos mais fundo, podemos ver que também é um símbolo positivo do desejo da pessoa de não decepcionar o outro ou enfrentar sua ira."

Quando eu disse essas palavras, Eli ficou calado e contido. Então ele disse: "Sabe, o engraçado é que eu menti para o meu pai no ensino médio. Ele costumava me deixar na casa do meu professor de violino. Eu odiava tocar violino, mas era tão importante para o meu pai que segui nisso. Mas metade das vezes em que ele me deixava lá, eu nem ia. Ficava no parque ou jogava bola ou conversava com meus amigos no telefone. Eu encobri a mentira por alguns meses, mas eventualmente meu professor disse ao meu pai que eu não estava indo às aulas. E meu pai perdeu a cabeça. Ele não falou comigo por alguns meses. Não consigo nem expressar o quanto me senti envergonhado. Queria gritar com meu pai e dizer a ele que eu não era um mentiroso, que tinha medo da raiva dele, mas as palavras nunca saíram. Meu relacionamento com meu pai nunca foi o mesmo depois disso. E agora, olha só, estou agindo exatamente da mesma maneira com meu próprio filho. Não é engraçado?"

Fiquei aliviada por Eli não levar muito tempo para se colocar no lugar do filho e se relacionar com sua experiência. Eu repito várias vezes aos pais que atendo: "Se seus filhos não se sentem seguros ao seu lado e você os controla demais, é natural que mintam. Eles fazem isso para sobreviver emocionalmente à sua decepção e ira. Eles mentem porque se importam com suas reações. Se não se importassem, não fariam o esforço de mentir para você." É difícil para os pais compreenderem esse conceito, pois fomos condicionados a acreditar que todas as mentiras devem ser punidas. Essa é uma abordagem simplista que não chega ao cerne da questão. A verdade é que a mentira, assim como muitos comportamentos, é um sintoma e uma pista de que algo mais profundo está em jogo. Se nos concentrarmos só na superfície dos comportamentos, perdemos de vista o que realmente está acontecendo. A mentira é um exemplo perfeito. À primeira vista, parece um comportamento muito negativo. Mas quando nos voltamos para dentro e nos perguntamos "O que esse comportamento está escondendo?", podemos nos surpreender com o que encontramos.

Todo o seu comportamento egoico e desalinhado, assim como o de seus filhos, é um sinal de que algo em nosso interior não está bem. Se conseguirmos lembrar dessa verdade simples, podemos pausar e nos voltar para dentro em busca da verdadeira necessidade escondida sob o comportamento. As palavras e as ações externas simplesmente precisam ser decodificadas para descobrirmos quais são os sentimentos internos. Os sentimentos direcionam e fundamentam nosso comportamento, sempre. Se pudermos começar a usar o comportamento externo como uma maneira de decifrar o nosso SINAL, podemos começar a compreender o contexto das causas e dos efeitos. Isso abre as portas da compaixão, compreensão e conexão, em vez da negligência, rejeição ou vergonha.

Aqui estão algumas perguntas que podemos fazer a nós mesmos para nos ajudar a decodificar o comportamento dos nossos filhos e chegar aos sentimentos reais por trás dele:

> **O que esse comportamento está tentando me comunicar?**
> **A qual dor interna esse comportamento está apontando, por que ela está lá e como posso ajudar a transformá-la?**
> **Qual é o nível de intensidade do sofrimento do meu filho agora?**
> **Quais recursos preciso ativar?**

Os comportamentos não são iguais. Alguns são sinais de um sofrimento interno de nível um, outros de um sofrimento de nível cinco. Descobrir qual é qual leva tempo e uma sintonia cuidadosa.

Na ilustração na próxima página, podemos ver como as palavras de uma criança podem desencadear uma reação egoica por parte dos pais, a menos que estes mergulhem em seu interior para descobrir o que está acontecendo com a criança. Aqui, a criança está dizendo coisas angustiantes e que são um gatilho para a mãe, mas, como você pode ver, a criança está sentindo todo tipo de coisas que não consegue expressar. Compreender o significado latente é fundamental.

O primeiro nível podemos chamar de onda; o comportamento da criança é um sinal indicando que algo está um pouco fora de lugar, mas a criança se sente segura de que, eventualmente, suas necessidades serão atendidas.

O segundo é meio que um alerta: a criança está mais resistente, mas ainda tem esperança e está otimista de que suas necessidades internas serão atendidas. O terceiro nível é como uma chama, com a criança mais volátil e frustrada por suas necessidades estarem sendo ignoradas. A temperatura vai aumentando e precisamos prestar atenção ao sofrimento interno e aos sentimentos da criança. O quarto nível é mais como uma bomba-relógio, no qual a criança se mostra muito opositora e distante. A criança sente que a única maneira de lidar com sua dor é erguer uma barreira enorme entre si e o pai ou a mãe. Elas evitam os pais e frustram qualquer demonstração de afeto ou conexão. Sua dor é tão intensa que elas não conseguem imaginar tolerar nem mesmo a menor rejeição.

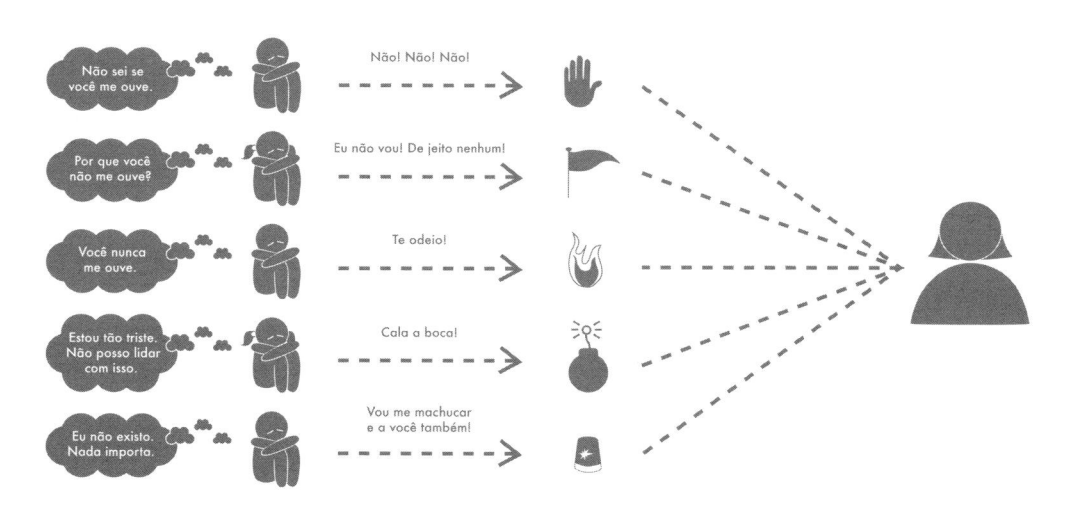

O quinto nível é um alarme de risco ainda mais elevado, no nível de perigo das sirenes. Aqui, todos os alarmes precisam ser acionados, pois a criança está em grave angústia e no ponto de se machucar e machucar os outros. O estado interno da criança está desprovido de qualquer conexão consigo mesma ou com os outros. A criança não sente que sua existência importa. Quando as coisas chegam a esse nível, encorajo os pais a buscar apoio e recursos externos.

Avaliar sua própria temperatura emocional e a de seu filho é vital para entender como abordá-lo com conexão em vez de conflito. Todos os comportamentos de nossos filhos comunicam sobre seus mundos emocionais internos. Descobrir isso é a chave para a conexão.

Uma vez que compreendemos plenamente que os comportamentos de nossos filhos são apenas uma máscara ou um símbolo de algo mais profundo — um sinal —, toda a nossa abordagem pode mudar. Em vez de reagir aos seus comportamentos superficiais, seja mentir ou desrespeitar, podemos usar nossas lentes de raios X da paternidade consciente e enxergar além desses comportamentos para perguntar: "O que realmente está acontecendo com meu filho? Quais são suas verdadeiras necessidades emocionais e como posso atendê-las?"

Assim como aprendemos a fazer para nossos próprios conflitos internos, precisamos ativar nosso Eu aguçado — o Terceiro *Eu* — para ajudar nossos filhos a se sentirem compreendidos e ouvidos. Assim como fizemos por nós mesmos na Etapa Dois, agora precisamos estar presentes para o sofrimento interno dos nossos filhos de uma maneira que seja compassiva e conectada. As seções a seguir sugerem o que poderíamos dizer a nós mesmos para nos mantermos centrados quando nossos filhos nos mostram uma das cinco máscaras. Estou usando o mesmo modelo nos exemplos de parentalidade que seguem para demonstrar como cada uma das diferentes máscaras impostoras de nossos filhos pode ser acalmada e validada.

CRIANÇAS COMBATIVAS

As crianças combativas buscam recuperar um senso de controle atacando seus pais de alguma forma quando uma sensação de falta de senso de valor é despertada dentro delas. Por exemplo, elas podem dizer: "Eu te odeio!" Pais que estão conscientes e não são ativados pela sua própria criança interior podem sintonizar a temperatura emocional de seus filhos e tentar entendê-los a partir de uma perspectiva mais profunda. Quando os pais fazem isso, eles deixam as palavras de ataque passarem despercebidas sem dar atenção a elas. Esses pais são capazes de dizer a si mesmos:

> *Meu filho está usando palavras para explicar seu caos interno e a perda de controle. A raiva e as frustrações externas são reflexo de uma sensação de vazio e contradição internas. Se eu reagir às palavras perdendo o controle dos meus próprios sentimentos, vou criar mais caos. Minha tarefa como pai ou mãe é entender a dor do meu filho e ajudar a aliviar essa angústia.*

CRIANÇAS REPARADORAS

As crianças reparadoras expressam sua ansiedade interna e perda de controle de maneira "reparadora" quando são provocadas por um sentimento de falta de valor. Elas se submetem ao poder dos pais e tentam se adequar aos desejos deles. Essas crianças esperam que, ao se curvarem à vontade dos pais, possam amenizar seus medos em relação à sua própria falta de valor e obter aprovação e validação. Em vez de simplesmente reagir a essa máscara do ego e "usar" o desejo dos filhos para seu próprio benefício, os pais precisam perceber que eles estão passando por algum sofrimento. Os pais que conseguem enxergar por trás da máscara de seus filhos lembram que:

> *Meu filho está sentindo rejeição ou senso de falta de valor, e é por isso que está agindo de forma tão complacente e disposta a agradar. Esse não é o verdadeiro eu dele. Minha tarefa como pai é entender seu sofrimento e ajudar a aliviar a angústia interna garantindo que ele tem valor como é e não precisa se curvar aos meus desejos para se sentir valorizado.*

CRIANÇAS DISSIMULADAS

As crianças dissimuladas estão famintas por atenção, buscando e exigindo elogios e validação quando algum gatilho ativa o medo de sua própria falta de valor. Elas começam se comportar mal ou exageram nas palhaçadas. Em vez de serem provocados por essa máscara do ego, os pais conscientes entendem que a criança está sentindo falta de algo por dentro, como um senso de valor, pertencimento e importância. Quando a mãe ou o pai é capaz de olhar para dentro e identificar as verdadeiras necessidades da criança, consegue se conectar ao medo interno dela de não pertencer e garantir a ela que ela é importante exatamente como é. Esses pais são capazes de lembrar que:

> *Meu filho está tentando buscar minha atenção e meu foco. Como posso oferecer isso a ele para que não precise recorrer a comportamentos extremos? Minha tarefa como pai ou mãe é entender a dor do meu filho e ajudar a amenizar essa angústia interna.*

CRIANÇAS ESTÁTUAS

Crianças estátuas se retraem e ficam paralisadas quando encaram gatilhos. Quando os pais conseguem olhar para dentro de si, eles podem se conectar com os medos internos de seus filhos. Esse tipo de criança entra em pânico porque se sente indesejável e sem valor. Em vez de ficarem chateados com a reação de retração das crianças, os pais podem ter compaixão e responder de maneira mais consciente e humana. Eles conseguem lembrar:

> *Meu filho está se fechando porque se sente inseguro e não se sente visto. Está sentindo uma perda de importância e poder e, como resultado, só se sente confortável se retraindo. Minha tarefa como pai ou mãe é entender seu sofrimento e ajudar a amenizar essa angústia interna. Preciso encontrar uma maneira de criar segurança para o meu filho para que ele possa lentamente sair de sua retração e confiar em mim novamente.*

CRIANÇAS FUGITIVAS

A criança que foge dissocia, se afasta e escapa quando algo aciona seu sentimento de falta de valor. É claro, uma criança assim muitas vezes vem de um lar onde existe muito trauma e abuso, motivo pelo qual ela adota uma máscara tão dura. Quando os pais conseguem olhar através da máscara para encontrar a verdadeira necessidade da criança, podem se conectar aos medos internos dela de se sentir sem valor e inútil. Esses pais podem se lembrar deste fato fundamental:

> *Meu filho está em um estado extremo de angústia por causa do trauma em sua infância. Eu faço parte desse trauma direta ou indiretamente. Preciso curar meus próprios padrões disfuncionais para poder curar o trauma do meu filho. Minha tarefa como pai ou mãe é compreender o sofrimento do meu filho e ajudar a amenizar essa angústia. Preciso desfazer os padrões do passado e começar a reconstruir a confiança e a segurança desde o início.*

Você consegue perceber o quão poderoso é não ativar o próprio ego e, em vez disso, se conectar com seus filhos em um ponto emocional mais profundo? Quando estamos cientes de que os comportamentos superficiais de nossos filhos refletem sempre um estado interno, somos capazes de nos conectar e nos relacionar mais profundamente com eles. Em vez de tornar tudo sobre nós mesmos e nossas próprias reações, oferecemos aos nossos filhos o presente da nossa compaixão, presença e sintonia. Uma vez que nossas próprias questões emocionais são resolvidas, podemos entender de verdade a temperatura emocional dos nossos filhos e usar seus comportamentos como pistas para nos ajudar a chegar a uma conexão mais profunda.

COLOCANDO EM PRÁTICA

Vamos colocar o que aprendemos em prática. Se você tem crianças pequenas, tente brincar com elas por curtos períodos ao longo do dia. Se você tem filhos mais velhos, tente se envolver com eles por meio de jogos ou outras atividades divertidas. Esses momentos de conexão serão de grande ajuda para aprofundar seu vínculo.

Fazer a nós mesmos a pergunta sobre o que está acontecendo por trás do comportamento de nossos filhos é fundamental para nos conectarmos com seus sentimentos e atendê-los no nível emocional. Fazer a si mesmo essas perguntas irá te ajudar a perceber que sinais emocionais você e seu filhos estão dando: "Qual é a temperatura emocional hoje? Estamos estressados? Infelizes? Ansiosos? Esperançosos? Empolgados?" Essas emoções subjacentes têm o poder de afetar nosso comportamento e o de nossos filhos. Acrescente a isso estresses como trabalho ou provas e pressões dos colegas, e você tem um barril de pólvora emocional em potencial.

Aferir nossa temperatura emocional é vital para nos mantermos conectados com nosso estado interno e o de nossos filhos. Pare ao longo do dia para sintonizar sua temperatura emocional e a de seus filhos — logo pela manhã, no almoço ou logo antes de ver seu filho depois da escola. O que está sentindo e o que eles estão sentindo? O que você pode fazer para cuidar do seu mundo interno ou do mundo interno deles naquele momento? Manter sua "visão de raios X dos sentimentos" ao longo do dia permitirá que se mantenha em contato com o que está acontecendo sob a superfície e esteja sintonizado com o seu estado emocional e o de seus filhos.

Eu frequentemente me lembro do seguinte para evitar me deixar envolver pelos comportamentos da minha própria filha:

Eu não gosto desse comportamento, mas ele está tentando me dizer algo. O que é?

Esse comportamento está me mostrando como meu filho se sente por dentro. O que ele está sentindo?

Meu filho está agindo assim comigo por causa do que sente em relação a si mesmo. Como posso ajudá-lo?

Os comportamentos do meu filho não são ataques pessoais contra mim, mas espelhos pessoais do mundo interno dele. Como posso alcançá-los?

Você percebe como essas perguntas criam curiosidade e um desejo compassivo de ajudar nossos filhos? Talvez você possa desenvolver sua própria lista de perguntas para ajudá-los a manter seu ego sob controle durante momentos desafiadores com eles.

Passo 15

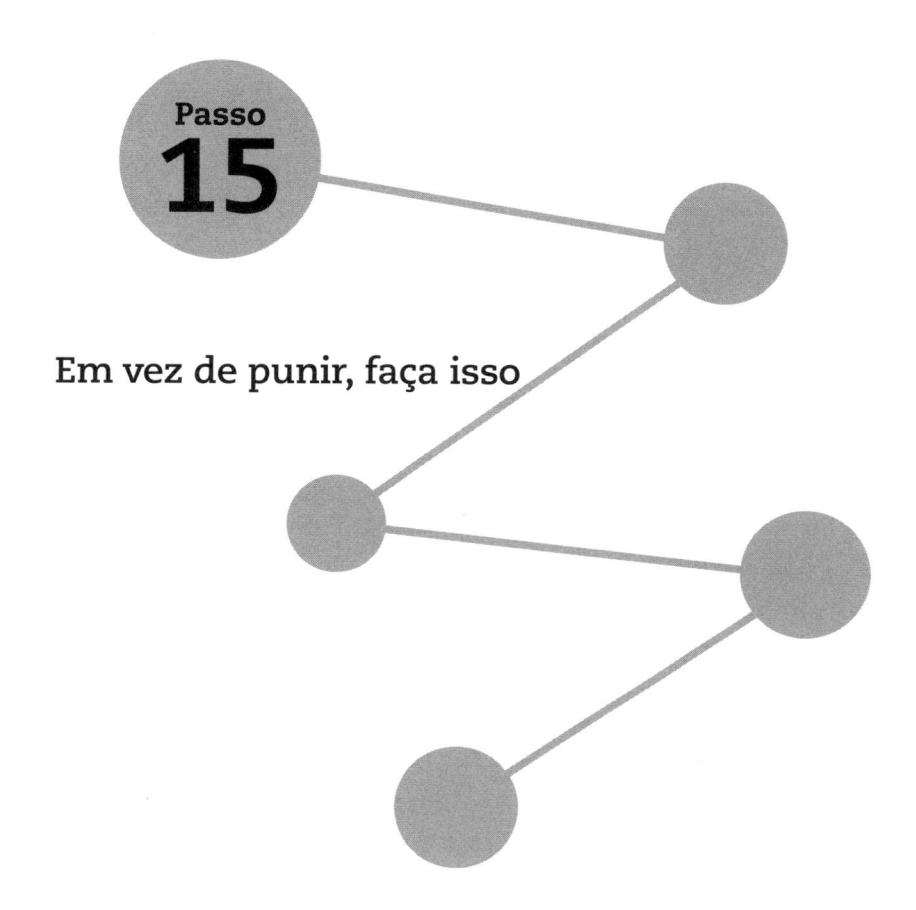

Em vez de punir, faça isso

Por que eu acredito que tenho o direito de te punir,
Ou o direito de te envergonhar, gritar, berrar e te humilhar,
Ou o direito de possuir e dominar você,
Ou o direito de prejudicar ou violar seu corpo soberano?
Por que acredito que você só aprende por meio do medo,
Ou que você deve obedecer minha palavra ou sofrer minha ira,
Ou que, a menos que eu destrua sua identidade, você destruirá a minha?
Por que acredito em coisas tão tóxicas
Que me fazem lutar contra você em vez de me conectar,
Que me fazem te ver como inimigo em vez de meu aliado?
Essas crenças devem ser descartadas, queimadas, incineradas e enterradas
Para que eu possa recomeçar — de uma nova maneira,

> Na qual não se trata mais de eu contra você,
> Mas sim sobre afinidade mútua e conexão recíproca.
> Isso não se trata mais do meu poder sobre você,
> Mas sim sobre nossa jornada pela vida juntos,
> Na qual caminhamos juntos, lado a lado,
> Como dois, mas em uma mesma direção,
> Rumo à nossa união como professor e aluno.

Há uma grande sombra na criação dos filhos que precisa ser exposta, e é a sombra em torno de toda a ideia de disciplina. Eu escrevi um livro inteiro sobre disciplina, chamado *Out of Control* (Fora de controle), que aconselho que você leia se quiser se aprofundar nesse assunto. Mas, para o que estamos discutindo agora, irei direto ao ponto. O paradigma atual em torno da disciplina parental é extremamente tóxico, inconsciente e, ousaria dizer, às vezes criminoso. Ele é fortemente baseado em uma atitude de punição, e o uso dessa abordagem realmente precisa parar. A criação consciente não se trata de punir ninguém, especialmente nossos filhos. Não se trata de usar o medo, controle e manipulação para obrigar nossos filhos a obedecerem. Há outra forma. Podemos ensinar nossos filhos de uma maneira que não tem nada a ver com dominação.

Antes de explicar em detalhes, preciso avisar que esta seção pode trazer lembranças dolorosas porque a maioria de nós foi criada com uma abordagem tradicional da disciplina, também conhecida como punição. A maioria de nós escutou gritos, foi envergonhada, espancada, punida de alguma forma. Quero que você se torne consciente de suas crenças em relação à punição porque seu passado influenciará fortemente em como você absorverá esta próxima seção.

Uma das primeiras coisas que gostaria de abordar é o quão prevalente e onipresente é essa noção de punição. O que é particularmente perturbador em toda a "indústria" da disciplina parental é que ela é um paradigma não questionado. Continuamos empregando a punição como se fosse universalmente endossada e até mesmo fosse uma ordem divina. Estou aqui para dizer a você que a disciplina parental, da maneira como temos executado por meio do uso da punição, é um dos elementos mais egocêntricos da nossa humanidade, que afeta não apenas nossos filhos, mas todos os aspectos de nossas vidas.

A disciplina parental tradicional é basicamente disseminar medo e intimidação. É cruel, preguiçosa e dominada pelo ego. Ao intimidar as crianças com humilhação e medo, os pais ensinam a seus filhos que tal dominação e violência são aceitáveis e endossadas. Essas crianças então crescem para se tornarem a próxima geração de agressores que não veem nenhum mal em dominar os outros ou a própria terra. No cerne da destruição atual de nossa Terra, está o paradigma tóxico da disciplina parental. E tudo começa na infância.

A disciplina parental tradicional é centrada no princípio fundamental de que os pais têm direitos livres e irrestritos de "corrigir" os comportamentos de seus filhos da maneira que considerarem adequada. Eles podem punir seus filhos à vontade, e a punição é glorificada como "educação". Todos os pais têm esse direito, pense nisso: *todos* os pais têm esse direito, não importa qual seja o nível de consciência deles ou se estão curados de sua própria "disciplina" traumática do passado. É como colocar uma ogiva nuclear nas mãos de uma pessoa emocionalmente instável. Não é sensato, é? Bem, é o que temos feito. Nós demos aos pais acesso irrestrito aos corpos e mentes de seus filhos sem consequências. Coloque esse poder nas mãos erradas, e você terá abuso desmedido. E infelizmente, não há ninguém por perto para proteger nossos filhos de nós mesmos.

Vamos fazer uma lista das coisas que os pais acreditam ter o direito de fazer com seus filhos:

Envergonhá-los publicamente ou em particular.
Bater, dar tapas e espancar.
Gritar com eles.
Castigá-los, trancá-los.
Atirar coisas neles.
Recusar-se a expressar amor a eles.
Negligenciá-los.
Retirar seus pertences.

Ninguém questiona o julgamento dos pais ou contesta a autoridade deles, exceto em casos extremos de abuso — cuja maioria permanece escondida da visão pública. A punição é apenas a maneira com a qual os pais corrigem o comportamento de seus filhos há séculos, e continuará sendo assim, a menos que haja uma forma diferente de criar nossos filhos.

Como pais, foi nos dado o poder de invadir a vida dos nossos filhos e dominá-los da maneira que desejarmos. Ninguém realmente se atreve a nos impedir; afinal, nossos filhos nos pertencem e, portanto, são nossas propriedades. As pessoas têm medo de dizer aos pais que suas atitudes estão erradas ou são tóxicas com receio de retaliação. A maioria dos pais não ousaria se comportar com outros adultos da maneira como fazem com seus filhos. Não ousaríamos "punir" outros adultos em nossas vidas. Sabe por quê? Os outros adultos poderiam retaliar de uma dessas maneiras:

Acabar com o relacionamento.
Revidar.
Denunciar o abuso às autoridades.

Como nossos filhos são indefesos, nos damos o direito de fazer com eles o que quisermos. Esse é um poder muito perigoso de se entregar, e, por essa razão, é preciso estar consciente dessa dinâmica de poder. É aqui que entra a paternidade consciente. Ela nos ensina que as antigas formas de disciplina não são apenas arcaicas, mas tóxicas e disfuncionais. Elas criam estresse e tensão para a criança e corroem a conexão entre pais e filhos de muitas maneiras. O pai consciente entende que essas técnicas surgem do ego e corroem o senso de valor da criança.

O antigo paradigma da disciplina parental é baseado em controle, medo, culpa e vergonha. Não conhecemos outra forma. Alguns de nós podem optar por não bater fisicamente em nossos filhos, mas continuamos a agredi-los emocionalmente. Não importa a técnica exata usada, o ponto principal é que esse tipo de disciplina é baseado no ego dos pais. Enquanto esse ego não for controlado, continuará corroendo o senso de valor, segurança e autorrespeito de nossos filhos.

Controle, medo, culpa e vergonha são técnicas que não ensinam nossos filhos da forma como esperamos que ensinem. A verdadeira educação não surge da força ou da manipulação, mas de um desdobramento orgânico do conhecimento interno da pessoa. Essas são técnicas artificiais usadas para manipular e oprimir o outro para obter conformidade. Certamente, elas darão aos pais uma sensação temporária e falsa de domínio e poder, mas é algo que não dura muito. O que os pais não percebem é que, juntamente com sua sensação temporária de monarquia, surgem uma série de outros problemas, todos relacionados ao desenrolar mental de seus filhos. Ditadores usam essas técnicas para fazer lavagem cerebral em seus cidadãos e conseguir que sigam suas diretrizes de forma robótica. É isso que você deseja para seus filhos, que passem por uma lavagem cerebral para se tornarem servis e obedientes? Ou prefere chegar a um entendimento que emerge de um lugar profundo deles em oposição a uma reação que eles são forçados a ter por medo?

Crianças criadas com opressão eventualmente fazem uma de duas coisas quando adultas: continuam a oprimir a si mesmas, tornando-se seus próprios opressores, ou procuram outros para oprimir e subjugar. Isso não é aprendizado ou educação. Isso é agressão tóxica contra si mesmo e os outros.

A disciplina pelo paradigma tradicional muitas vezes é aclamada como educação ou como algo que é feito no "melhor interesse" da criança. Essa é uma ideia completamente ilusória e precisa ser desmascarada por sua insanidade. A disciplina tradicional é apenas uma coisa: abuso. Somente quando chegarmos a esta conclusão, estaremos dispostos a mudar nossos próprios padrões.

Você está disposto a abraçar um novo conjunto de ideais e uma nova forma de ser? Você consegue imaginar nunca precisar usar força ou violência com seus filhos — nunca precisar castigar, bater ou dar palmadas? Você consegue visualizar essa nova realidade como pai ou mãe? Sim, é possível, mas exige que os pais passem por uma transformação revolucionária.

Um dos primeiros passos que dei em minha própria jornada em direção à parentalidade consciente foi eliminar a opção da violência física ou emocional em relação à minha filha. Simplesmente não era uma opção. Uma vez que afastei isso, comecei a eliminar toda a linguagem ou comportamento que sugerisse uma tentativa de violência física ou emocional. Embora não fosse perfeita nisso — admito que perdi a paciência e gritei com minha filha —, eu me esforcei para diminuir essas formas tóxicas de ser o mais rápido possível. Não o fiz por meio de humilhação ou culpa, mas trabalhando nas minhas próprias feridas internas, como mostrei a você ao longo deste livro. Conforme o tempo passava e minha consciência se expandia, me tornei cada vez melhor em evitar essas técnicas tóxicas, e minha conexão com minha filha cresceu cada vez mais.

Então, como podemos criar nossos filhos sem usar de controle, dominação e humilhação? Existe um caminho: o caminho da parentalidade consciente. O princípio fundamental da parentalidade consciente é a conexão, antes de tudo. Frequentemente, dou aos meus clientes esse lembrete poderoso: *conecte antes de corrigir*.

Conexão antes da correção: esse é um princípio fundamental da parentalidade consciente. Nós montamos os blocos que compõem essa base ao longo deste livro. Quando nos perguntamos "Como posso me conectar com o que meu filho está sentindo agora?", toda a nossa energia se transforma, passando da dominação para a parceria. Manter esse foco é a chave para aprofundar a conexão com eles. Para detalhar ainda mais e colocar em prática, uso a sigla NLC: *negociação, limites, consequências*. Quando seguimos esses três pilares da parentalidade consciente, não apenas educamos nossos filhos de uma maneira bonita, mas também preservamos nossa conexão com eles. E mais importante, preservamos a conexão deles com seu próprio valor e poder internos. Vamos dar uma olhada mais profunda em cada um desses pilares.

Negociação

Quando falo sobre negociar com as crianças, os pais muitas vezes resistem. Por quê? É muito trabalho, muito bate e rebate. E acredite, eles estão certos. É mais difícil negociar com nossos filhos do que simplesmente dar ordens a eles. Mas a negociação é uma estratégia muito mais saudável do que mandar cegamente porque permite que nossos filhos se sintam empoderados e validados. Todos os seres humanos prosperam quando percebem que têm controle sobre suas próprias vidas. Mesmo que eles não tenham um controle real, é importante que percebam algum tipo de controle.

Nossos filhos anseiam pela percepção de controle sobre suas próprias vidas. Quando damos a eles uma enxurrada de ordens cegas e esperamos que cumpram, roubamos sua autoridade interna e os ensinamos a se desconectarem de seu saber interior. Mas ao manter um diálogo de negociação, permitimos que eles se sintam respeitados e valorizados. Comunicamos aos nossos filhos que eles são importantes o suficiente para que a gente leve suas opiniões em consideração e absorvamos sua perspectiva sobre as coisas. Em vez de ignorar suas opiniões, demonstramos que nossos filhos são importantes o suficiente para que desaceleremos e nos dediquemos a um diálogo que considere o bem-estar deles e cultive seus pontos de vista. Com nossos melhores amigos nos comportamos dessa forma, então por que não com nossos filhos?

Aqui está como a negociação pode acontecer: se seu adolescente quer fazer uma festa em casa quando você não está na cidade, e você discorda, como você lida com a situação? Você diz: "Você está louco? De jeito nenhum!"? Ou você para um pouco e pondera sobre o pedido, assim como faria com um amigo? Talvez possa dizer: "Sei que você quer fazer uma festa, mas não acho seguro quando eu não estiver em casa. Como podemos chegar a um acordo que permita que nós dois tenhamos nossas necessidades atendidas, você fazer a festa e eu garantir a sua segurança e a de seus amigos?" Talvez seu filho concorde em fazer a festa quando você estiver em casa, e você concorde em dar privacidade ao seu filho ficando em outra parte da casa. Ou talvez você chegue a outro acordo completamente diferente. Independentemente do resultado, é o processo de negociação entre pai e filho que é fundamental aqui. Isso ajuda a criança a se sentir respeitada e conectada, em vez de ser controlada e receber ordens cegamente.

Quando nossos filhos veem que estamos abertos a negociar um novo caminho com eles, se sentem ouvidos e respeitados, todos ganham. Nossa abertura para negociação permite que eles abaixem suas próprias defesas e se abram para um acordo mutuamente benéfico. Eles entendem que isso não é uma batalha e que nós, como pais, estamos do lado deles. Em vez de lutar contra nós, eles se abrem para trabalhar em parceria. Essa é uma maneira maravilhosa de construir conexão e nutrir o vínculo que compartilhamos.

Quando você adota a abordagem de negociação, não se trata tanto de quem cede ou quem ganha, mas de algo muito mais profundo — a atitude que tomamos em relação à situação como um todo. Nós abordamos a situação com cuidado e consideração pelo ponto de vista de cada um, ou é apenas sobre uma pessoa? Uma abordagem de negociação mostra aos nossos filhos que suas vozes são igualmente válidas. Essa abordagem dá a eles consciência de como usar suas vozes e a compreensão de que eles importam.

As circunstâncias podem se tornar acaloradas e complicadas, e às vezes é difícil chegar a um acordo. Isso é normal. O objetivo não é chegar a um destino fácil. Em vez disso, o objetivo é comunicar aos nossos filhos que estamos dispostos a criar com eles um diálogo que respeite seus pontos de vista. Em resumo, uma abordagem de negociação demonstra aos nossos filhos que eles são dignos de serem ouvidos e tratados como seres autônomos, não importando sua idade.

Já consigo ouvir suas objeções: "Mas não podemos negociar tudo com eles. Algumas coisas são inegociáveis." E você está certo. Algumas coisas *são mesmo* inegociáveis, e saber quais são elas é extremamente importante. Vamos discutir esse tópico mais detalhadamente nas próximas seções sobre estabelecer limites. Mas antes de se animar com a ideia de criar uma lista de coisas inegociáveis, deixe-me avisar que apenas algumas coisas na vida podem se enquadrar nessa categoria. Quando dizemos que algo é inegociável, isso significa que está além do diálogo — é uma questão de lei e ordem. Queremos criar nossos filhos em um lar regido pela lei e pela ordem? Ou queremos que eles sintam que vivem em um lar onde tudo está aberto para discussão e diálogo? Em que tipo de lar você preferiria viver?

Quando se trata de coisas inegociáveis, é importante entender que ter muitas delas cria rigidez e repressão. A vida é simplesmente muito complexa, com muitas situações intricadas de causa e efeito, para ter muitos pontos inegociáveis. Se agíssemos assim, estaríamos vivendo em uma ditadura. Perderíamos de vista a floresta por causa das árvores.

Declarar algo como inegociável significa que nós, como pais, puxamos a tomada, apertamos o botão vermelho e tomamos as decisões. Significa que nos impomos e não pedimos a opinião de ninguém. Essa abordagem só pode ser usada em situações extremas. Como sabemos, a vida não pode ser vivida com fluidez e facilidade se tivermos muitas regras rígidas. Por exemplo, se criarmos regras inegociáveis em torno dos horários das refeições ou do sono, corremos o risco de nos depararmos com esses problemas diariamente. Tornar esses horários inegociáveis é um convite para o desastre, dado que as crianças estão em constante mudança. Queremos nos envolver em batalhas todos os dias? Ou é melhor ter acordos que sejam vagamente definidos e criados por meio de negociação com nossos filhos? Dessa forma, não nos colocamos em conflito constante. Permanecemos abertos ao que se apresenta dia a dia, momento a momento, sem colocar pressão indevida sobre nós mesmos.

Sinceramente, as únicas regras inegociáveis que eu estabeleci estão relacionadas à segurança. Se houver questões de segurança, como causar danos a si mesmo ou a outros, é necessário estabelecer limites rígidos. Chamo esses comportamentos de "sinais de alerta" — abuso de substâncias, por exemplo, ou comportamento de automutilação, como cortar-se, ou pensamentos ou impulsos suicidas. Para o restante da vida, mantenho uma mente aberta e uma abordagem flexível para considerar todas as complexidades antes de me colocar e colocar meu filho em um canto rígido.

Quando você encara a vida sob a perspectiva do crescimento e da fluidez, você a vê como uma série constante de negociações, uma troca e um intercâmbio, por assim dizer. Nessa abordagem de reciprocidade e mutualidade, não há uma dinâmica de chefe-subordinado, nem uma mentalidade de "do meu jeito ou rua". Vemo-nos como parte de um fluxo em que cada elo na cadeia de causa e efeito deve ser considerado e respeitado.

Ver a criação dos filhos como uma série de negociações se trata realmente da postura com a qual abordamos nosso relacionamento com os filhos. A execução real dessas negociações acontece no próximo nível — o nível dos limites. É aí que realmente colocamos as coisas em prática. Mas primeiro precisamos acertar a postura. Abordar nossos desafios como pais sob a perspectiva de parceria, em vez de batalha, faz toda a diferença. Uma abordagem de parceria permite que nossos filhos trabalhem conosco em um acordo mútuo em vez de se sentirem como se estivessem em guerra conosco. O resultado é alegria e conexão em vez de estresse e discussão.

Limites

Como estabelecemos nossos limites com nós mesmos e com os outros influencia profundamente como nos apresentamos em nossos relacionamentos. Sem consciência dos nossos limites, seremos arrastados pela correnteza em nossos relacionamentos, com pouca ideia de como chegamos onde estamos. Essa consciência é especialmente importante na criação dos filhos, pois nossos filhos constantemente apresentam situações que parecem testar nossos limites. Se não tivermos uma clara consciência de como lidar com essas situações, vamos confundir as coisas e confundir nossos filhos. Vamos analisar como podemos pensar sobre limites de uma maneira consciente.

Tem havido muita conversa sobre limites na psicologia moderna. Parece que a resposta para muitos dos nossos problemas de relacionamento é estabelecer limites. Embora isso possa ser verdade em certo nível, precisamos ter cuidado, pois há uma armadilha aqui. Se não estivermos conscientes, nossos limites rapidamente se transformam em muros que usamos para nos proteger do sofrimento do mundo exterior. Quando estabelecidos dessa forma, eles são construídos a partir do medo e do controle de nossos egos. Esses limites deveriam ser chamados de "muros", pois são projetados para manter os outros fora de nossas vidas, para que não possam nos causar mais sofrimento. Em vez de desconstruir a dor e curá-la, isolamos o outro. Ao fazer isso, evitamos realizar o trabalho real necessário para nos compreendermos em um nível mais profundo.

Limites verdadeiros nem sempre são uma reação ao mundo externo, embora às vezes possam ser. Em vez de serem estabelecidos por uma reação impulsiva de medo e controle, os verdadeiros limites são criados por intermédio do crescimento e da consciência. Eles não são erguidos devido ao pânico e ao medo, mas sim por amor-próprio e autovalorização. Se alguém nos machuca, não criamos um muro para afastá-lo. Em vez disso, estabelecemos novos limites em relação ao que é aceitável para nós e o que não é com base em nosso amor-próprio e autovalorização. Permitimos a entrada daqueles que correspondem ao nosso crescente respeito por nós mesmos e mantemos afastados aqueles que não correspondem. Dessa forma, não se trata da pessoa X ou Y, mas sim do nosso senso interno de quem somos e dos padrões que desejamos estabelecer para a forma como os outros interagem conosco. Você percebe a diferença sutil, porém profunda?

Agora, vamos aplicar essa mesma compreensão à criação dos filhos. Todos nós queremos estabelecer limites saudáveis e flexíveis com nossos filhos sem isolá-los por meio do medo ou do controle. Como criamos esses limites? Bem, o primeiro passo sempre é interno: precisamos nos sentar com nós mesmos e sermos realmente sinceros. Precisamos tomar consciência da natureza dos limites que desejamos estabelecer. Lembre-se: em vez de criar inadvertidamente muros entre nós e nossos filhos, precisamos incorporar princípios de vida que naturalmente se manifestam como limites, mas que têm menos a ver com o comportamento dos nossos filhos em si e mais a ver com nossas próprias formas de viver e ser.

Por exemplo, não tomamos os biscoitos de chocolate dos nossos filhos porque eles estão comendo muitos e engordando. Como percebemos que eles não são saudáveis para ninguém em nossa casa, limitamos a compra deles, ponto. Não restringimos o tempo de tela apenas da criança que está indo mal na escola; em vez disso, restringimos o tempo de tela para toda a família porque muito tempo de tela gera desconexão. Portanto, estabelecemos um horário para que todos desliguem as telas, e nenhum de nós pode usar telas em nossos quartos. Percebe a diferença? A primeira maneira cria limites em reação ao comportamento de alguém. A segunda os cria a partir de uma filosofia de vida que é mais duradoura e aplicável a todos em casa.

Quando criamos limites por uma reação a outra pessoa, tendemos a mantê-los de maneira confusa e inconsistente. Eles não são bem pensados nem integrados a uma filosofia básica. Mas limites criados após uma reflexão consciente e ponderada sobre nossa relação mais profunda conosco tendem a ser mais claros e duradouros. Para contemplar uma percepção consciente dos nossos limites, precisamos fazer as seguintes quatro perguntas-chave:

1. *Para quem é realmente esse limite?* Meu limite é baseado nas necessidades do meu próprio ego ou nas necessidades do meu filho? Essa é a pergunta-chave a se fazer, a pergunta que muitos pais não fazem, pois simplesmente presumem que estão agindo no melhor interesse da criança. Mas, como sabemos agora, essa suposição nem sempre é verdadeira. Eu diria que nossos limites surgem principalmente de nossas próprias expectativas e desejos, e raramente dos nossos filhos.

Por exemplo, se temos um limite em relação ao tempo que nosso filho deve praticar piano, precisamos nos perguntar se queremos que ele toque piano para nós ou realmente para si mesmo. Se for para ele, não deveria praticar de forma voluntária? Nosso filho realmente gosta de tocar piano? Se sim, por que estamos tendo lutas diárias em relação ao tempo de prática? Estamos sendo dogmáticos em vez de sermos flexíveis e perguntar o que nosso filho acredita ser melhor para si mesmo?

Outro exemplo é a hora de dormir. Estabelecemos o horário com base nas reais necessidades de descanso e ciclos de sono pessoais e únicos do nosso filho, ou porque queremos assistir ao nosso programa favorito na Netflix? A maioria dos nossos limites surge do desejo de satisfazer nossas próprias vontades, e, portanto, esses limites são voltados para o nosso ego. Eles surgem das nossas fantasias, vontades e expectativas, e muitas vezes não levam em consideração as necessidades e desejos do nosso filho.

Isso nos leva à próxima pergunta:

2. *Meu limite é para satisfazer meu ego ou para a melhorar a vida?* O que isso significa? Os limites voltados para o ego, como o que acabei de descrever, são criados porque atendem às ideias ou expectativas dos pais. Um limite voltado para a melhoria de vida é diferente. É um limite que realmente existe no melhor interesse da criança e que se mantém ao longo do tempo em todo o mundo (na maior parte das vezes). Quais são os exemplos de limites volta-

dos para a melhoria da vida? Eles envolvem coisas como ter uma boa higiene, receber educação, manter-se saudável, não causar danos a si mesmo ou aos outros e manter-se conectado à comunidade. Você consegue ver como esses são diferentes de tocar piano ou aprender basquete? Limites voltados para a melhoria da vida são fundamentais para o senso de identidade e o bem-estar de nossos filhos no mundo, sem os quais eles realmente terão dificuldades. Por outro lado, limites voltados para o ego são sobre desejos individuais escolhidos pelo pai ou a mãe que a criança não precisa necessariamente cumprir para sobreviver ou prosperar no mundo. Sinceramente, nunca joguei basquete na minha vida, e acho que estou muito bem. E muito menos sou uma pianista incrível. Você entende o que quero dizer?

Você pode me dizer: "Tudo bem, Dra. Shefali, mas e se meu filho não quiser fazer nada além de jogar videogame e eu concordar, é só isso que meu filho vai fazer?" Aqui está um ponto importante que precisa ser enfatizado: ceder aos desejos dos nossos filhos não é encorajador se esses desejos forem destrutivos. Você entende como jogar videogame em excesso pode ser destrutivo para eles? Essa seria minha resposta: "O desejo de ficar desconectado por horas em frente a uma tela surge de necessidades e desejos do ego que não são realmente encorajadores. É válido para você estabelecer limites e negociar, já que esses limites irão preservar a conexão do seu filho com a vida." Limites encorajadores preservam a conexão dos nossos filhos com eles mesmos e conosco. Esses limites levam em consideração o temperamento e as necessidades das nossas crianças de maneira saudável e integrada. Quando nos concentramos em saber se algo é encorajador para nossos filhos, direcionamos nossas intenções para o bem-estar deles e criamos caminhos baseados nessas intenções.

Para estabelecer um limite em relação ao desejo de nossos filhos de jogar videogame, podemos dizer algo assim: "Seu bem-estar emocional é minha prioridade máxima. Jogar videogame em excesso não é bom para o seu bem-estar emocional. Isso te isola no quarto, impedindo a interação com sua família ou seus amigos. Você não sai para brincar ou se exercitar. Quero respeitar seu desejo de jogar videogame, mas você também precisa se respeitar. Como podemos negociar uma maneira de fazer as duas coisas: jogar videogame e cuidar do seu bem-estar emocional?"

Quando somos firmes sobre a mensagem de que jogar videogame em excesso não é bom para o bem-estar deles, nossos filhos podem não gostar desse limite, mas entenderão o que estamos dizendo. Quando veem que estamos agindo com base em seus melhores interesses, é mais provável que estejam dispostos a encontrar novas soluções.

A terceira pergunta que precisamos fazer é esta:

3. *Do que meu limite é feito?* Quais são os ingredientes do meu limite? É feito de pedras ou areia? Precisamos decidir o quão rígidos ou flexíveis devem ser nossos limites. Precisamos perguntar:

Quais são meus limites rígidos?
E por que eles existem?
Posso aderir a eles?

Quando adentrei a maternidade pela primeira vez, era ingênua e arrogante. Tive a audácia de ter limites rígidos em relação à maioria das coisas. Pensava que era isso que os bons pais faziam — tinham horários e planos fixos, assim como limites consistentes e claros. Então, comecei a criar esses limites rígidos para minha filha pensando que, se me apegasse a eles, eles se tornariam rotina com o tempo.

Por exemplo, eu tinha uma programação completa de coisas que precisavam acontecer depois do jantar: 19h limpar e organizar, 19h15 o banho, 19h30 a hora da história, 19h45 a hora de dormir, e tudo terminava até as 20h. Inevitavelmente, coisas aconteciam e o cronograma era atrasado. Quando via o tempo passando, sentia pressão para cumprir o cronômetro. Eu ficava irritada e frustrada quando via minha filha enrolando no jantar ou demorando demais no banho. Então, um dia, parei e me perguntei: "Por que estou agindo como se a hora de dormir fosse imutável? Quem disse que precisa ser exatamente às 19h45? Por que não pode ser o que for, contanto que seja entre 20h e 21h? Por que estou criando expectativas tão rígidas que apenas um robô poderia cumprir?" Quando me dei conta de que nenhuma arma estava apontada para minha cabeça, soltei um suspiro de alívio e imediatamente senti a pressão se dissipar. Fiz um compromisso naquele momento de não estabelecer mais prazos e expectativas artificiais para mim, pois isso afetava diretamente a alegria e a espontaneidade da minha filha.

Se seu filho está se divertindo especialmente na banheira naquele dia, você pode se adaptar e se render às risadas e aos sorrisos. Não há necessidade de um limite rigoroso, não é? Libere a válvula de pressão e aproveite o momento presente com sua abundância e diversão. Se seus filhos estão especialmente agitados na hora de dormir e não conseguem se acalmar, mergulhe em suas emoções e dê a eles espaço para encontrarem seu equilíbrio. Em ambos os casos, você pode escolher a serenidade e a liberação em vez do estresse e do controle. Percebe como essa nova abordagem de "improvisar", que envolve ter limites de areia em vez de pedra, permite muito mais liberdade e brincadeira? A abordagem de horários rígidos pode criar um vulcão interno de pressão que eventualmente não tem alternativa senão entrar em erupção.

Uma parte enorme da criação de filhos tradicional é sobre limites consistentes. Embora esses limites sejam cem por cento ideais, esse objetivo não é realista; simplesmente não é possível ser consistente o tempo todo. Em alguns dias, podemos seguir a regra de "sem TV"; mas, se a mamãe está doente, não há babá disponível e as crianças não podem ser deixadas por conta própria, talvez, neste dia, assistir TV seja uma opção. Entende o que quero dizer? Quando estabelecemos parâmetros rígidos, nos encurralamos completamente e depois nos sentimos fracassados quando não conseguimos atender a esses padrões impossíveis.

Quando abordamos nossos limites com a consciência de que eles são feitos de areia, nos tornamos mais descontraídos e relaxados. Ter um limite feito de areia não significa que não estabelecemos limites; simplesmente os traçamos na areia, prontos para mudar conforme o vento move os grãos para um lado ou para o outro. Temos uma postura aberta e flexível no momento presente. Podemos ter um contorno geral para nossas formas de viver, por exemplo, um limite para a hora de dormir por volta das 20h, ou, como se diz na Índia, "perto das 8". O "por volta" traz uma atmosfera de leveza, humor e facilidade que nos encoraja a lidar com a incerteza da vida sem rigidez e perfeccionismo. Outro exemplo de um limite de areia é dizer ao seu filho algo como: "Vejo que você realmente quer ir para uma festa do pijama (ou pode ser sobre comprar um smartphone). Eu entendo sua necessidade. Estou dizendo que não é possível agora, mas vamos reconsiderar isso daqui a alguns meses (ou alguns anos, dependendo da questão)." Você percebe como nos inclinamos para os desejos da criança, mas com a consciência do que é melhor para ela no nível emocional?

Muitos pais têm dificuldade com essa abordagem, considerando-a indecisa e confusa. Entendo essa resistência. Eu ofereço uma consciência e uma compreensão diferentes da abordagem como sendo flexível, não indecisa. Quando temos clareza sobre a estrutura abrangente de criar limites que derivam de uma filosofia de vida, em vez de reagir a uma pessoa ou situação específica, podemos permitir flexibilidade dentro desse quadro maior.

Se nossa filosofia de vida inclui uma alimentação saudável, permitir flexibilidade ocasionalmente em relação à noite do sorvete ou biscoitos em uma festa de aniversário permite diversão e espontaneidade. Essa flexibilidade não se trata de ser indeciso, mas sim de ser flexível e ser divertir no momento presente. Se estamos firmes em nosso pensamento de que noventa e cinco por cento do nosso estilo de vida é saudável, podemos ser mais relaxados em relação aos nossos limites no momento presente.

Por fim, a última pergunta que podemos fazer é a seguinte:

4. **Como vou comunicar meus limites?** Usarei controle ou alma? Essa é outra pergunta importante que precisamos fazer ao criar limites amorosos e conscientes. Nosso tom e energia são amorosos e cuidadosos ou controladores e dominantes? Aproximamo-nos de nossos filhos com um tom de comandante-chefe ou com um tom de aliado e parceiro? Nós gritamos ordens? Ou nos envolvemos e convidamos nossos filhos a participarem da parceria?

Gritar ordens soa assim:

Limpe seu quarto agora mesmo!
Termine sua lição de casa neste exato minuto!

Criar parceria soa mais assim:

Olha, filhão, sei que você está cansado agora, mas podemos combinar que você vai arrumar seu quarto daqui a cinco minutos, por favor?
Ei, eu sei que você está curtindo o filme, mas está ficando tarde e logo vai estar na hora de jantar. Quando você planeja terminar seu dever de casa?

Vê a diferença? Qual você preferiria em seus relacionamentos? Preferiria que alguém gritasse ordens para você ou que gentilmente o envolvesse em um acordo que atendesse a ambos? Nossos filhos querem ser tratados com respeito e consideração, como nós.

Da mesma forma, mesmo quando pedimos aos nossos filhos para fazer algo que consideramos cuidadoso — talvez beber um suco verde, meditar antes de dormir ou doar roupas para caridade —, se o fizermos com uma atitude de controle, acabaremos com o mesmo resultado, como se tivéssemos dado uma ordem. Não se trata exatamente do que dizemos, mas sim do tom e da energia. Lembro-me de ensinar meditação à minha filha quando ela era pequena. Mesmo que isso fosse algo amoroso e consciente de se ensinar a ela, sabia que, se abordasse isso com uma energia pesada, arruinaria tudo. Eu não poderia gritar com ela: "Respire, um-dois-três, expire, um-dois-três, inspire!" Seria insano, e eu estaria indo contra os próprios princípios da meditação.

Tudo depende do nosso tom e energia porque eles representam nossa consciência interna e respeito pela parceria com nossos filhos. Eles são nossos parceiros nessa jornada da vida, ou são nossos escravos? Você vê como manter essas perguntas em mente nos permite criar limites conscientes que aprimoram nosso fluxo e conexão com nossos filhos? Em vez de criar barreiras entre nós, podemos construir pontes para que eles sintam que estão no mesmo time que nós, em vez de contra nós. Quando lembramos que a conexão com nossos filhos é o objetivo principal, somos capazes de nos tornar eficazes na criação e na manutenção de nossos limites.

Consequências

Vamos falar sobre as consequências e o que elas significam na criação consciente. Nossos filhos estão aqui para, em última instância, viverem suas próprias vidas. Isso significa que eles terão de arcar com as consequências de suas próprias escolhas. Se eles são perfeccionistas, terão de enfrentar as consequências desse estresse. Se têm um desempenho abaixo do esperado, essa tendência virá com suas próprias consequências. Se são procrastinadores ou excessivamente competitivos, esses comportamentos também terão consequências. Cada forma de ser terá suas próprias consequências. Não podemos controlá-las para nossos filhos.

Sabe qual é o maior benefício de permitir que nossos filhos lidem com as próprias consequências da vida, ou o que frequentemente chamamos de "consequências naturais"? Eles amadurecem melhor quando aprendem por meio das causas e efeitos diretos de suas próprias ações. A aprendizagem mais profunda vem da experiência direta. Todos nós sabemos dessa verdade intelectualmente; mas, quando se trata de criação dos filhos, tendemos a esquecer. Temos a crença ilusória de que nossos filhos nos pertencem e é nossa responsabilidade controlar suas escolhas e as consequências que essas escolhas acarretam. Que fardo enorme isso é para nós!

Adivinhe? Não é seu trabalho ou responsabilidade controlar as escolhas do seu filho e suas consequências, especialmente depois de uma certa idade, digamos, treze ou catorze anos. Em algum momento, precisamos soltar as rédeas que temos sobre eles e permitir que enfrentem as consequências. Não fazemos isso porque somos cruéis, mas porque sabemos, a partir de nossa própria experiência de vida, que essa é a única forma de aprender e crescer. Quando adotamos a abordagem de que as crianças aprendem melhor por meio de suas próprias experiências, podemos recuar e permitir que as consequências sejam a professora. Em vez de acreditar que precisamos ensinar uma lição e puni-los, permitimos que as consequências façam o trabalho.

Por exemplo, se nosso filho de dezesseis anos não fizer as tarefas da escola no prazo, não precisamos intervir e ameaçar punição. Por que corroer a conexão? O professor vai aplicar as consequências, e a criança terá de lidar com o que isso significa. Você pode dizer: "Mas e se eles não se importarem?" Minha resposta é: "Você não pode fazê-los se importar. Sua punição também não os fará se importar. Irá apenas criar ressentimento e desconexão."

As consequências naturais são os melhores professores da vida, muito mais profundos e eficazes do que qualquer recompensa ou punição que você possa oferecer aos seus filhos. Quando eles sentem a recompensa ou a punição natural, esse sentimento é o melhor orientador para os próximos passos. Mas para que as consequências aconteçam, você precisa se afastar e permitir que as experiências de seus filhos sejam o ensinamento. Por causa do nosso ego, isso é difícil para nós. Queremos ter controle sobre nossos filhos e suas escolhas, então não suportamos dar a eles o espaço para descobrir as coisas por conta própria.

Quando Melissa, uma estudante de engenharia de vinte e dois anos, decidiu mudar de curso no meio da faculdade e entrar na escola de culinária, seus pais ficaram loucos. Eles viram isso como uma queda de status e ficaram furiosos com a filha por não corresponder ao que eles consideravam ser seu potencial. Em vez de permitir que Melissa descobrisse suas próprias preferências, queriam controlar suas escolhas para que refletissem o que eles queriam para ela. Eles brigaram e se opuseram à escolha de Melissa por seis meses antes de me procurarem.

Durante esse período, Melissa desenvolveu um distúrbio alimentar devido ao estresse que sua decisão causou no relacionamento com os pais. Foi somente depois que eles vieram me ver que as coisas começaram a mudar — bem devagar no início. Levou muito tempo para ajudar os pais de Melissa a entenderem que ela precisava aprender com as causas e os efeitos de suas próprias decisões e não das deles. Eles não podiam mais interferir em como sua vida se desdobrava. Esses dias já tinham passado e realmente deveriam ter terminado quando ela entrou na adolescência. Depois de muita explicação, os pais de Melissa finalmente entenderam como era importante para eles abrirem mão do controle sobre a vida dela. Eles finalmente perceberam que o distúrbio alimentar de Melissa era uma reação direta à interferência excessiva deles em sua vida. Foi a maneira dela de criar algo que tivesse uma mínima sensação de controle. Eles relutantemente diminuíram o controle e permitiram que ela fizesse suas próprias escolhas. Hoje, Melissa é uma chef de sucesso em um restaurante apaixonada e feliz com sua carreira.

Nós, pais, não sabemos como libertar nossos filhos e não percebemos como o nosso excesso de envolvimento é prejudicial. Superprotegemos nossos filhos ao extremo, especialmente nesta era moderna. Quanto mais luxuosa se torna a nossa vida, mais superprotegemos nossos filhos. Isso não é saudável para eles. Quando chegam à adolescência, precisamos começar a cortar o cordão e libertá-los. No momento em que estiverem na faculdade, precisamos ter deixado de controlar suas vidas quase que completamente. Precisamos começar a permitir que tomem suas próprias decisões e cometam erros sem resgatá-los. Precisamos desafiá-los a assumir suas próprias responsabilidades e executar seus próprios planos, cada vez mais, sem nossa ajuda ou controle.

A criação consciente inclui a percepção de que a vida é uma grande parceira na jornada da paternidade e da maternidade. Com seus próprios egos sob controle, os pais conscientes percebem que não são os melhores professores para seus filhos. Os melhores professores para nossos filhos são suas próprias experiências. Portanto, pais assim entendem que podem se afastar e permitir que a vida fale e ensine. A vida é uma professora muito mais eficaz do que nós, pais, jamais poderíamos ser.

Por exemplo, quando nosso filho vem até nós e diz que quer aprender beisebol e basquete ao mesmo tempo, não dizemos: "Escolha um. É demais para lidar." O que dizemos? "Claro, vá em frente e tente. Se for demais, você pode desistir de um depois." Ou se a agenda dele já estiver muito cheia ou o custo for além do nosso orçamento, dizemos algo como: "Se você realmente quer isso, vamos fazer um primeiro e depois o outro. Assim, você pode dedicar toda sua energia a cada um." Percebe a diferença sutil, mas profunda, entre essas abordagens? A primeira abordagem, mais dogmática, interfere e gerencia as escolhas de nossos filhos por eles. A segunda confia que a vida mostrará a eles o caminho certo. A segunda abordagem convoca o poder da vida para ser seu parceiro consciente na coparentalidade.

Permita que seus filhos vivenciem a dor e a dificuldade de suas próprias escolhas. Permita que suas vidas se desenrolem de forma natural. Deixe que haja desilusões e decepções. Está tudo bem; eles não vão desmoronar. Tudo se resume a como gerenciamos essas situações. Se mostrarmos a eles que confiamos em sua capacidade de superar situações difíceis, eles não irão temê-las e vão realmente superá-las, mesmo que às vezes chorem e sofram.

Sei que é difícil para nós, pais, ver nossos filhos experimentarem o sofrimento, mas não há melhor professor. Se quer que seus filhos desenvolvam resiliência de verdade, permita que vivenciem suas próprias vidas da maneira que se apresentarem. Se seu filho não for convidado para a festa de aniversário de uma das crianças populares, seu instinto pode ser intervir e resolver a situação. Talvez você ligue para os pais da criança popular e implore para que convidem seu filho. A abordagem consciente não faz nada disso. Ela vê a situação como uma grande experiência de vida para seu filho, uma oportunidade de ensiná-lo que ele não pode esperar ser convidado para todas as festas e que nem todo mundo vai ser seu amigo. Permita que a experiência de vida dele ensine essa lição. Acredite em mim, ela vai ensinar. Nosso medo é que essas lições vão despedaçar seus corações, então nós nos intrometemos para protegê-los. A ironia é que dizemos que queremos que nossos filhos desenvolvam resiliência, mas depois ficamos tirando as experiências de vida que poderiam ensiná-los exatamente isso.

Quando nos afastamos das técnicas disciplinares tradicionais, como bater, gritar e punir nossos filhos de outras formas, entramos em um novo paradigma de respeito mútuo e empoderamento com eles. Nesse novo modelo, nossos filhos se veem como merecedores de tomar decisões por si mesmos no contexto de um relacionamento seguro conosco. Eles nos veem como seus aliados, não como seus ditadores. Quando trabalhamos em parceria com eles encontrando soluções juntos para as dificuldades da vida, eles se sentem capacitados ao saberem que suas vozes serão ouvidas e suas necessidades serão levadas em consideração. O antigo modelo de ditadura hierárquica traz apenas desconexão e impotência. Conforme nos afastamos de seus princípios obsoletos, renovamos e fortalecemos os relacionamentos com nossos filhos e criamos laços duradouros com eles.

COLOCANDO EM PRÁTICA

Há muito o que praticar, não é mesmo? Aqui está um checklist para usar todos os dias e se lembrar dos conceitos-chave. Incentivo você a colocá-la na geladeira como um lembrete constante.

- ✓ Sem dominação física ou violência.
- ✓ Sem xingamentos ou humilhação.
- ✓ Sem gritos ou berros.
- ✓ Não consertar as coisas ou controlar o sofrimento do meu filho.
- ✓ Não microgerenciar as decisões de vida do meu filho.
- ✓ Não comandar e dominar a agenda do meu filho.

Ao se comprometer com tudo isso, desafiamos a nós mesmos a agir de forma mais consciente. Também podemos colocar essas afirmações, para lembrar de abordar o processo de criação dos filhos de maneira amorosa:

Meu filho é meu parceiro nesta jornada chamada vida.
O cérebro do meu filho ainda está em desenvolvimento, então ele precisa que eu demonstre paciência e gentileza.
Meu filho ainda não tem consciência de como a vida funciona, então precisa de cuidado e atenção.
Meu filho é um ser soberano que deseja respeito, assim como eu.
Meu filho não é meu inimigo projetado para tornar minha vida difícil.
Os comportamentos do meu filho não são um ataque pessoal a mim.
Meu filho não quer ser humilhado ou envergonhado, assim como eu não quero.

Ao nos lembrarmos desses princípios, podemos adentrar um lugar de amor e gentileza dentro de nós e tratar nossos filhos com cuidado e compaixão, assim como gostaríamos de ser tratados. O antigo paradigma da disciplina, ou seja, punição, não tem lugar no mundo da criação consciente. Chegar a esse ponto de consciência é um grande passo em sua jornada.

Aqui está uma lista de coisas que você pode fazer agora mesmo com sua nova consciência — também é uma boa ideia colocá-la em um local visível:

Confie na jornada de vida do seu filho — ela irá ensiná-lo o que ele precisa aprender.
Escute os sentimentos e desejos dos seus filhos — isso fará com que se sintam vistos.
Tenha paciência com as confusões e erros dos seus filhos — eles são seres em crescimento.

Ao aplicar os novos princípios sugeridos aqui, provocará uma enorme mudança no relacionamento com seus filhos e os ajudará a se sentirem mais conectados não apenas a você, mas também ao seu próprio senso de valor e importância. Não é uma perspectiva incrível? Não viveríamos em um mundo muito melhor se todos sentíssemos esse senso de resplandecência e luminosidade? Isso é o que aspiramos alcançar por meio desse trabalho interior. Esforçamo-nos para substituir nossas teias de humilhação e repulsa por tesouros de empoderamento e valor. Conforme evolui, você irá se conectar com seus filhos de formas que só poderia sonhar — formas que um dia os ajudarão a voar e evoluir como nunca antes. Esse é o prêmio inestimável da criação consciente.

Passo 16

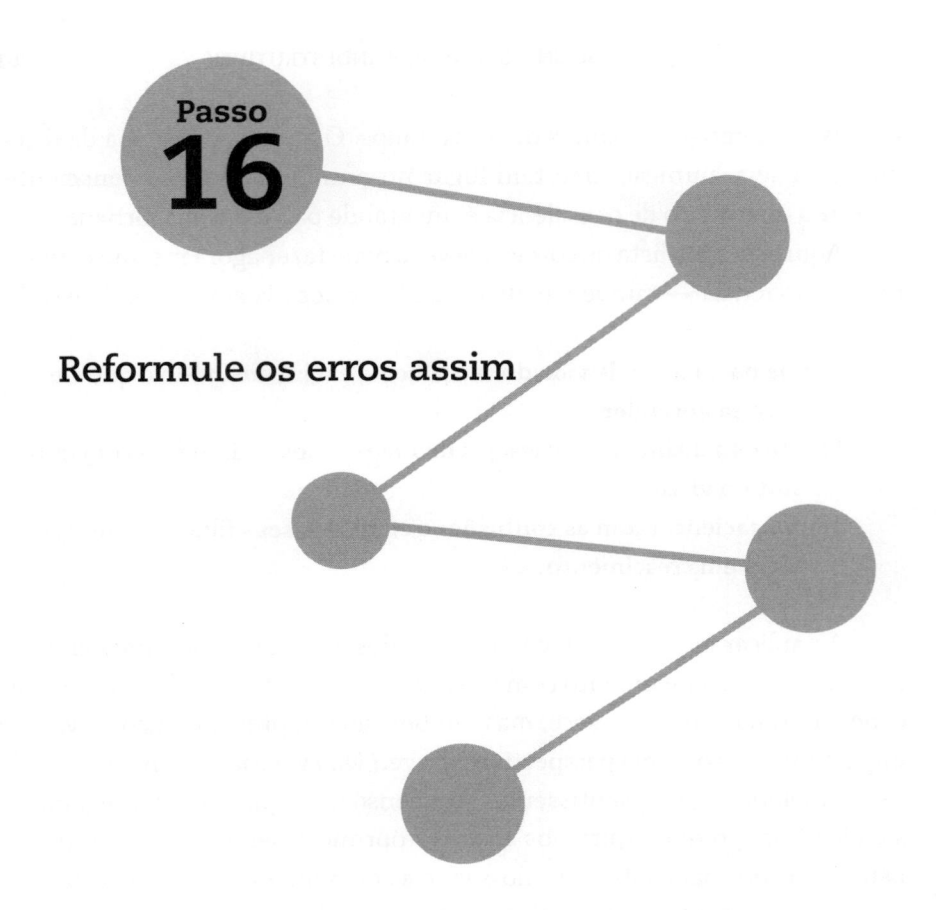

Reformule os erros assim

A vida é cheia de surpresas e grandes reviravoltas.
Às vezes, chegamos a becos sem saída,
Em outros momentos, descemos em curvas acentuadas.
Nossos corações ou nossas finanças podem quebrar,
Podemos ser demitidos ou ficar exauridos,
Podemos perder o rumo ou a sanidade.
Essa é a natureza da vida e o que significa ser humano.
A chave é encontrar joias entre as pedras.
Desenterrá-las e poli-las é a arte.

Como reparadores e controladores consumados, nós, pais, achamos difícil abrir mão desses papéis, especialmente quando se trata dos nossos filhos. Quando a vida deles está fora de controle, sentimos como se tivéssemos perdido o controle de nossas próprias vidas, então fazemos tudo o que podemos para controlá-los. Como fazemos isso? Forçando-os a seguir nosso roteiro o máximo possível.

A vida é difícil de controlar, não é? Imagine adicionar dois ou três filhos à mistura. A cada criança adicionada, a vida fica cada vez mais fora de controle. Se e quando a vida começa a entrar em uma espiral descendente de maneiras implacáveis e descontroladas, nossa ansiedade vai às alturas. Apertamos as rédeas em nossos filhos dando a eles uma agenda cheia com longas listas de coisas para fazer. Dessa forma, garantimos o máximo de previsibilidade possível. Temos a ilusão de que sabemos o que está prestes a acontecer em seguida.

Mas o que acontece quando nossos filhos não seguem os roteiros ou cometem erros e f**em com o plano? Perdemos a cabeça. Entramos em uma mentalidade apocalíptica e comunicamos isso a eles. E aí nossos filhos se sentem envergonhados e sem valor, e sofrem um grande impacto de longo prazo em sua capacidade de correr riscos e se aventurar em novas experiências.

Controlar nossos filhos com força e dominação nunca é algo positivo. Essa abordagem acabará minando a integridade do nosso relacionamento e terá efeitos devastadores na nossa conexão com eles. Tudo se resume à nossa capacidade de lidar com a vida quando ela não segue nosso roteiro ou ideias de perfeição.

O problema que temos com nossos filhos nunca se resume apenas aos erros deles. O verdadeiro problema é que eles estragaram *nosso* roteiro de como as coisas deveriam ser. Sair do roteiro faz com que sintamos que perdemos o controle. E esse é o problema real. Se estamos fazendo biscoitos e nos divertindo, e então um de nós derruba um quilo de farinha no chão, está tudo bem. Por quê? Estamos nos divertindo. No entanto, se estamos com pressa para chegar a uma reunião e nosso filho derruba um quilo de farinha no chão, de repente entramos em uma fúria assassina. É o mesmo quilo de farinha. A única diferença é se esse acidente foi "aceitável" com base em nosso planejamento para o dia. Mas porque não estamos dispostos a admitir nossos problemas com controle e dizer "Como tenho problemas de controle, seus erros fazem com que eu me sinta fora de controle, e isso me enlouquece", humilhamos nossos filhos dizendo: "Como pôde fazer isso? Que coisa idiota!" Percebe a diferença?

Deveríamos começar nos apropriando de como nos sentimos internamente. O último comentário atribui culpa ao nosso filho e o faz sentir mal por seu erro. Esta é uma mensagem disfuncional para se transmitir a uma criança, pois ela vai começar a acreditar que cometer erros é algo ruim e que precisa ter medo e vergonha. Vê como pode ser tóxico transmitir uma mensagem assim? Por estarmos relutantes em admitir nossa obsessão por controle e perfeição e em trabalhar essas questões dentro de nós mesmos, transmitimos aos nossos filhos a sensação de que eles são "ruins" por fazerem algo que é cem por cento humano: cometer um erro.

Todo mundo vai cometer muitos erros na vida, incluindo você e seus filhos. A razão disso não é por sermos "ruins" ou defeituosos, mas sim porque somos humanos. Erros são naturais e inevitáveis. Crianças e adultos nunca devem temer os erros. A única maneira de comunicarmos coragem em relação aos erros e fracassos é estarmos bem com a ideia de abrir mão do controle e de viver uma vida que não seja perfeita. Até que sejamos capazes de confrontar nossa própria necessidade de controle e perfeccionismo, passaremos esses medos e essa vergonha para nossos filhos.

A razão pela qual nós, pais, precisamos desse controle sobre os roteiros de nossas vidas é porque nos sentimos tão sem controle de nada quando crianças. Nós também fomos severamente repreendidos por nossos erros por pais que tinham um medo semelhante de perder o controle. Está vendo, o ciclo continua. Então, como o quebramos? O primeiro passo é reconciliar de forma honesta sua relação com os erros e fracassos. Observe quantas críticas você tem em sua própria mente em relação aos erros. Quanto você se culpa e julga a si mesmo? Aí é onde nascem nossas projeções sobre os outros, não é? Como falamos com nós mesmos é como falamos com os outros. Sua voz interior é dura, crítica e julgadora. Você fica envergonhado quando não é perfeito, e essa vergonha é o que transmite aos seus filhos. Quando eles não são perfeitos, você os julga tão duramente quanto se julga. Quando nossos filhos recebem nossos julgamentos e nossa vergonha, a conexão com eles se rompe. Eles começam a se sentir mal com eles mesmos, o que, por sua vez, os faz sentir mal no nosso relacionamento com eles. E como eles não se sentem bem perto de nós, começam a nos evitar ou evitar serem eles mesmos perto de nós. De qualquer forma, nossa conexão com eles padece.

Tammy ainda se lembra de ser repreendida pelo pai por ter se saído mal em seu projeto de ciências quando tinha cerca de nove anos. "Ele gritou comigo por pelo menos dez minutos falando sem parar sobre como eu não estava prestando atenção aos detalhes e como era desleixada e preguiçosa. Sei que foram apenas dez minutos porque eu estava prestes a sair para a aula de natação e estava com pressa, mas pareceu uma eternidade. Pensei que não conseguiria chegar a tempo. Ele me fez sentir péssima. Literalmente me senti como a maior fracassada do mundo. Meu pai é um pesquisador, sabe. Então ele se orgulha muito do desempenho de seus filhos na escola. Eu não sou nada parecida com ele. Odiava ciências quando era criança. Achava chato. Gostava mais de artes. Ele nunca conseguiu me entender, queria que eu fosse como ele — perfeitamente analítica e acadêmica. Mas aí é que está: em vez de me esforçar mais e estudar ainda mais, segui o caminho oposto depois daquela bronca. Ele me fez me sentir tão mal comigo mesma que simplesmente parei de estudar. Tinha tanto medo de fracassar que preferi nem tentar. Parei de me esforçar depois disso. Larguei a escola no ensino médio e agora mal converso com meu pai. Nosso relacionamento continuou sofrendo durante toda a minha adolescência."

A vida de Tammy foi marcada por um medo desesperado de fracassar. Como resultado, ela se tornou praticamente uma reclusa. Como ela mesmo disse, de tanto medo de cometer erros, ela prefere nem tentar. Ela ainda está em terapia comigo, na qual estamos trabalhando duro para ajudá-la a se libertar de seu crítico interno. É difícil para ela fazer isso por causa do condicionamento na infância. Seu pai perfeccionista e excessivamente controlador martelou essa crítica implacável nela, e agora a voz dele se tornou sua própria voz. É uma voz da qual ela tem dificuldade em se livrar.

Mais uma vez, não é culpa dos nossos pais em si o fato de que nos criaram de forma inconsciente. Eles só puderam agir da maneira como foram condicionados em sua própria infância. Se foram criados com desprezo, é natural que projetem isso no mundo. Sua falta de tolerância e compaixão em relação a si mesmos foi colocada em nós — e então isso é transmitido de geração a geração.

Aqui está a verdade: somos humanos e isso significa que somos imperfeitos. E a vida também é imperfeita. É imprevisível e está fora do nosso controle. Mate qualquer vestígio de ideia que possa se opor a essas realidades. Quanto mais cedo aniquilarmos a ideia de perfeição e controle, com mais facilidade vamos fluir com a vida quando ela não for nenhuma das duas coisas. A ideia de que nós e as nossas vidas precisam ter uma aparência específica é o problema. Embora possamos ter visões para nossas vidas, precisamos entender a realidade fundamental: *a vida* é incessantemente imprevisível.

Olhe para a nossa experiência global com a COVID-19. Você havia sequer imaginado que passaria por uma pandemia em sua vida? Então, só porque nosso roteiro de vida não se concretizou e acabamos em meio a uma pandemia avassaladora, isso significa que a vida cometeu um erro ou falhou de alguma forma? Que a vida merece uma nota oito, ou até mesmo um quatro? Não, ela estava apenas sendo a vida, marcada por causas e efeitos infinitos. Da mesma forma, nossas próprias vidas se manifestam por meio de causas e efeitos complexos. Esquecemos as chaves, perdemos o voo, não tiramos dez em uma prova. Estamos ocupados demais, distraídos demais, esquecemos. Essa é a vida como seres humanos. Se ficarmos martelando nossos fracassos e nos castigando, perderemos energia e tempo valiosos.

Quando os atletas treinam, são ensinados a não ficarem obcecados com seu último arremesso ou a última corrida e a se concentrarem no presente. Se eles se ridicularizassem e se criticassem por cada erro ou fracasso, ficariam arrasados, não é? O mesmo acontece com nossos filhos. Precisamos ajudá-los a deixar para trás aquele último episódio de leite derramado, mochila esquecida ou deslize em uma prova. Como fazemos isso? Deixamos para trás por meio de nossa compreensão e aceitação de que erros são normais e inevitáveis.

Essa normalização dos erros requer prática por meio de um cultivo diário. Quando nosso filho derruba coisas ou suja as paredes, precisamos treinar a nós mesmos a não gritar, mas sim dizer: "Está tudo bem. Acontece! Não se preocupe. Vamos consertar o que pode ser consertado e seguir em frente." Ou quando eles esquecem a mochila na escola pela quarta vez no mês, nós dizemos "Está tudo bem. Acontece! Vamos criar uma solução para ajudar você a não esquecer da próxima vez e seguir em frente!". Com essas atitudes, não permitimos de forma passiva que o erro ocorra repetidamente, mas também não perdemos a cabeça quando ele acontece. Claro, podemos e devemos ajudar nossos filhos a colocar alarmes para lembrarem de suas mochilas ou ajudá-los a gerenciar melhor suas vidas de várias maneiras, mas podemos fazer isso com uma atitude que mostre que seus erros são normais, em vez de repreendê-los e envergonhá-los.

Ao normalizarmos erros e fracassos, retiramos a pressão da perfeição e do controle de nossos filhos. Isso é algo realmente libertador. Dar às crianças a segurança e a permissão para estarem na média parece como estabelecer um padrão baixo, mas na verdade é uma maneira de ajudá-las a viver uma vida ousada. Ser aceito como digno e inteiro em nossa normalidade nos dá a segurança e o espaço para experimentar e sonhar grande. Se não temos muito medo da vergonha e de críticas, vemos o universo como um campo ilimitado onde podemos viver aventuras e descobrir coisas novas sem medo de repercussões. Essa perspectiva cria um poderoso impulso para crescer e evoluir, não acha?

Encontrar joias entre as pedras que são nossos erros não significa que precisamos transformar esses erros em algo mais. De jeito nenhum. A joia está ali mesmo, na aceitação das nossas imperfeições e no nosso potencial de fazer algo novo. Por exemplo, se abrimos uma loja de roupas e ela não vai bem, é uma oportunidade para aceitar e tentar algo novo. Mas devido à nossa resposta condicionada ao fracasso, tendemos a nos envergonhar e desmoronar. Em vez de usar isso como uma oportunidade para sermos compassivos com nós mesmos, esgotamos nossos recursos internos por meio da culpa e da vergonha que nos impomos. Você vê, o ato de compaixão é o crescimento. O crescimento não está necessariamente na criação de outro projeto, mas no aqui e agora. Posso mostrar compaixão por mim mesmo? Posso aceitar a "seriedade" deste momento com neutralidade, deixar isso para trás e seguir em frente? Posso aprender com isso e fazer escolhas diferentes no futuro? Na aceitação nua e simples da realidade — a vida como ela é — está a verdadeira evolução. Claro, transformar o "erro" em um novo negócio de sucesso no futuro também é uma possibilidade maravilhosa, mas não é o necessário para que o crescimento aconteça. O crescimento acontece na aceitação ativa do momento presente.

Um dos nossos maiores superpoderes é a nossa capacidade de se libertar e seguir em frente na vida por meio de ações empoderadas sem nos sobrecarregarmos com zombaria e aversão. Quando somos capazes de fazer isso, fluímos como água movendo-se além dos obstáculos sem hesitação ou paralisia. A água não se agarra nem se apega; ela flui em torno das barreiras em vez de resistir a elas. Quando incorporamos a energia da água, nos concedemos permissão para seguir em frente e adentrar novos territórios. Isso só pode acontecer quando libertamos nossas mentes.

A aversão a nós mesmos ou a outros é resultado direto de uma infância mergulhada no perfeccionismo e no controle. Esse sentimento surge de uma crença subconsciente de que não temos valor, a menos que sejamos perfeitos. Erros e fracassos parecem catastróficos e crônicos. Por sermos frequentemente consumidos por uma autodepreciação inconsciente, nossos egos se agarram desesperadamente à perfeição e ao controle como uma maneira de evitar o sofrimento.

Nossas crianças são capazes de se sentirem inteiras sem serem perfeitas. Uma coisa não tem nada a ver com a outra. A completude é um direito inerente, algo ao qual estamos destinados sem que precisemos conquistar uma única coisa. Assim como o vermelho é a cor de muitas rosas, a completude é a nossa cor intrínseca, nossa natureza. A cultura moderna nos condicionou a acreditar que apenas a perfeição traz a completude. Esse condicionamento precisa ser desmantelado se quisermos viver em paz e alegria.

É imperativo que reformulemos a filosofia que tínhamos sobre erros e fracassos. Quanto mais compaixão e aceitação tivermos por nós mesmos, mais seremos capazes de projetar essas qualidades maravilhosas em nossos filhos. Vamos educar nossos filhos com compaixão e perdão por erros e fracassos. Vamos ensiná-los que essas são partes normais e inevitáveis da vida, e não motivo para ficarem arrasados. Quando os ajudamos a absorver essa postura, eles começarão a abraçar suas imperfeições com maior facilidade e transformá-las em crescimento.

COLOCANDO EM PRÁTICA

As crianças são alvos em constante movimento, e quase todos os momentos em que estamos com elas são oportunidades para colocar em prática as lições sobre as quais acabei de escrever. As crianças tendem a criar confusão onde quer que vão e são rápidas em cometer erros porque seus cérebros ainda estão em desenvolvimento. Elas simplesmente ainda não são capazes de viver de maneira ponderada; na verdade, mesmo nós, adultos, mal conseguimos. É precisamente porque elas não podem controlar o fato de que seus cérebros ainda estão em desenvolvimento que precisamos mostrar grande compaixão e paciência com os nossos filhos. Se reprimirmos seu progresso natural envergonhando-os, eles não darão passos corajosos e destemidos e, em vez disso, ficarão cheios de uma hesitação paralisante que os acompanhará ao longo de suas vidas.

Da próxima vez que seu filho fizer algo "errado" ou "ruim", pare um pouco e lembre-se destes fatos importantes:

O cérebro do seu filho ainda não está desenvolvido. Esses erros são normais.
Ensinar que erros são normais ajuda as crianças a serem mais ousadas na vida.
Erros são oportunidades valiosas para abraçar a autoaceitação.
Erros nos permitem mostrar compaixão e humildade.
Erros nos capacitam a aprender a superar e seguir em frente.
Erros nos ensinam como resolver problemas e encontrar maneiras de nos recuperar e renascer.
Ao abraçarmos os erros de nossos filhos, mostramos a eles amor incondicional.

Quando abordamos os erros de nossos filhos dessa maneira consciente, podemos neutralizar quaisquer sentimentos de vergonha ou culpa. E podemos usar esses momentos como oportunidades para ensinar nossos filhos como fluir com os altos e baixos da vida, seguir em frente e entrar em cada novo momento com vigor e alegria, exatamente como os atletas são treinados a fazer.

Aqui está outra prática para ajudá-lo a reformular os erros. Chamo isso de exercício "E se fosse você?". Na próxima vez em que o erro do seu filho se tornar um gatilho, tente parar e refletir: "E se fosse eu?" Posso garantir que você cometeu (ou quase cometeu) alguma versão de cada um dos erros de seu filho. O potencial para erros está presente em todos os seres humanos. Quando nos irritamos com nossos filhos, estamos agindo a partir de um lugar de grande amnésia e ingenuidade egoicas porque estamos presumindo que nunca poderíamos cometer um erro desses. É essa ilusão narcisista que nos cega com uma superioridade indignada e nos permite humilhar nossos filhos.

Uma maneira poderosa de lembrar que somos tão falhos quanto a pessoa ao lado, especialmente nossos queridos filhos, é colocar as palavras "Eu sou falho" ou "Erro todos os dias" ou "Desejo que as pessoas perdoem meus erros" na geladeira. Isso nos ajuda a lembrar de oferecer amor aos nossos filhos quando eles cometem erros ou se dão mal de alguma forma. A verdade é que a natureza humana é incrivelmente falha. Compreender essa verdade nos permite abraçar uns aos outros com compaixão humana. Em vez de lutar contra nossas falhas, ampliamos nossa capacidade de tolerá-las quando surgem. Dessa forma, criamos apenas pequenas ondulações internas quando erros ocorrem, e não grandes tremores.

Tolerar e reformular nossas imperfeições são uma arte, uma que nos ajuda a nos tornar mais empáticos e compassivos com nós mesmos e com os outros. Praticar a arte de ser "zen" com as imperfeições nos permite fluir com a vida de uma maneira bonita.

Passo 17

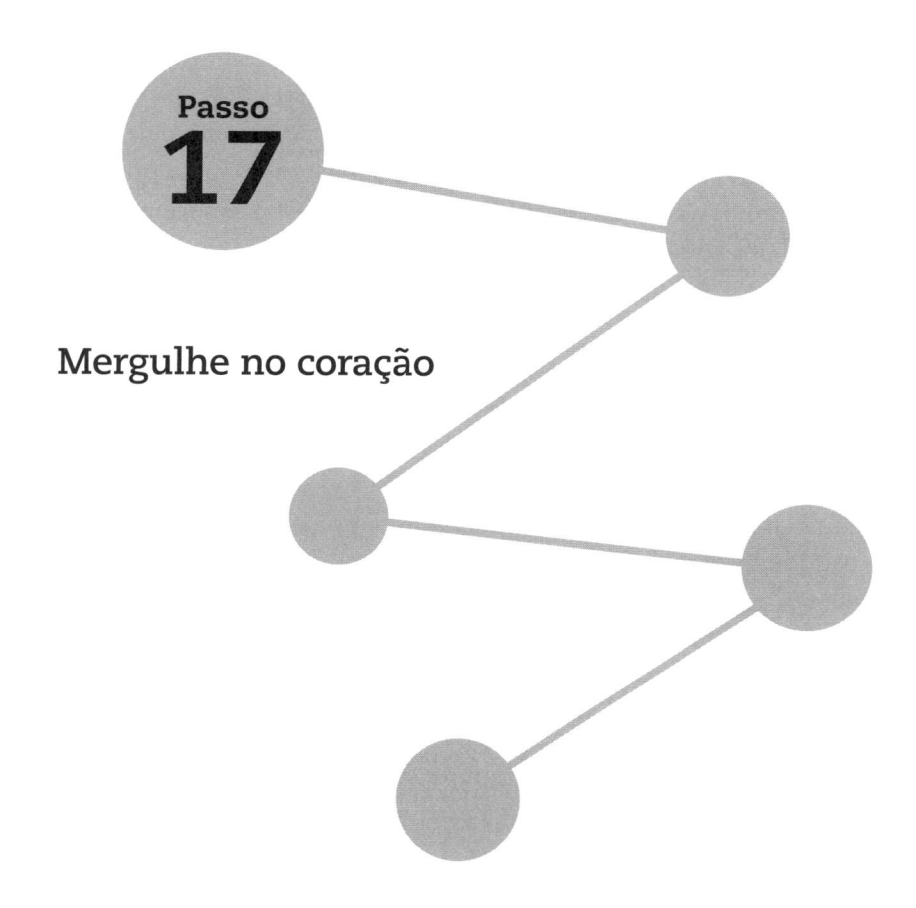

Mergulhe no coração

Quando você diz X, acho que você quer dizer Y.
Quando você diz Y, acho que você quer dizer Z.
Você fala em um código que é difícil para mim,
Mas isso acontece porque estou tentando estar certo
Ou tentando ser lógico
Ou tentando vencer a guerra.
Quando mergulho no meu coração e deixo de lado a necessidade de estar certo
E simplesmente me concentro em entender você melhor, tudo muda.
De repente você se expressa de forma lúcida,
E vejo claramente quem você é,
E tudo está bem no nosso mundo.
Tudo começa quando deixo de lado a minha necessidade de estar certo.

Esta fase na jornada da parentalidade consciente tem como objetivo transmitir um ponto principal de diferentes maneiras: as crianças precisam que nos conectemos a elas. Essa é a base do seu bem-estar emocional. Para que realmente nos conectemos a elas, precisamos entender como elas pensam, agem e sentem. Precisamos descobrir *seus* estilos, *seus* padrões e *suas* necessidades.

Quando éramos crianças, também precisávamos que nossos pais se sintonizassem conosco e entendessem o que estávamos tentando comunicar a eles de forma desesperada. Mas a maioria de nós não teve pais sintonizados ou conscientes. Se não recebemos essa conexão de nossos pais, agora não sabemos como oferecê-la aos nossos filhos. É por isso que essa abordagem é tão valiosa. Ela nos ajuda a aprender estratégias, passo a passo, para nos conectarmos profundamente com eles.

Para nos ajudar na comunicação com nossos filhos de maneira mais profunda, criei uma abordagem poderosa que chamo de VENT: *validar, empatizar, normalizar e neutralizar, transformar*. VENT é um método poderoso para gerenciar o mundo emocional de nossos filhos de uma maneira que os permita serem vistos e valorizados por seu verdadeiro eu.

VALIDAR

O que significa validar outro ser humano? Significa encontrá-lo exatamente onde ele está. Respeitamos a experiência *dele* em relação à sua própria realidade. Ela não precisa se alinhar com nossa própria experiência ou expectativas, ou com a maneira como nós mesmos reagiríamos. O que importa é onde a outra pessoa está em sua própria experiência.

Se seu filho chega em casa muito chateado e chorando por causa de algo que um amigo disse, você tem a oportunidade de validar ou invalidar essa experiência. Validar seu filho poderia ser algo como: "Você parece realmente chateado com o que seu amigo disse. Isso realmente te magoou, não é? Você está chateado com ele. Estou vendo. Estou te escutando. Me conte mais." Invalidar seu filho poderia soar assim: "Ah, você está exagerando. Acho que ele não quis te magoar de jeito nenhum. Vamos parar com essa bobagem e ir brincar!"

Consegue ver a diferença? Qual mensagem você gostaria de receber de um ente querido? Todos nós preferiríamos a primeira reação porque ela respeita e aceita quem somos. Quando validamos outro ser humano, especialmente nosso filho, comunicamos a ele o seguinte: "Você está ciente de seus sentimentos. Você tem todo o direito de se sentir assim. Ninguém pode dizer como você deve se sentir. É um direito seu." Dessa forma, transmitimos aos nossos filhos a mensagem de que eles não estão errados por se sentirem da maneira como se sentem. Comunicamos nossa confiança neles. Reconhecemos que seus sentimentos são reais. Mostramos respeito ao ouvir e prestar atenção.

Os maiores obstáculos para validar os sentimentos de nossos filhos são nossas próprias ideias e expectativas. Se não acreditarmos no que nossos filhos estão dizendo porque temos um conjunto diferente de ideias, não seremos capazes de validá-los. Em vez de respeitar suas ideias, respeitamos as nossas. Quando somos incapazes de abandonar nossas próprias crenças sobre como nossos filhos devem reagir, estamos comunicando que o que eles dizem não é importante. Lembre-se do OPRE e da importância de capacitar uma criança a pensar e agir sem ser reprimida. Isso é fundamental.

Vejo os pais cometerem esse erro repetidamente, ainda que de forma subconsciente. Na verdade, muitos o fazem por um senso de proteção ou medo pelo bem-estar emocional de seus filhos. Eles não percebem que estão prestando atenção às suas próprias preocupações em vez de validar o estado de ser da criança. Essas são algumas das maneiras como invalidamos de forma inconsciente as experiências emocionais dos nossos filhos:

Na minha opinião, você não deveria se sentir assim.
Pare de ficar pensando nisso.
Não fique triste — por que está ficando tão chateado?
Não acho que isso seja algo para ficar chateado.
Você sempre reage de forma exagerada às coisas.
Você está me entendendo errado. Não quis dizer dessa maneira.
Eu só estava brincando! Por que leva tudo tão a sério?
Você é muito sensível e exagera nas coisas.
Discordo de você, não é assim que eu vejo as coisas.
Você precisa ser mais flexível.
Você está sendo irracional.
Você não sabe do que está falando.
Se eu fosse você, eu...
Eu não teria feito isso.

Você precisa ser forte.
A mesma coisa aconteceu comigo, e eu fiz...
Por que você sempre leva tudo para o lado pessoal?

Eu poderia dar mais cem exemplos de invalidação, mas acho que você já conseguiu entender. Você não fica irritado quando os outros reagem com frases assim? Não sente como se eles simplesmente não te entendessem ou não se importassem o suficiente para entender? Isso não te deixa frustrado?

Todos nós temos uma ou duas pessoas em nossas vidas que com frequência roubam nossa voz e tornam tudo sobre elas. Elas querem te contar sobre a experiência delas, como reagiriam ou como você deveria se sentir. Muitas vezes confundimos validar outra pessoa com dar nossa opinião ou dar um sermão, quando essas são coisas completamente opostas à ideia de validar alguém. Dar nossa opinião ou dar sermão para nossos filhos quase nunca vai funcionar. Na verdade, isso vai resultar em desconexão.

Quando damos nossa opinião sem pedirem ou antes de ouvir toda a experiência de alguém, inadvertidamente comunicamos que a reação deles está errada. Essa mensagem rouba a voz deles e o direito à sua experiência. É lamentável, mas verdadeiro, que, quando enviamos essa mensagem para nossos filhos, negamos o saber interior deles e os privamos de crescer e descobrir suas próprias soluções. Validar a experiência de alguém é uma forma de comunicar respeito, confiança e cuidado. Validar significa caminhar ao lado de alguém em vez de atrás ou à frente. Nossos filhos não precisam de nós para sustentá-los ou ultrapassá-los. Só precisam que caminhemos ao lado deles e seguremos suas mãos. À medida que fazemos isso passo a passo, despertamos sua força para descobrir suas próprias respostas. Aqui estão algumas maneiras de validar nossos filhos e despertá-los para o seu próprio poder:

> Isso parece difícil. Eu entendo a sua dor.
> Isso parece realmente desafiador para você. Estou te escutando.
> Eu posso não entender completamente, já que temos experiências diferentes, mas quero entender.
> Você está passando por um momento difícil. Quero que saiba que estou com você.
> Você está sofrendo agora. Eu entendo. Isso faz todo o sentido para mim.
> Você pode chorar o quanto precisar. Lágrimas são saudáveis. Estou aqui do seu lado.

Percebe o poder por trás dessas palavras? Elas respeitam a outra pessoa sem julgar, envergonhar ou alterar sua realidade. Essas palavras não apenas permitem que a outra pessoa se sinta validada em relação ao que sente, mas também dá a ela espaço para processar esses sentimentos com segurança.

Quando nos comunicamos dessa maneira, ensinamos nossos filhos a não terem medo de seus sentimentos intensos. Reconhecemos suas reações e fortalecemos seus sentimentos como válidos. Também damos a eles confiança em sua capacidade de encontrar uma solução. Não estamos intervindo e impondo nossas crenças, mas sim ouvindo, validando e conversando. Não há brigas, tentativas de reparação ou fugas da situação. Há apenas o foco na sintonia e no apoio compassivo.

Validar nossos filhos é o primeiro passo para ajudá-los a navegar em seu mundo emocional. Como mencionado, para muitos pais isso é difícil. Queremos gritar com nossos filhos, aliviar sua dor, resolver seus problemas ou fugir. Simplesmente validá-los parece passivo demais. Mas assim que percebemos o poder curativo de validar as experiências das crianças pelo que elas são, vamos querer fazer isso cada vez mais. Acredite em mim, é mágico. À medida que os validamos, mais nossos filhos se abrirão para nós de maneiras maravilhosas. E, mais importante ainda, eles se abrirão para si mesmos.

EMPATIZAR

Agora chegamos a uma das técnicas de comunicação mais profundamente curativas, porém desafiadoras: a empatia. Muitos de nós estão confusos sobre o que a empatia realmente é ou como podemos comunicar empatia nos relacionamentos, então vou destrinchar isso aqui.

Vamos começar com o que a empatia *não é*:

- ***Envolver-se e se fundir***: Você não precisa ter passado exatamente pela mesma experiência que outra pessoa, nem precisa sentir exatamente as mesmas emoções dela para ser empático.
- ***Capacitar e reparar***: Você não precisa resolver os problemas de ninguém ou cuidar da pessoa a quem você está mostrando empatia.

Controlar e dar sermões: Você não precisa controlar a vida da pessoa nem criar insights ou ajudá-la a ter uma nova percepção de sua própria realidade.

Julgar e envergonhar: Você não precisa fazer a outra pessoa se sentir mal pelo que está sentindo.

Empatia é se conectar com o que seu filho está sentindo. Significa prestar atenção aos sentimentos dele em vez dos seus pensamentos. Então, se seu filho diz "Eu odeio a escola e os meus professores!", uma resposta empática poderia ser assim: "Eu entendo. Parece que está difícil gostar dos seus professores e da escola. Deve ser tão difícil levantar todos os dias para ir lá. Consigo entender e valorizo o que você está sentindo."

A empatia leva à validação para o próximo nível de conexão, onde tentamos sentir os sentimentos da outra pessoa. Adentramos a experiência com eles. Com a validação, os encontramos onde eles estão; agora, com a empatia, nos juntamos a eles *como se* nós mesmos estivéssemos lá. Em termos simples, a empatia se refere a um profundo senso de abertura para a resposta emocional do outro a uma situação. Por exemplo, se seu filho está nervoso com uma prova no dia seguinte, você poderia dizer algo assim: "Nossa, isso parece realmente difícil e doloroso. Estou vendo que você está ansioso e nervoso. Eu posso compreender sua experiência e até mesmo entender elementos dela. Eu não sou você, mas posso me relacionar com seus sentimentos. Estou vendo que você está experimentando todo tipo de emoções agora. Me conte mais."

A abordagem inconsciente, por outro lado, pode ser assim: "Pare de pensar nisso. Você vai se sair bem. Acredite em si mesmo e tudo vai ficar bem. Você sempre se sai melhor do que pensa. As notas não importam para mim. Só quero que você se sinta bem consigo mesmo."

A segunda resposta parece positiva, não é? O pai ou a mãe está dizendo todas as coisas certas. Mas a resposta carece de empatia. Por quê? Ela cuida dos sentimentos do pai, mas não se conecta aos sentimentos da criança. O que importa quando estamos sendo empáticos é como o outro se sente, não importa como achamos que ele deveria se sentir.

Ser empático é extremamente difícil quando seus filhos estão com raiva de você ou o responsabilizam por seu sofrimento. Quando isso acontece, a empatia é deixada de lado e entramos na defensiva. Considere este exemplo.

Seu filho chega em casa e diz: "É culpa sua eu ir tão mal em matemática. Você sempre gritava comigo quando eu tentava estudar e me fazia sentir um lixo. Se você tivesse sido paciente e encorajador, eu teria me saído muito melhor. É tudo culpa sua!"

Essa é difícil de encarar. Estamos diante de uma escolha. Podemos responder com empatia, ou podemos negar e descartar nosso filho. Vamos ver como uma resposta empática pode soar. Lembre-se, estou mostrando muitas maneiras de demonstrar empatia. Você não precisa dizer todas essas coisas de uma vez:

> *Meu Deus! Estou vendo que você está sofrendo agora. Entendo sua frustração. Sei como é terrível se sentir assim. Entendo o que você quer dizer sobre o meu papel. Entendo a sua raiva em relação a mim. Consigo ver pelo seu ponto de vista. Reconheço meu papel nisso. Você está cem por cento correto — eu estava inconsciente e fui impaciente. Agi de maneira tão prejudicial. Eu respeito que você esteja com raiva. Também ficaria bravo comigo. Preciso refletir sobre por que fiz o que fiz e me aprofundar no meu próprio eu. Preciso melhorar. Sinto muito pelo que fiz. Realmente agi de forma imprudente e prejudicial. Eu entendo por que você se sente assim. Estou aqui para ajudá-lo daqui para a frente. Quero mudar meu jeito impaciente. Por favor, você pode me dar uma chance de tentar?*

Isso é tão difícil de fazer, acredite em mim, especialmente se você estiver dizendo a si mesmo: "Mas que droga? Por que essa maldita criança está me culpando? O que diabos eu fiz de errado? Eu só estava ajudando. Droga!" Se se sentir assim, provavelmente reagirá de uma maneira que irá desencadear outro tsunâmi. Você provavelmente vai adotar um tom indignado e dizer: "Do que está falando? Não me culpe pelas suas notas ruins. Eu fui tão prestativo, tão paciente, tão amoroso. Você não se lembra? Fiquei acordado por horas te ajudando, e você continuava distraído. Assuma a responsabilidade pelas suas notas ruins e pare de me culpar. Você é tão ingrato. Nem consigo acreditar nisso!"

Estou rindo enquanto escrevo essas palavras porque não consigo te dizer quantas vezes segui o caminho inconsciente com minha própria filha. É tão difícil manter a calma quando nos sentimos atacados por nossos filhos. Nossas defesas entram em ação com força total. Esquecemos como eles se sentem e, em vez disso, tornamos tudo sobre proteger nossa própria imagem. Não culpo os pais. É tão difícil focar nossos filhos, especialmente quando discordamos deles ou nos sentimos acusados injustamente. A maioria de nós tenta com afinco. Quando ouvimos que nossos filhos nos responsabilizam pela dor em suas vidas, não suportamos a sensação de sermos atacados e revidamos. Ser empático nesses momentos parece praticamente impossível.

Ter empatia é uma arte altamente evoluída. Para nos ajudar a "praticar" a empatia da maneira certa, criei a sigla DREAM para ajudá-lo a percorrer as etapas-chave para construir a empatia. Se você seguir cada uma delas, ficará bem. Vamos passar por elas juntos:

> **Desapegue e despersonalize.** Sem essa etapa crucial, você não será capaz de mostrar empatia aos seus filhos. A empatia requer que você não leve as coisas para o lado pessoal e não transforme os sentimentos deles em algo sobre você, mesmo que eles sejam acusatórios. Repita para si mesmo: "Não é sobre mim; não é sobre mim."
>
> **Reconheça e respeite.** Reconheça os sentimentos de seus filhos e respeite seu ponto de vista, mesmo que não concorde com eles. Aqui é onde você reconhece os sentimentos deles e expressa esse reconhecimento de forma direta.
>
> **Elimine seu ego.** Resista a entrar em um estado reativo em que você usa sua máscara do ego. Em vez de se esconder por trás de uma de suas máscaras do ego, tente ver o ponto de vista do outro. Esteja atento à reatividade do seu ego e tente controlá-la o máximo possível.
>
> **Assuma a responsabilidade e peça desculpas.** Demonstre remorso sincero pelo sofrimento que causou aos seus filhos. O remorso não é uma coleção vazia de palavras. Ele precisa ser uma resposta profundamente sentida em relação à forma como eles experimentaram o seu ego. Assumir a responsabilidade pela maneira como o seu ego pode ter acionado o gatilho e magoado seus filhos é extremamente importante para a comunicação empática. Mesmo que você não concorde com eles, é importante respeitar o que *eles* sentem em relação a você e às suas ações.
>
> **Melhore, conserte e crie algo novo.** Crie um plano de ação para o futuro que não apenas aceite a responsabilidade pela dor que você causou,

mas também inclua passos para a transformação, melhoria e reparação.

Agora, vamos dar uma outra olhada na resposta empática que usei no exemplo anterior e verificar se ela atende a todos esses critérios de empatia. Vou analisar minha resposta frase por frase para demonstrar como ela atende aos padrões de empatia.

Como ela mostrou desapego? "Estou vendo que você está sofrendo agora. Entendo sua frustração. Sei como é terrível se sentir assim." Essas palavras fazem com que sua resposta seja sobre a experiência dele e não sobre você. O desapego e a despersonalização são importantes para permitir que nossos filhos se sintam ouvidos e validados em *suas* experiências, em vez de fazer com que tudo seja sobre *você*.

Compare a resposta empática com a segunda abordagem no exemplo: "Do que está falando? Não me culpe pelas suas notas ruins. Eu fui tão prestativo, tão paciente, tão amoroso. Você não se lembra? Fiquei acordado por horas te ajudando, e você continuava distraído. Assuma a responsabilidade pelas suas notas ruins e pare de me culpar. Você é tão ingrato. Nem consigo acreditar nisso!" A segunda resposta nem mesmo ultrapassa o ego, levando para o lado pessoal. É tudo sobre o ego. Você vê a diferença?

Como ela mostrou reconhecimento e respeito? "Entendo o que você quer dizer sobre o meu papel. Entendo a sua raiva em relação a mim. Consigo ver pelo seu ponto de vista." Aqui reconhecemos e respeitamos os sentimentos do nosso filho sem minimizar ou alterar seus pontos de vista ou sua vivência da realidade. Respeitamos sua raiva em vez de chamá-la de exagerada ou fazer julgamentos como: "Você está sempre com raiva disso ou daquilo. Estou cansado da sua raiva. Pode parar de ficar tão irritado o tempo todo?" Mesmo que essa declaração seja precisa, dizer aos nossos filhos que eles não deveriam ficar com raiva quando estão com raiva é uma das coisas mais depreciativas que podemos fazer. Em vez disso, manter nossas opiniões para nós mesmos até um momento mais apropriado é sempre mais sábio e amoroso.

Como ela mostrou um esforço para eliminar o ego? "Reconheço meu papel nisso. Você está cem por cento correto — eu estava inconsciente e fui impaciente. Agi de maneira tão prejudicial. Eu respeito que você esteja com raiva. Também ficaria bravo comigo. Preciso refletir sobre por que fiz o que fiz e me aprofundar no meu próprio eu. Preciso melhorar." Aqui é onde assumimos nosso ego. Esta é a parte mais difícil do processo de empatia, especialmente se ainda não nos curamos internamente. Se ainda estamos quebrados, buscando validação do mundo externo, assumir nosso ego parecerá uma derrota. Podemos inadvertidamente dizer algo como: "Você está errado! Estou cansado de como você reage! Eu me esforço tanto e você simplesmente não me valoriza!" Consegue ver como uma reação egoica pode soar? É difícil afastar-se dessa reação, não é mesmo? No entanto, é exatamente o que precisamos fazer para ajudar nossos filhos com suas difíceis experiências emocionais.

Como ela expressa um pedido de desculpas e responsabilidade? "Sinto muito pelo que fiz. Realmente agi de forma imprudente e prejudicial. Eu entendo por que você se sente assim." Claro, a maneira ideal de expressar um pedido de desculpas é com o coração e a alma para que não sejam apenas palavras vazias. Seus filhos devem realmente "sentir" suas desculpas. Eles podem não recebê-las como sinceras, mas você precisa, pelo menos, fazer o seu melhor para expressar o máximo de sentimento possível. Às vezes, nós achamos que estamos pedindo desculpas quando na verdade não estamos. Muitas vezes fingimos pedir desculpas, mas na verdade estamos culpando o outro em segredo. Um pedido de desculpas que não é sincero pode soar assim: "Sinto muito que você se sinta assim. Você estava gritando tanto comigo que acabei explodindo e comecei a gritar também. Da próxima vez, por favor, não grite. Sinto muito que você esteja magoado por minha causa."

Percebe a diferença entre essas duas desculpas? Uma diz "Sinto muito por eu..." e a outra diz "Sinto muito que você...". A primeira assume a responsabilidade pelo nosso papel na dinâmica. A segunda culpa o outro. A consciência nos permite ver a diferença entre as duas.

Como ela melhora, conserta e cria algo novo? "Estou aqui para ajudá-lo daqui para a frente. Quero mudar meu jeito impaciente. Por favor, você pode me dar uma chance de tentar?" Nós consertamos, melhoramos a nós mesmos e criamos algo novo ao bolar um plano de ação para recomeçar de outra forma. Um pedido de desculpas por si só não é suficiente. Nossos filhos merecem ver uma verdadeira transformação. Dessa forma, eles podem realmente sentir que nos importamos além das palavras. Quando falhamos em mudar, nossas palavras caem por terra.

Nossos filhos não querem apenas nosso pedido de desculpas; eles querem que transformemos nossos comportamentos. Devemos a eles essa transformação. Ao ler estas páginas, você já está demonstrando uma tremenda disposição para presenteá-los com o tesouro do seu próprio crescimento.

NORMALIZAR E NEUTRALIZAR

Nenhum ser humano quer escutar que suas formas de vivenciar o mundo são "estranhas" ou "fora do comum". Todos queremos sentir que somos "normais" e que os outros agiriam da mesma forma se estivessem em nosso lugar. Isso também se aplica aos nossos filhos. Eles também desejam sentir-se normais em suas reações e experiências de vida, e nós podemos desempenhar um papel importante em ajudá-los a se sentirem assim.

Quando as crianças vivenciam emoções intensas, é importante que normalizemos essas experiências. A melhor maneira de fazer isso é dizer algo como "Eu entendo completamente por que você está agindo assim. Eu compreendo. A maioria das pessoas se sentiria da mesma forma." Com uma criança mais nova, podemos simplesmente dizer algo como "Está tudo bem se sentir dessa maneira."

Outra forma importante de ajudar nossos filhos é neutralizar os efeitos de suas experiências. Podemos fazer isso ao não reagir às situações com a nossa energia emocional, mantendo-nos neutros. Por exemplo, se nosso filho está gritando de medo ao ver uma aranha, podemos normalizar e neutralizar a experiência deles dessa forma: "Entendo que você está medo da aranha. Muitas pessoas têm medo. Eu também tinha muito medo quando era criança. Mas olha, a aranha nem está prestando atenção, ela está ocupada fazendo outras coisas." Ao não permitir que nossas energias se envolvam, neutralizamos o poder da aranha sobre nossas emoções e ajudamos nossos filhos a entenderem que aquilo que eles temem é realmente neutro por natureza.

Um dia no parque de diversões, minha filha estava com medo de descer em um tobogã alto. Maia ficava dizendo: "Estou com medo, mãe." Eu disse: "Eu também estou. É assim que me sinto também. Mas em vez de fugir do medo, faço amizade com ele. Posso te ensinar a fazer isso." Em poucos momentos, criei uma música a partir dos nossos medos. Tremíamos de medo até o topo do tobogã cantando: "Estou morrendo de medo. Chorando em segredo. É assim que me sinto. Mas nem por isso eu desisto!" Quando chegou a nossa vez, respiramos fundo, rimos e continuamos cantando nossa pequena melodia até o final. Eu disse a Maia: "Medo e choro são normais. Todos nós os sentimos. Não precisamos nos esconder deles. São apenas como nos sentimos. Não é nada de mais."

Quando abordamos a vida como *ela é*, sem rotular e julgar, ela começa a perder seu poder sobre nós. Abraçamos nossas experiências sem julgamento ou vergonha e permitimos que elas nos informem no momento presente. Ter medo, ficar chateado ou ansioso, tudo isso faz parte da nossa experiência de vida e serve como aprendizado. Dessa forma, crescemos com a vida em vez de nos encolhermos diante dela.

TRANSFORMAR

O que significa ajudar nossos filhos a transformar seus estados emocionais? Como pode ver, certamente não significa simplesmente mudar esses estados. Mudar algo significa alterá-lo de fora para dentro. Transformação, por outro lado, é sobre crescer e evoluir de dentro para fora.

Como pais, isso significa que percebemos e observamos a capacidade de crescimento dos nossos filhos e a nossa própria a partir de uma experiência. Se nossos filhos estão ficando descontrolados por causa de uma prova, depois de validar, mostrar empatia e normalizar seu estado emocional, podemos ajudá-los a transformar sua experiência em crescimento. Ao destacar seus pontos fortes, podemos ajudá-los a reformular sua atual ansiedade e canalizá-la para a coragem. Podemos dizer algo assim:

> *Vejo que você está com dificuldade para se manter calmo e focado. Respeito o que você está passando. Parece difícil para você agora. Quero destacar que, embora esteja difícil, você está lidando com a situação de forma completamente diferente da última vez. Na última vez, você nem conseguiu fazer a prova. Desta vez, está planejando fazer amanhã. Está vendo a enorme diferença? Isso significa que você aprendeu a lidar melhor com o estresse. O que importa é que você está se saindo melhor do que da última vez. Você está crescendo, e estou muito orgulhoso de você. A prova em si não importa, o que importa é como você está lidando com tudo isso. Eu sei que isso é difícil para você, então podemos ficar juntos enquanto você passa por essa experiência.*

Se estivéssemos focados apenas em mudar a experiência emocional de uma criança, em vez disso, diríamos algo como: "Deixe-me estudar com você ou conseguir um tutor para que você se saia bem na prova. Vamos lá, vamos sentar e focar. Você precisa tirar boas notas amanhã, e vou garantir que você consiga."

Percebe a diferença entre transformação e mudança? A transformação se concentra na experiência emocional e no crescimento interno que ocorre. A mudança se concentra na tarefa exterior. Com nossos filhos, queremos focar a transformação, não a mudança. Ninguém precisa ser mudado, não há nenhuma situação a ser mudada. A única mudança real é interna e, por ser interna, é transformadora.

A transformação ensina aos nossos filhos que a matriz do "sucesso" está dentro de nós. É tudo sobre crescimento interno. Crianças criadas com esse foco lidam consigo mesmas com compaixão e aceitação. Portanto, no exemplo anterior, mesmo que a criança não tenha mostrado diferença em sua capacidade de lidar entre esta vez e a última, o pai ou a mãe poderia dizer algo assim:

Cada vez que você passa por isso, está se tornando mais forte por dentro. Você apenas não percebe. Confio que está aprendendo a ser mais amigo dos seus sentimentos. Isso leva tempo, e não há prazo para o sucesso. Apenas permita-se levar o tempo necessário para isso, e aos poucos ficará mais fácil. Estou com você o tempo todo.

Você vê como esta abordagem é tranquilizadora e reconfortante para nossos filhos? Ao focar na aceitação do que é, os acalmamos e permitimos que sejam eles mesmos. Fazer isso impacta diretamente sua autoestima, o que, por sua vez, afeta seu nível de ansiedade e estresse. Aqueles criados com a abordagem de "mudança" sentem pressão para viver a vida de forma diferente. Como resultado, sentem vergonha e se repreendem quando não têm sucesso.

A parentalidade consciente é toda sobre a transformação interna. Quando nos concentramos nisso, não nos tornamos policiais ou juízes dos nossos filhos. Tornamo-nos seus aliados e parceiros nessa jornada desafiadora e muitas vezes enlouquecedora que chamamos de vida.

COLOCANDO EM PRÁTICA

Temos a chance de praticar o VENT em todos os momentos de crise com nossos filhos, o que significa que teremos muitas oportunidades para fazê-lo. Validar. Mostrar empatia. Normalizar e neutralizar. Transformar. Esses passos são a chave para nos conectarmos de forma consciente com nossos filhos em qualquer situação. Quando eles estão chateados ou com raiva, podemos ativar nossa consciência interior e nos perguntar: "Como posso usar os princípios do VENT agora e permitir que meu filho se sinta visto, ouvido e validado?" Ao praticar regularmente essas quatro estratégias vitais de conexão, nossos filhos inevitavelmente se sentirão valorizados e seguros, o que, por sua vez, vai ajudá-los a enfrentar a vida com resiliência.

Depois de compreender essas etapas de forma conceitual, é importante ter a consciência de implementá-las uma de cada vez. Experimente cada passo separadamente. Integre-os à sua rotina diária. Observe como a dinâmica com seu filho muda. Fortaleça os músculos da sua consciência. Em breve, essas ferramentas essenciais estarão acessíveis quando você mais precisar delas. Garanto que usá-las fará uma diferença profunda na forma como seu filho reage durante uma situação desafiadora e, talvez mais importante, na forma como você reage.

Passo 18

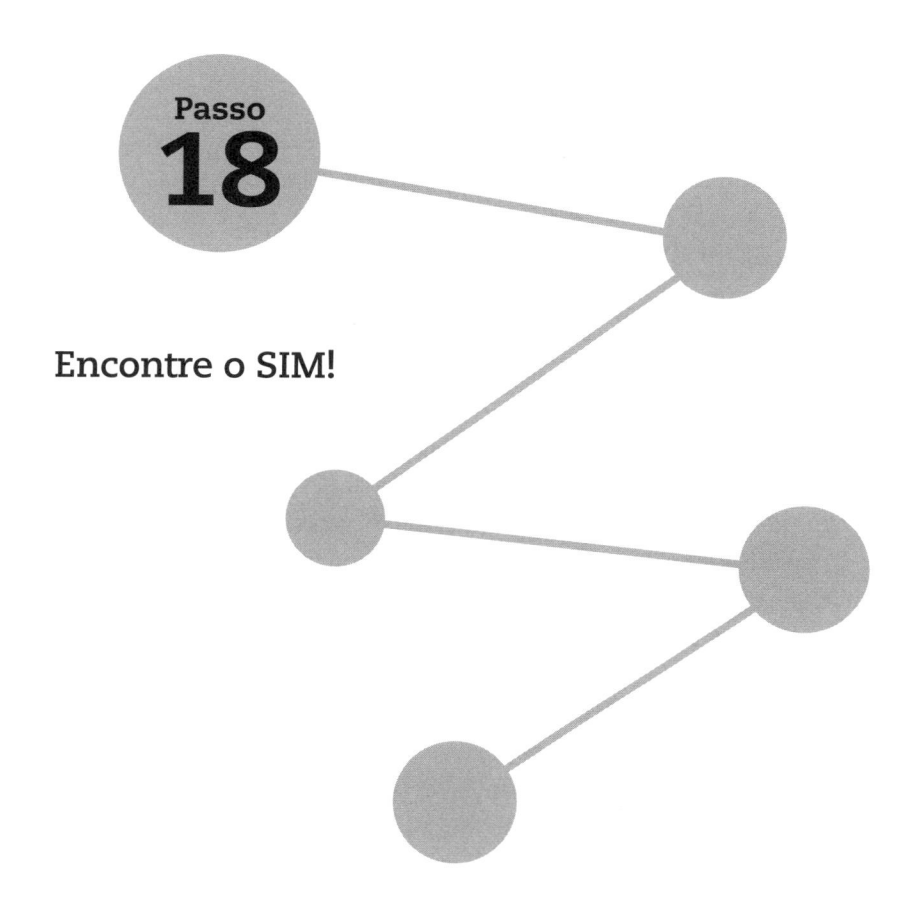

Encontre o SIM!

Meu filho, você vive em um mundo de possibilidades infinitas
Com confiança plena e expansão —
Diferente de mim, que vivo na escassez e no vazio constante.
Meu instinto na vida é dizer não —
Para restringir, limitar e impedir
Para que eu possa me sentir confortável e seguro.
O que não percebo é que, ao fazer isso,
Diminuo seu mundo e embrulho seus sonhos em plástico bolha,
Encho seu balão de chumbo e tijolos,
Tudo porque tenho tanto medo de que você voe para longe
E me deixe para trás em minha solidão.

As crianças vêm ao mundo com um gigantesco "SIM" em suas almas. Elas não veem o vazio ou a falta de senso de valor ao seu redor. Em vez disso, elas enxergam o mundo através dos olhos da abundância e da expansão. Tudo ao seu redor têm o poder de maravilhar e encantar — desde os fios de macarrão que eles sugam até as nuvens pairando no céu, passando pelas formigas na grama. Seu estado natural é de receptividade, confiança e entrega.

Esse não é o estado natural dos adultos. Não. Pelo contrário, nós adultos tendemos a expressar principalmente o estado oposto — grande ansiedade, vazio e falta de senso de valor. Dado que essa é a nossa tendência, você pode imaginar como entramos em um choque de energia com o estado natural dos nossos filhos. Esse choque de energia tem o poder de levar desconexão e conflito aos nossos relacionamentos com eles por nenhuma outra razão além de ocuparmos diferentes estados de energia neste mundo.

Ainda me lembro claramente de uma discussão que tive com minha filha quando ela tinha cerca de sete anos. Ela queria brincar lá fora por volta das cinco e meia da tarde. Eu não queria; estava cansada e queria finalizar o dia. Ela ainda estava cheia de energia e entusiasmo. Queria ir para o jardim perto da nossa casa e brincar entre as flores. Eu disse a ela: "Maia, esse não é o momento de brincar. Esse é o momento de descansar. Não podemos sair agora." Minha energia estava baixa, e eu estava fechada para ela. Antes que eu percebesse, ela estava em lágrimas. "Mas só por alguns minutos, mamãe! Só alguns minutos!" Imediatamente senti minha irritação aumentar. "Você está sendo difícil, Maia. Eu disse não, e é isso!" Maia saiu furiosa para o quarto dela e começou a ter uma crise enorme.

Felizmente, minha mãe estava nos visitando na época. Ela estava sensível ao nosso humor e gentilmente me disse: "Shefali, você está exausta. Eu posso levá-la ao jardim. Ainda é uma noite de verão, e a Maia não tem aula amanhã. Deixe-me levá-la." Maia ouviu e correu para abraçá-la. Eu concordei com o plano — não porque tinha mudado de ideia, mas porque só queria ficar sozinha. Lá foram elas. Voltaram em menos de vinte e cinco minutos, e a Maia que voltou para casa era uma Maia diferente daquela que tinha saído. Ela havia coletado uma sacola de presentes para mim: pedras, galhos e algumas flores pisoteadas. Ela estava contente. Mas, mais importante, agora ela estava cansada e me disse: "Isso foi tão divertido! Mas agora estou cansada e quero dormir!" Ela dormiu em dez minutos.

Ao refletir, me dei conta de uma lição importante: Maia não estava sendo "difícil", como havia julgado. De forma alguma. Ela estava sendo curiosa, brincalhona, cheia de energia e entusiasmada — em outras palavras, ela estava sendo ela mesma, uma menininha de sete anos aventureira. Se eu estivesse em outro estado de espírito, a teria levado com alegria, como minha mãe fez. A única diferença entre mim e minha mãe era meu cansaço e resistência no momento presente. Eu queria fazer do meu jeito e não queria ceder ao jeito natural da minha filha. Eu estava focada no "e se": E se ela não dormir? Ou e se eu ficar muito exausta depois? Em vez disso, se tivesse me concentrado no "o que é" e me juntado a ela, teria evitado uma grande crise emocional e uma potencial desconexão entre nós.

Refleti profundamente sobre aquele momento. Perguntei a mim mesma: "O que teria significado para mim encontrar uma maneira de me conectar ao desejo dela em vez de rejeitá-lo de forma rude como fiz? Teria sido um grande problema se eu tivesse fluído com o estado dela e o seu desejo de se conectar comigo e a tivesse levado por alguns minutos?" Foi quando percebi que havia perdido completamente o momento. Além disso, havia julgado minha filha severamente pelo que ela queria fazer.

Para abordá-la de forma diferente, eu poderia ter dito: "Isso é uma ótima ideia, Maia! Estou cansada agora, mas realmente quero respeitar seu pedido. Podemos fazer um acordo? Eu te levo, mas temos que voltar logo. Concorda?" Se tivesse dito isso, tenho certeza de que Maia teria negociado sabiamente e teríamos evitado uma possível grande crise (que, graças à minha mãe, evitamos de qualquer maneira). Em vez disso, entrei em um estado de vazio e medo. Fiquei com medo de que ela ficasse lá para sempre e me deixasse esgotada. Fiquei com medo de voltar exausta demais para cozinhar o jantar. Fiquei com medo de todas as coisas que "poderiam" acontecer. Como resultado, perdi completamente a oportunidade de me conectar com minha filha no momento presente.

Nós, pais, e nossos filhos entramos em conflito de três maneiras muito básicas e consistentes. Todas essas maneiras são variações de uma diferença fundamental entre crianças e adultos. As crianças dizem sim ao momento presente, mesmo que isso signifique dizer sim às lágrimas. E os adultos? Em primeiro lugar, resistimos ao momento presente. Essa diferença se manifesta de maneiras mais sutis ao longo do nosso relacionamento com nossos filhos:

- ✓ As crianças vivem principalmente no presente, enquanto nós adultos vivemos no passado e no futuro. Elas vivem no "o que é" e nós vivemos no mundo enigmático e assustador do "e se". Apegamo-nos a arrependimentos e ressentimentos passados, ou vivemos ansiosos sobre o que está por vir.

- ✓ As crianças vivem principalmente na abundância e na alegria, enquanto nós vivemos na falta, na fadiga e na ansiedade.
- ✓ As crianças vivem principalmente em um estado de "ser", enquanto nós vivemos em um estado de "fazer". Mesmo o "fazer" delas surge do estado de ser — ser brincalhão, explorador, curioso, aventureiro. Uma criança não tem outros objetivos a não ser estar presente e fluir de acordo com o que aparece no momento. Nós adultos estamos principalmente em um estado de "fazer". Isso normalmente não vem de um senso profundamente conectado de ser. Não, na maioria das vezes é do ego. Fazemos porque queremos economizar, vencer ou ter sucesso. Não é um estado de ser orientado para o processo como o das crianças, mas sim um estado de fazer orientado para objetivos e baseado na validação externa e nos indicadores culturais.

Por vivermos em estados energéticos tão diferentes, entramos em conflito. Mas não é responsabilidade de nossos filhos se adaptarem aos nossos estados; é nossa responsabilidade nos adaptar aos deles. Por ser tão diferente do nosso, o estado deles pode parecer uma ameaça para nós, então tentamos silenciá-los. Julgamos, envergonhamos e punimos. Criamos um ciclo disfuncional e uma desconexão.

Quando digo aos pais que eles deveriam tentar "Encontrar o Sim" na criação dos filhos, eles interpretam essa frase como se eu estivesse encorajando a permissividade e a anuência. Essa ideia costuma ser um gatilho para nós, pais. Entramos no modo pânico pensando que estamos "cedendo" aos caprichos dos nossos filhos, e que eles irão crescer mimados. Mas essa abordagem não significa ceder. "Encontrar o Sim" significa alinhar-se com os desejos de seus filhos, mas não quer dizer que você precise ceder a eles ou fazer as vontades deles. Significa chegar a um acordo em que você possa dizer sim a eles para que se sintam compreendidos e validados. O "sim" pode ser conceitual:

Sim, entendo completamente o seu desejo.
Sim, também gostaria disso.
Sim, me sinto da mesma forma em relação a isso.
Sim, entendo sua vontade.
Sim, também quero fazer isso.

Sim, eu era assim quando tinha a sua idade.
Sim, você quer exatamente as mesmas coisas que eu.

Ou o "sim" pode ser prático:

Sim, eu quero que você tenha aquilo, então vamos fazer um plano.
Sim, eu vou te dar isso no momento certo.
Sim, eu quero que você vá, e podemos conversar sobre isso depois das suas provas.
Sim, vou ajudá-lo a realizar seu desejo depois que você terminar suas tarefas.

Em ambos os casos, a intenção não é ceder fisicamente ou materialmente e fazer as vontades de uma criança, mas sim transmitir uma energia de que seus desejos são compreensíveis e válidos. Ao mesmo tempo, esteja ciente de que os desejos de seu filho podem não ser práticos neste momento.

Lembre-se deste fato crucial: nossos filhos são bombardeados por um mundo de distrações, dispositivos e objetos brilhantes. É natural que queiram possuir tudo o que puderem. Esse desejo não os torna crianças más ou gananciosas. Isso as torna naturais e normais. Quando continuamos a dizer não a isso e não àquilo, na verdade perpetuamos seus desejos e a sensação de que falta algo. Eles querem o que não podem ter. É o caso clássico de desejar o fruto proibido. Isso, por sua vez, alimenta sua obsessão de querer possuir cada vez mais. Além disso, nossas crianças começam a se sentir envergonhadas por querer coisas e a sentir uma sensação de escassez porque estão sempre ouvindo um "não".

Agora, como pai ou mãe, você pode ter uma preocupação legítima: "E se eu realmente não puder pagar pelo objeto brilhante mesmo no futuro? Não estou preparando-os para mais decepções a longo prazo?" Minha resposta para você é a seguinte: dizer "sim" no momento é simplesmente dizer "sim" ao desejo. Isso não significa que você precise ceder a esse desejo ou realizá-lo. Depois de validar as crianças em relação aos seus desejos, você pode criar um plano para o objeto que elas desejam. Talvez não o consigam amanhã ou mesmo na próxima semana; talvez tenham de esperar até o próximo ano. O ponto não está na execução, mas em manter o fogo do desejo aceso pelo tempo que for necessário. Cabe à criança manter esse fogo aceso, não aos pais. Mas não podemos ser aqueles que o apagam constantemente. Na maioria das vezes, nossos filhos perdem o interesse na coisa em particular que queriam e deixam o desejo de lado por conta própria.

As crianças têm uma centena de desejos a cada semana. A maioria deles desaparece devido a distrações e ao passar do tempo. Apenas aqueles que persistem por mais de algumas semanas precisam ser abordados. Para esses desejos persistentes, podemos ajudar nossas crianças a entender, com compaixão e paciência, por que eles podem não estar alinhados com a situação financeira da família ou com preocupações logísticas. A criança se sente vista e ouvida e não sente que seus desejos não estão sendo atendidos ou ouvidos. Quanto mais dissermos apenas "não", maior será a sensação de falta e mais forte será a demanda para que os desejos da criança sejam satisfeitos.

Por exemplo, e se seu filho chegar até você por volta dos doze anos e disser: "Não vou para a faculdade depois do ensino médio. Vou comprar um caminhão de sorvetes e vender sorvete. Vou ter a maior empresa de caminhões de sorvete do mundo!" Como pai ou mãe, você agora tem a escolha de adotar uma mentalidade de escassez ou de abundância. O que você acha que vai dizer? Uma mentalidade de escassez sentirá a pressão de ser "prático" e você fará com que a criança saiba como a ideia é ridícula. Você dirá algo como: "Isso é ridículo! A faculdade é essencial, e você precisa ir para lá depois do ensino médio. Caminhões de sorvete não garantem um bom sustento. Essa não é uma boa ideia."

O que você acha que a criança vai sentir? Seu filho teve um sonho no momento que foi alimentado por uma paixão e ingenuidade apropriadas para a idade. Quem somos nós para destruir esse desejo do coração? A razão pela qual fazemos isso é que imediatamente entramos em um estado de falta e medo. A possibilidade de nossos filhos estarem imaginando todas as ideias possíveis para o futuro nos assusta. Pensamos no futuro e vemos um horizonte sombrio. Todas essas emoções se agitam em nós e as projetamos em nossos filhos. Em vez de encorajá-los a sonhar fora da caixa, os empurramos de volta para dentro dela.

Aqui está como uma mentalidade baseada em abundância poderia soar. "Uau! Que ideia legal. Eu amo sorvete e serei seu melhor cliente. Você vai ter tantas outras ideias conforme for crescendo. Lembre-se de anotá-las para não esquecer. Então, um dia, podemos ver qual delas vai se tornar realidade!"

Você vê como é simples dizer sim para os desejos e anseios inatos dos nossos filhos? Você flui para onde eles estão em vez de reagir e resistir com base em suas próprias projeções. Dessa forma, permitimos que eles se sintam bem em seus sonhos e os encorajamos a continuar pensando fora da caixa sem restringir essa liberdade. No entanto, para dar a eles esse encorajamento, nós mesmos precisamos ter alcançado um estado de abundância interna e sentimento de aventura.

Imediatamente entramos em pânico pensando que nossos filhos vão enfrentar dificuldades e fracassos, e então o que faremos? Vemo-nos carregando o fardo de cuidar deles no futuro, e essa perspectiva não parece atraente. Você vê como esse pensamento é baseado na falta? E aí sentimos uma pressão imaginária para realizar os sonhos deles. Como não sabemos como fazer isso, ficamos chateados. O que não percebemos é que o fardo de tornar os sonhos de nossos filhos realidade não recai sobre nós, recai sobre eles. É responsabilidade deles manifestarem seus sonhos, não nossa. Tudo o que precisamos fazer é apoiá-los com um plano.

Quando minha cliente Belinda me comunicou sua grande frustração com a filha, Zoe, por querer largar a faculdade e abrir um spa, eu entendi o que ela estava passando. Tudo o que Belinda via pela frente era o fracasso. Ela não conseguia entender como Zoe poderia abandonar uma excelente educação universitária por algo tão impulsivo como começar um negócio de spa. Então ela brigou com Zoe com unhas e dentes. Estava zangada com ela. Além disso, estava ressentida porque parecia que todo o tempo e dinheiro investidos na faculdade seriam desperdiçados.

Belinda estava estagnada. Foi apenas quando eu a encorajei gentilmente a ver as coisas do ponto de vista de Zoe que ela começou a ceder. Tudo o que Zoe queria era apoio, como um bom amigo daria. Ela não precisava que Belinda a resgatasse ou pagasse por esse novo empreendimento. "Apenas ajude-a a descobrir *como* fazer acontecer", aconselhei, "mas você não precisa fazer acontecer para ela."

Foi nesse momento que tudo fez sentido para Belinda. Ela estava resistindo porque achava que precisava financiar o show inteiro. Ela relaxou imediatamente quando eu disse que tudo o que ela precisava fazer era ser uma boa aliada e guia. "Você não precisa pagar por nada, mas não pode resistir ao que ela quer. Se ela quiser pagar e se endividar e correr o risco, é a vida dela, não a sua. Tudo o que você precisa fazer é ajudá-la a descobrir. Quando nossos filhos estão nessa idade, não somos responsáveis pelas consequências de suas escolhas. Isso é algo com que eles precisam lidar, não nós. Mas lutar contra as escolhas dos nossos filhos os desmoraliza e os faz ter medo de fracassar."

Belinda finalmente entendeu. Ela começou uma mudança interna e isso a levou a ajudar Zoe como ajudaria uma boa amiga. Seu relacionamento melhorou muito. Zoe, por sua vez, começou a entender que aquela ideia de empreendimento comercial era mais do que apenas glamour e diversão. Ela optou por permanecer na faculdade por mais tempo até se decidir.

Um desafio comum que muitos pais jovens enfrentam hoje em dia é lidar com crianças exigindo seus próprios celulares antes de atingirem a "idade certa". Claro, a maioria das crianças mais novas (e até mesmo mais velhas) quer seu próprio celular. Por que não iriam querer? Afinal, elas veem todos os adultos ao seu redor completamente obcecados com seus telefones. As crianças, naturalmente, querem a mesma coisa. Provavelmente se perguntam: "Por que todo adulto fica olhando pro celular o tempo todo?" ou "Por que a mamãe prefere ficar no celular do que prestar atenção em mim?"

Então, como lidamos com o desejo dos nossos filhos por um celular sem ceder à exigência deles? Estou sugerindo três respostas para essa pergunta. A primeira está dentro de nós. Precisamos parar de ficar em nossos próprios celulares todo o tempo, especialmente quando nossos filhos têm menos de dez anos. Eles precisam que estejamos presentes e focados neles e no relacionamento que estamos cultivando. Quanto mais presentes estivermos com eles, menos eles vão querer um celular. A segunda resposta é pensar em como podemos ajudar nossos filhos a ter uma infância em que não sintam a necessidade de ficar na frente de uma tela. Como podemos ajudá-los a se interessar mais pela conexão humana real de modo que ficar em frente a uma tela não seja tão interessante para eles? E a terceira e última resposta é ajudar seu filho a entender que, quando ele atingir a idade adequada, ele de fato poderá ter um celular; explique que você está disposto a atender às demandas dele na hora apropriada.

Quando nos afastamos de nossas reações automáticas baseadas em carências e na falta de senso de valor e começamos a dizer sim ao desejo inato de nossos filhos de fazer parte deste mundo, dissolvemos sua obsessão persistente por "coisas". Essa obsessão só aumenta quando não abordamos suas ideias. Nossa resistência aumenta a persistência. Pensamos que, se ignorarmos um pedido ou dissermos não, as crianças simplesmente abandonarão suas obsessões. O que não percebemos é que, ao ir contra elas, estamos trabalhando contra nós mesmos e tornando seus desejos mais intensos. Perpetuamos esses desejos em vez de neutralizá-los. Abordar os desejos com uma energia positiva atende à necessidade de serem ouvidos e validados. Isso é metade da mágica.

Apoiar nossos filhos como apoiaríamos um amigo dá a eles e a seus desejos o respeito que anseiam. Ajudá-los a criar planos não significa que esses planos precisem ser executados agora; apenas que damos atenção aos seus desejos e necessidades e os respeitamos. Quando os ajudamos a criar planos para alcançar seus desejos, mesmo que seja num futuro distante, proporcionamos a eles uma sensação de empoderamento. Mesmo que eles nunca realizem um desejo específico, fazer um plano valida o fato de que o que eles desejam é possível e que eles podem trabalhar nele se quiserem. Quem pode dizer que eles não serão capazes de realizar esse desejo daqui a dez anos? Por que deveríamos ser estraga-prazeres?

Minha filha, Maia, queria ter um cachorro desde os três anos de idade. Minha situação de vida não permitia que eu lhe desse um filhote naquela época. Além disso, não tinha certeza de que o desejo dela era apenas um capricho do momento. Eu queria estar convencida de que ela realmente estava apaixonada por cachorros antes de assumir mais uma responsabilidade. Eu precisava respeitar a mim e a ela porque eu sabia que o ônus do cuidado cairia sobre mim. Minha verdade era que eu não estava preparada para fazer esse investimento de tempo e energia naquele momento. Então agora eu tinha duas opções como mãe. Eu poderia sufocar completamente o desejo dela, ou poderia permitir que ela o visse como uma possibilidade futura.

Como a vida é imprevisível, muitas coisas são possíveis mesmo que não pareçam tão possíveis assim em determinado momento. Fechamos todas as nossas opções ou as mantemos abertas? A escolha depende de nossa atitude mental, não é mesmo?

Os pais podem temer que estejam dando falsas esperanças aos filhos ao agirem assim. Mas não é isso que fazemos quando dizemos sim aos seus desejos. Estamos ajudando nossos filhos a compreender uma filosofia de vida vital: a vida tem possibilidades infinitas. A vida pode nos levar por muitas curvas e voltas. Não há como prever todas elas a partir de nosso atual ponto de vista. Se desejarmos algo com toda a força e estivermos dispostos a trabalhar por isso, e se estiver dentro da nossa capacidade biológica, com certeza pode acontecer no futuro, mesmo que pareça improvável agora. Tempo e esforço podem trazer possibilidades inesperadas. Ensinar aos nossos filhos essa valiosa filosofia de vida permitirá que eles abracem seu potencial ilimitado e o potencial ilimitado da vida.

Eu disse a Maia: "Eu adoro que você ame cachorros. No momento a mamãe não pode cuidar de um cachorro. Um dia, no futuro, quando você crescer, poderemos fazer um plano para isso, está bem? Você não precisa parar de amar cachorros só porque não pode ter um agora." Costumava levá-la a lojas de animais para que ela pudesse brincar com cachorros e a deixava passar tempo com amigos que tinham cachorros. Nutri o amor dela por cachorros ao mesmo tempo que mantinha firme a certeza de que ainda não podia dar um cachorro a ela. Veja bem, só porque não podemos satisfazer os desejos dos nossos filhos no presente não significa que eles não possam nutri-los para que se realizem no futuro.

Adivinhe o que aconteceu com Maia? Ela manteve sua paixão por cachorros viva. Ela literalmente comentava sobre cachorros na rua todos os dias. Observei sua paixão e entendi que era profunda e verdadeira. Quando ela fez catorze anos, minhas circunstâncias de vida mudaram o suficiente para que eu pudesse cuidar de um cachorro, e adivinhe só? Maia ganhou um filhote! Foi um momento incrível para aquela jovem mulher. Isso aconteceu porque durante mais de uma década ela nunca deixou de amar cachorros enquanto eu trabalhava para me sentir confortável o suficiente para dar um a ela. Eu vi o quão verdadeiro era o seu amor. Por estar aberta à possibilidade de que sua paixão pudesse acontecer um dia, o sonho dela se tornou realidade.

Charlie tem seis anos agora e é o amor de nossas vidas. Quando chegou o momento certo, Charlie entrou em nossas vidas e prosperou. Maia manteve seu desejo por um cachorro durante toda a infância e pôde ver esse sonho apaixonado se tornar realidade. Esse processo deu a ela uma compreensão do poder da paixão e da capacidade que todos temos de realizar nossas paixões se formos perseverantes e pacientes.

Conheço muitos pais que não teriam cedido. Está tudo certo com essa escolha também. Se os pais não podem cuidar de um cachorro, não devem ir contra sua convicção para satisfazer os desejos de seus filhos, pois isso geraria um desastre. Em vez disso, podem ajudar os filhos a entender que eles podem continuar sonhando e serão capazes de realizar seus desejos quando forem adultos. Nem todo desejo pode ser satisfeito na hora. Alguns desejos podem levar décadas para se realizarem, e esse processo pode ser tão bonito quanto ter nossos desejos realizados imediatamente.

Essa abordagem ensina nossos filhos sobre o poder da persistência e da resiliência — que, quando queremos algo, precisamos ser estratégicos e lutar por isso. Essa é uma lição tão valiosa. Essa forma de dizer sim é o oposto de mimar constantemente uma criança com tudo que for possível. Dizer sim como parte da abordagem "*Encontre o Sim*" significa ouvir, reconhecer e ajudar nossos filhos a aprender o valor de seus desejos. Em vez de simplesmente dizer não ou satisfazer todos os desejos de imediato, vamos além e desafiamos nossos filhos a irem mais fundo em si mesmos. Quanto eles realmente desejam essa coisa e por quê? Dar aos filhos espaço para sonhar e ir mais fundo dentro de si os ajuda a entender o quão verdadeiros são seus desejos. Se negamos imediatamente, eles iriam desperdiçar energia lutando contra nós. Se cedemos e os satisfazemos imediatamente, desperdiçamos uma oportunidade valiosa de eles se aprofundarem e sentirem o que significa ter paixão e persistência. Você percebe como essa lição é poderosa para a criança?

Gratificação adiada é uma lição de vida importante. Ela nos ensina que há um momento certo para tudo. A natureza é a melhor professora para essa lição. Há um momento certo para as mangas e um momento certo para a neve. Aprender a ser paciente e persistente são valores importantíssimos para nossos filhos aprenderem. A natureza nos diz: "Sim, você pode comer mangas e ser persistente em sua paixão por elas, mas não agora. Você precisa esperar que amadureçam."

A razão pela qual essa abordagem é tão poderosa é que ela ensina as crianças a ficarem bem com seus desejos sendo apenas desejos, e que elas podem ficar bem mesmo que seus desejos não sejam atendidos naquele exato momento. Os pais têm medo dos desejos de seus filhos porque possuem duas crenças subconscientes: (1) Se o desejo existe, ele precisa ser atendido logo. (2) Se o desejo não for atendido em breve, as crianças ficarão infelizes — o que é uma coisa "ruim". Ambas as crenças são falsas. Nossos filhos podem ficar infelizes com o fato de o desejo não ser atendido, e isso na verdade é algo bom para o desenvolvimento deles. De fato, é uma força emocional saudável que podemos nutrir. As crianças também podem ficar infelizes mesmo se seus desejos forem atendidos, como tenho certeza de que todos os pais já presenciaram.

Todos nós temos anseios de nossa alma dentro de nós. Alguns sonham em ter cachorros, como Maia, e outros sonham em abrir um spa, como a Zoe. Outros ainda sonham em viver em um país estrangeiro. Todos os sonhos plausíveis podem ser realizados. Se os sonhos se tornam realidade ou não depende das circunstâncias da pessoa e de como ela navega em sua realidade.

Mesmo que uma criança diga algo implausível como "Mamãe, eu quero voar para a lua", não precisamos responder com "Isso é tão bobo! Você não tem asas e a lua fica muito longe". Essa resposta não compreende a essência da comunicação da criança. Em vez disso, poderíamos dizer: "Eu adoraria voar até a lua com você. É uma pena a gente não ser dois pássaros grandes e que a lua não esteja mais próxima! Vamos imaginar como seria isso." O que essa comunicação faz pela criança é normalizar seu desejo e permitir que ela sonhe e imagine. Mais tarde, esses sonhos se tornam ingredientes valiosos para uma vida de paixão e possibilidades. Muito disso depende de como nós, como pais, lidamos com os anseios da alma de nossos filhos.

COLOCANDO EM PRÁTICA

Seus filhos darão a você muitas oportunidades de praticar dizer sim, pois terão desejos o dia todo. Novamente, não confunda dizer sim com satisfazer todas as suas vontades. Então, hoje, como você irá responder quando seu filho expressar seus desejos como "Eu quero mais biscoitos/tempo de tela/sapatos/maquiagem/tempo na casa dos amigos/besteiras no jantar?". Você pode ficar inclinado a responder: "Estou cansado das suas exigências. A resposta é não!"

Você poderia encontrar uma resposta mais consciente, como: "Eu também quero comer biscoitos/assistir telas/comprar mais sapatos/comprar maquiagem/sair com meus amigos/comer besteira. Todas essas coisas são tão viciantes e divertidas. Mas, se fizermos essas coisas em excesso, elas se tornam prejudiciais. Você terá bastante tempo para fazer as coisas que quer, mas primeiro precisamos cuidar das nossas responsabilidades. Então, vamos fazer um plano para que você receba o que quer enquanto também cuidamos de todas as outras coisas da vida. Vamos fazer um plano que te ajude a administrar tudo isso."

Você vê como essa abordagem coloca a responsabilidade de volta na criança? Em vez de ser o inimigo, você se alinha com a criança e mostra que está do lado dela. O "inimigo" é a longa lista de tarefas que precisam ser feitas. Desde que vocês dois possam encontrar uma maneira de fazer tudo, está tudo bem. Dessa forma, a criança não pode brigar com você porque você não está impedindo nada. O obstáculo é a própria incapacidade dela de lidar com tudo.

Aqui estão alguns exemplos comuns de como essa abordagem pode funcionar:

Tempo de tela

Criança: "Eu quero jogar no meu celular na cama à noite."

Resposta consciente: "Entendo por que você gostaria disso. Mas você precisa fazer essas tarefas para a escola amanhã e precisa dormir pelo menos oito horas. Então, como vai fazer essas coisas? Se conseguir fazer tudo, estou disposto a negociar com você."

Comer besteiras

Criança: "Eu quero comer mais biscoitos."

Resposta consciente: "Eu também quero comer mais besteiras. Primeiro você precisa comer essa comida saudável e depois vai poder comer besteira. Então, vamos fazer um plano juntos. Você toma seu suco verde/come os vegetais/refeições saudáveis primeiro e depois podemos discutir a parte da basteiras?"

Mais consumismo

Criança: "Eu quero mais coisas/sapatos/brinquedos!"

Resposta consciente: "Muitas vezes sinto vontade de ter coisas novas também. Identifico-me com você. Você recebe uma mesada para gastar como quiser. Vamos criar um orçamento e um plano para que você possa comprar essas coisas por conta própria."

Você vê como esse processo funciona? Ao se alinhar com os desejos de seus filhos, você coloca a responsabilidade de realizá-los neles. Ao se retirar da zona de ataque, você libera a imaginação deles para satisfazer suas necessidades. Você é, claramente, a "ajuda", não o "obstáculo". Dessa forma, permite que seus filhos tenham uma relação direta com seus próprios desejos, em vez de suprimi-los por causa de suas limitações ou medos. O foco está neles e em seus sonhos. Embora você possa não ser capaz de realizar diretamente esses sonhos no momento presente, está disposto a ajudá-los a fazê-lo por si mesmos quando estiverem prontos em algum momento no futuro.

Passo 19

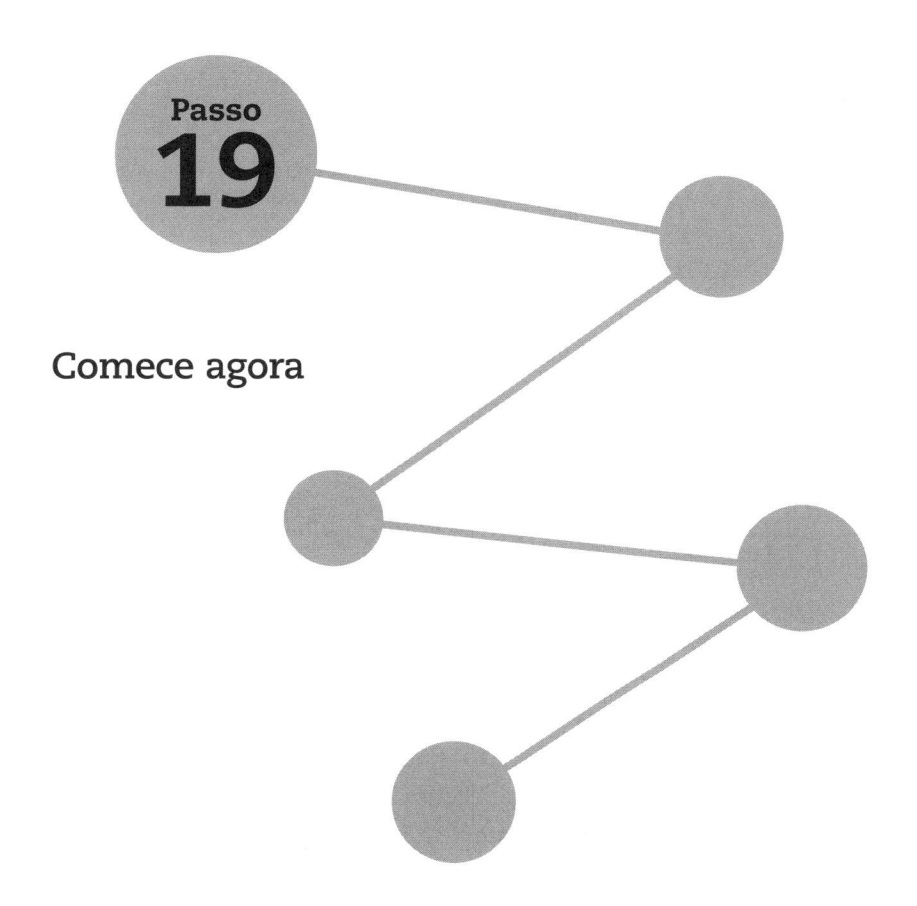

Comece agora

Eu olho para o tempo que passou
E sou tomado por arrependimento e remorso.
Estou consumido por culpa e vergonha.
Continuo pensando nos danos causados
E nos momentos perdidos
E me pergunto como posso recuperar tudo isso
E voltar no tempo.
Quero uma nova chance, uma transformação, outra oportunidade.
Mas isso que me esqueço —
Mesmo se eu recuperasse todos esses momentos,
Eu e você ainda seríamos os mesmos,
Porque o que nos torna novos agora são todos esses momentos
até aqui.

> O que fez com que nos movêssemos em direção
> à sabedoria foi exatamente todo aquele tempo insensato, desperdiçado.
> Eu não poderia me tornar isso sem aquilo,
> E isso é o que falho em perceber —
> que eu era exatamente quem precisava ser lá atrás
> Para me tornar quem eu sou agora.
> Sem aquilo, não haveria este momento.
> Portanto, estou exatamente no lugar certo, aqui mesmo.
> É chamado de *agora*.

Não há um único pai ou mãe que eu tenha conhecido que não gostaria de voltar no tempo e ter a chance de criar seu filho novamente com toda a experiência que têm no presente. Eu com certeza gostaria. Se pudesse ser mãe da minha filha, Maia, com essa consciência, seria muito melhor como mãe. Seria o tipo de mãe que sempre desejei ser. Aqui está a pegadinha: não podemos voltar no tempo. Sabe por quê? Porque quem somos agora surgiu exatamente por causa de todas as nossas experiências, nossos erros e pontos cegos. Não existe "isso" sem "aquilo". Está tudo ligado de forma intrínseca.

Todos nós já ficamos presos em uma obsessão pelo passado, achando difícil resolver as coisas em nossas mentes e realmente seguir em frente de forma transformada. Essa é uma obsessão que nos impede de viver o momento presente, um dos principais ingredientes para a criação dos filhos. Nossos pensamentos obsessivos assumem a forma de três padrões específicos: culpa, repreensão e arrependimento. Quando nos envolvemos com esses padrões, nos apegamos ao que passou, remoendo o passado repetidas vezes. Nossas mentes simplesmente não conseguem se libertar do que aconteceu no passado. Ficamos obcecados com o modo como as coisas "não deveriam" ter sido.

A culpa é sempre direcionada a *nós* mesmos e diz: "*Eu* não deveria ter feito isso!"

A repreensão é sempre direcionada ao *outro* e diz: "*Você* não deveria ter feito isso!"

O arrependimento é direcionado ao *passado* e diz: "*Isso* não deveria ter acontecido dessa forma!"

Em cada um desses três padrões, nos mantemos presos em um estado de infelicidade e vergonha não resolvido. Permanecemos resistentes e em constante turbulência por não termos nos comportado como deveríamos ou por não termos alcançado os ideais que tínhamos. Essa preocupação nos impede de adentrar o momento presente. Nossos filhos percebem isso e sentem a desconexão. Vamos analisar cada um desses padrões — culpa, repreensão e arrependimento — para entender como eles nos impedem de viver o presente com nossos filhos.

Culpa. Vamos começar com a culpa. Quando estamos presos na autodepreciação e na culpa, parecemos estar arrependidos. E nossa preocupação com a culpa nos mantém fixados no nível superficial. Podemos dizer para nós mesmos ou para aqueles que magoamos que "não deveríamos" ter feito o que fizemos e que "deveríamos" ter agido melhor. Essa repetição mental nos dá, e aos que estão ao nosso redor, a ilusão de que vamos sofrer uma transformação. No entanto, a questão da transformação interior é que ela não acontece enquanto resistimos ao que somos e ao que fizemos. Dizer "eu não deveria ter" ou "eu deveria ter" é apenas a camada superficial da percepção de que precisamos. Por si só, dizer essas palavras cria apenas uma ilusão de transformação. Se ficarmos presos aqui, permaneceremos circulando a estagnação.

Qual é o caminho para a frente? É entender como esse tipo de pensamento de "deveria ter" e autoacusação surge de um narcisismo oculto, um que acredita que deveríamos ter sido mais habilidosos emocionalmente do que somos realmente capazes de ser. Então, quando agimos de maneiras inadequadas, dizemos para nós mesmos: "Eu não deveria ter feito isso."

No entanto, quando não temos ilusões de grandeza sobre quem somos emocional e psicologicamente, dizemos coisas completamente diferentes para nós mesmos. Podemos dizer: "Eu me comportei exatamente como deveria. Esse comportamento refletiu minhas feridas internas e minha necessidade de cura. Negar o lugar onde estou de verdade me impede de abraçar por inteiro as sombras dentro de mim." Você vê como a culpa é na verdade narcisismo oculto em algum nível nos impedindo de fazer o nosso trabalho interno de verdade para descobrir o cerne de nossas reações inconscientes?

Quando paramos de nos sentir culpados pelo modo como nos comportamos com nossos filhos no passado, aceitamos nossa energia sombria e nos responsabilizamos por nossas ações no presente. Não continuamos a nadar em círculos de culpa, mas usamos os dados que temos para nos transformar de dentro para fora.

Repreensão. Agora vamos falar sobre repreensão. Ela opera no mesmo nível de resistência que a culpa, mas a culpa agora é direcionada ao outro. Enquanto vemos alguém — especialmente nossos filhos — como a causa da nossa reatividade, não vamos olhar para dentro de nós mesmos e assumir nossas próprias sombras. Vamos manter nossa consciência presa ao nível superficial dizendo coisas como "Eu nunca teria gritado daquele jeito se *ela* não tivesse dito aquilo" ou "Eu não teria perdido a paciência se *ele* não tivesse feito aquilo". Esses pensamentos, assim como nossos pensamentos baseados na culpa, surgem de um narcisismo de superioridade que nos consola dizendo: "Eu nunca teria me comportado dessa forma se o *outro* não tivesse feito o que fez." Consegue ver como usamos essa tática para evitar olhar mais profundamente para nós mesmos?

Arrependimento. Vamos falar sobre arrependimento. Basicamente, o arrependimento diz o seguinte: "A vida não deveria ter acontecido do jeito que aconteceu." Quando resistimos à própria vida, ficamos presos na ideia de que, se nossa vida tivesse sido diferente, nós teríamos sido diferentes.

Consegue ver como esses padrões de pensamento nos impedem de nos apropriar de nossa vivência interna? Dessa forma, as três reações, culpa, repreensão e arrependimento, nos impedem de reconhecer e assumir plenamente nossa realidade emocional e psicológica, incluindo seus elementos sombrios. Somente quando assumimos essas partes não resolvidas e não curadas de nós mesmos é que podemos libertar as formas como fomos inconscientes do passado. Então, podemos adentrar o presente com nossos filhos com a sensação de vigor e transformação.

No momento em que justificamos nossa vivência interna como acontecendo por causa de "alguma coisa", mesmo que essa coisa seja nossa falta de perfeição, continuamos presos nesse nível. A dura verdade é que nossa experiência foi o que foi porque aquele era o nosso estado interno. A raiva ocorreu porque havia raiva dentro, o ódio porque havia ódio, e o amor porque havia amor. No momento em que você adiciona um "porquê", você desvia todo o estado de ser e presume que foi reativo em vez de causativo. Nossa experiência interna é o que cria a reação, nunca a situação externa. Quando entendemos essa verdade, podemos começar a transformar toda a nossa realidade. Reparações na parentalidade começam com um reconhecimento brutal de todas as maneiras como magoamos nossos filhos sem procurar o verdadeiro motivo. No fim, existe apenas uma razão: nossas próprias feridas não resolvidas. Ponto final. Quanto mais feridas, mais frequentemente reagimos de forma agressiva. Quanto menos feridas, menos reagimos de forma agressiva.

Nossos filhos evocam e provocam nossa vivência interna por intermédio do que fazem e dizem. No entanto, eles não criam essa experiência interna. Nossos mundos internos já estavam lá quando nossos filhos chegaram. Aceitar esse fato é fundamental para podermos assumir nossa bagagem de parentalidade no momento presente. Tomar consciência de como nossos padrões de pensamento de culpa, repreensão e arrependimento nos mantêm presos no passado é crucial para nos deslocarmos para o presente. À medida que rompemos com esses padrões, criamos uma nova consciência de nós mesmos no presente. Podemos começar a aceitar como nosso passado nos ajudou a criar a pessoa que nos tornamos agora. Quando aceitamos essa realidade, podemos realmente apreciar o quanto nossa inconsciência do passado tem sido positiva em termos de influenciar nosso estado atual de consciência.

É natural que, em algum nível, desejemos nunca ter tido momentos de inconsciência. Novamente, temos de lembrar que achar que sempre deveríamos ter sido tão evoluídos não é apenas ingênuo, mas também ilusório. Isso subestima o poder furioso dos nossos egos. Em vez de desejar que não tivéssemos sido tão inconscientes, vamos celebrar os momentos sombrios dos nossos egos como os chamados para o despertar de que precisávamos para interromper nossos velhos padrões e colocar outros em movimento, novos e conscientes. Honrar nossos momentos de inconsciência nos ajuda a fazer as pazes com eles e aprender com eles. Em vez de resistir, somos gratos pelo papel que cumpriram em nos ajudar a enxergar nosso ego. Podemos olhar para esses momentos e experimentar uma sensação de paz e resolução. Cada um de nós pode começar a entender esses momentos do passado de forma diferente:

> Aquela vez em que gritei com meus filhos me ajudou a perceber meu ego.
> Aquela vez em que chorei de exaustão me ajudou a perceber meu ego.
> Aquela vez em que agi exatamente como minha mãe me ajudou a perceber meu ego.
> Aquela vez em que chamei meus filhos de "malcriados" me ajudou a perceber meu ego.
> Aquela vez em que ignorei meus filhos me ajudou a perceber meu ego.

Aquela vez em que meus filhos disseram que me odiavam me ajudou a perceber meu ego.

Aquela vez em que meu filho tirou nota baixa em uma prova me ajudou a perceber meu ego.

Aquela vez em que senti que estava falhando como pai/mãe me ajudou a perceber meu ego.

Entende o que quero dizer? Nossos erros são precisamente a ferramenta que temos para nos despertar. Se não assumirmos nossos fracassos, como poderemos enxergar nossas feridas quando olhamos no espelho? Claro, estar ciente das nossas falhas nunca é fácil. Como diz o ditado, "a ignorância é uma bênção". Romper com a ignorância dói e machuca. Fere-nos e nos espeta. Claro que sim, a consciência tem espinhos. Ela quebra as cascas dos nossos egos. Se não está nos rachando, é porque a casca do nosso ego não está se rompendo.

Veja, todo o processo de despertar envolve um confronto desconfortável com a verdade do nosso ego. A transformação só ocorre por meio do surgimento dessa verdade. Os dois caminham juntos. Portanto, o único momento digno de consideração é o momento presente. O que aconteceu antes já não está aqui. Seu único propósito foi nos trazer ao momento presente. Ponto.

A sabedoria que está dentro de você agora surgiu a partir dos seus momentos mais sombrios. Ela não surgiu de repente em sua consciência. Ela evoluiu ao longo de muitos anos. É bem provável que, quanto mais sombrios tiverem sido seus momentos, maior será sua sabedoria. Sei que na minha vida grande parte da minha sabedoria nasceu diretamente das brasas ardentes da minha dor. Desejar ser sábio sem nenhuma dificuldade é ingênuo e ilusório. Eles caminham juntos, de mãos dadas. Por exemplo, um ex-alcoólatra que agora está sóbrio e mais sábio ficou assim depois de um processo intensamente doloroso de abstinência e da interrupção de padrões antigos. A tortura envolvida nesse processo é inimaginável. Agora, do outro lado do buraco do inferno, essa pessoa talvez sinta arrependimento e remorso pelo que fez aos outros. Embora experimentar esses sentimentos seja natural, ficar preso a eles nunca é sábio porque essa simplesmente não é mais a mesma pessoa. A pessoa que um dia foi um alcoólatra simplesmente não existe mais.

À medida que nos tornamos cada vez mais evoluídos, partes antigas de nós morrem e partes mais conscientes nascem. Olhar para trás, a partir desse novo lugar de consciência, para quem costumávamos ser é uma armadilha.

Agimos como se fosse a mesma pessoa olhando para trás, mas não é verdade. Aquela velha pessoa não existe mais. Compreender esse fato é crucial se quisermos seguir em frente com nossas vidas com vitalidade e renovação. Se não conseguirmos "entender" isso, nos enterraremos vivos com a culpa e a vergonha por tudo o que deixamos de ser como pais. Você pode dizer a si mesmo:

> *Eu sou quem sou por causa de quem eu era. Não posso negar minha história nem meu passado. Eles me tornaram quem eu sou hoje, e vou me manter forte e orgulhoso diante disso. Vou usar minhas dificuldades para desenvolver compaixão por mim e pelos outros. Vou usar minha dor para criar alegria para mim e para os outros. Vou parar de viver em arrependimento por tudo o que não fui e, em vez disso, abraçar tudo o que me tornei agora.*

Sempre lembro a mim mesma e aos meus clientes que o único momento relevante é aquele em que estamos aqui e agora. Neste momento, podemos reescrever nossas narrativas e começar de novo. Este momento, no presente, é novo, e podemos começar mais uma vez. O passado já não está aqui e, mesmo quando nos lembramos dele, está contaminado pelo tempo e por memórias imprecisas. Nunca vamos lembrar do passado exatamente como aconteceu. Por esse motivo, não há sentido em regurgitá-lo repetidamente. O passado é relevante exclusivamente por como ele influencia nosso presente. Então, a pergunta que devemos nos fazer é a seguinte: Meu passado pode me influenciar de forma positiva agora? Se a resposta for sim, a maneira para isso acontecer é entrarmos no agora com total proclamação, declaração e reabilitação. Precisamos gritar a plenos pulmões: "Estou aqui, este é o agora, e estou pronto para começar de novo."

Da mesma forma, todas as nossas preocupações com o amanhã são igualmente prejudiciais ao nosso estado de ser. Todos os nossos "e se" nos impedem de aceitar o "que" acontecendo bem diante de nós. Redirecionar nossos pensamentos do passado ou futuro para o momento presente é fundamental.

Há tanto que podemos fazer neste momento se aplicarmos nossa presença plena. Não importa se nossos filhos já estão crescidos e foram embora, ou se eles ainda são bebês em casa, nunca é tarde demais para recomeçar, nunca é tarde demais para demonstrar amor ou pedir desculpas. E certamente nunca é tarde demais para se conectar com nossos filhos como eles estão neste momento presente. O momento presente está repleto de oportunidades e convites — tudo o que precisamos fazer é enxergar dessa forma. Não precisamos esperar por algum momento perfeito no futuro para mudar nossas vidas. Começamos com um pequeno passo, depois outro e mais outro. É assim que o momento presente se torna o canal de nascimento de um novo amanhã.

Quando a voz da culpa, da repreensão ou do arrependimento vier à tona, lembre-se de ter compaixão por si mesmo. Ensine a si mesmo a se libertar do julgamento sobre quem você costumava ser e, em vez disso, volte-se gentilmente para quem você é agora. Veja-se através dos olhos bondosos do perdão compreendendo que você foi vítima das circunstâncias e que, naquela época, simplesmente não sabia o que não sabia. Dar a si mesmo o benefício da dúvida — acreditar que teria sido mais consciente se tivesse recebido as ferramentas certas — permite que você seja um pouco mais tolerante e amoroso consigo mesmo.

Com essa abordagem à vida, você pode ver os erros do seu passado inconsciente como uma mina de ouro em vez de uma mina de explosivos. Você pode transformar seu ego em essência e seus erros em joias. Não importa a sua idade ou a de seus filhos, você pode começar um novo caminho no momento presente. O que aconteceu no passado não está aqui agora, então você pode recomeçar. Há muito que você pode curar e transformar ao se apresentar para seus filhos de uma nova maneira no agora. Lembre-se, a consciência não é um destino, mas um processo com muitas reviravoltas. Quanto mais curvas, maior o potencial para o despertar e a transformação. Condenar nossa jornada de vida por ter curvas é subestimar o seu valor. Em vez disso, vamos celebrar essas curvas, pois elas nos tornaram quem somos hoje — seres humanos muito mais curados, sábios e compassivos.

O processo de evolução envolve passar por grandes períodos de inconsciência para chegar à consciência. Não se pode chegar à consciência sem dor e esforço. O Buda sentou-se sob a árvore de Bodhi por anos seguidos para alcançar o que eventualmente alcançou. Ele lutou por sua sabedoria. Houve dor envolvida. Nada vem do nada. Tudo vem de alguma coisa. Assim é com a sabedoria: ela surge das trevas da nossa inconsciência. Pedir que não haja inconsciência é como pedir que não haja calor do sol ou ondas no oceano. Tudo está interligado como um só. Não há separação. Tudo é um.

Aprender a estar no momento presente é a lição mais valiosa da parentalidade. Quando você recomeça, e então de novo e de novo, você se liberta de tudo o que foi e começa a abraçar tudo o que está bem diante de você.

Seus filhos não precisam da sua culpa, repreensão ou arrependimento. Eles só precisam que você seja um ser humano disposto a se esforçar para transformar o relacionamento com eles. Seus filhos precisam de você como você é, no momento presente, comum, falível e autêntico. As crianças não precisam de "pais" tanto quanto precisam de seres humanos dispostos a trabalhar na cura de tudo o que está quebrado dentro de si. Quando você apresenta a seus filhos o presente de sua consciência transformada, você dá a eles o maior tesouro de todos: sua própria cura. Não há brinquedo ou engenhoca que possa rivalizar com o presente de sua consciência em evolução, pois isso é o que abrirá as jaulas de suas almas e as libertará.

COLOCANDO EM PRÁTICA

Entrar no momento presente não é apenas uma prática, é um estilo de vida. É a forma mais poderosa de viver a vida. Se não vivermos no presente, vamos girar de forma incessante nas tempestades de um ontem que já passou e no horizonte de um amanhã desconhecido. Quando quero fortalecer minha prática do agora, literalmente configuro meu alarme para intervalos de uma hora para me lembrar de "entrar no agora". O alarme me desperta para que eu fique presente no que está acontecendo aqui e agora, trazendo-me de volta de onde quer que minha mente tenha vagado.

Essa prática tem sido transformadora para mim, especialmente nos momentos de gatilho com minha filha. Cada vez que sou provocada, posso me perguntar: "O que está me causando ansiedade neste momento?" E muitas vezes, a resposta é "Nada". Experimente. Pergunte a si mesmo: "Por que esse momento está causando angústia?" E na maioria das vezes você vai descobrir que há pouquíssimas razões para isso. Sabe por quê? A razão é que ou a "coisa ruim" já aconteceu ou imaginamos que vai acontecer no futuro. Se estamos vivos, o momento presente é quase sempre exatamente como deveria ser. A nossa resistência à sua natureza "como é" é que é o problema. Se nosso filho tirou uma nota baixa, então resistimos ao fato de que isso já aconteceu, ou nossa imaginação nos leva a um futuro assustador. No entanto, no momento presente, nada realmente aconteceu. Entende o que quero dizer?

Perguntar a nós mesmos "O agora é realmente terrível?" é uma maneira maravilhosa de perceber que ele raramente é. Quando conseguimos ver que está tudo bem com o agora, embora ele às vezes seja desafiador, podemos entrar em um estado de gratidão e entrega. Esses dois elementos combinados têm o poderoso efeito de proporcionar paz e alegria. Experimente se fazer essa pergunta e descobrirá a magia do agora.

Passo 20

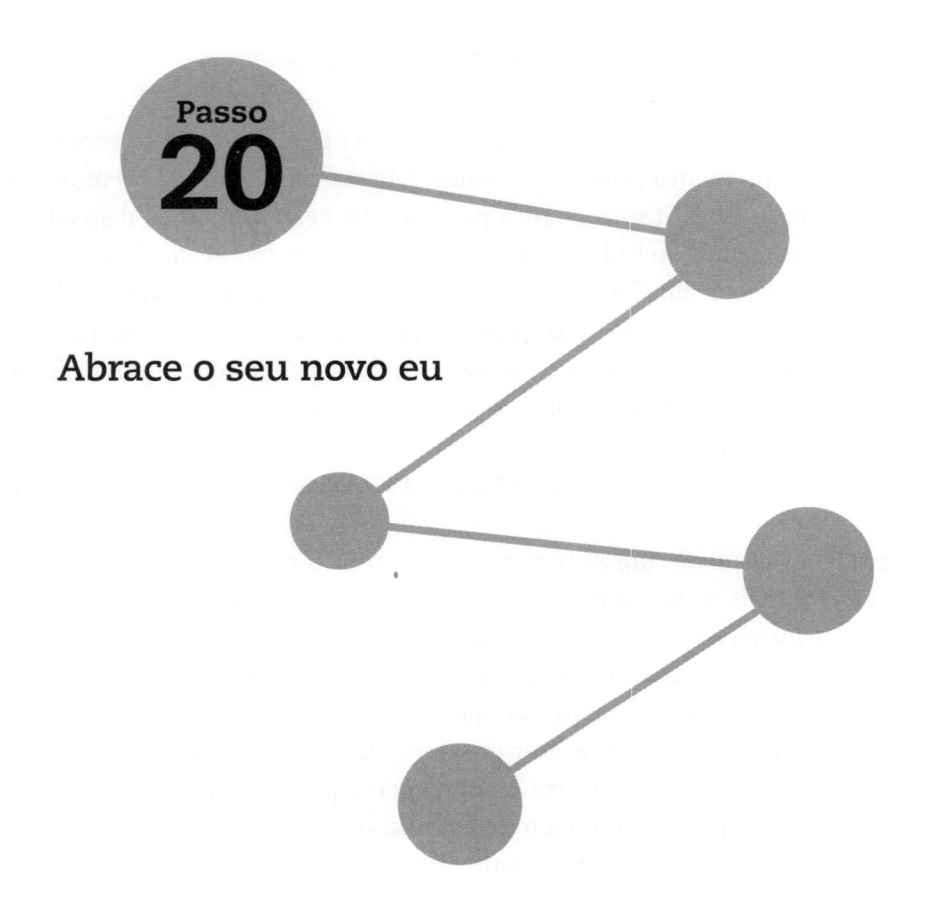

Abrace o seu novo eu

Como se sente?
Ao finalmente trocar de pele
E suas máscaras finalmente caírem?
Ao ter padrões interrompidos
E o ego domado?
Deve parecer estranho e desconhecido,
Solitário e bizarro,
De repente estar em uma nova consciência, mente e coração.
Não há palavras para expressar essa alegria, não é?
A libertação interior é, afinal, indescritível.
Só pode ser vivenciada por aqueles que percorreram este caminho, como você fez.

Você conseguiu alcançar o último passo! Você chegou. Vamos fazer uma pausa, pois este é um ponto importante. Você chegou a um novo limiar. Como está se sentindo? Sente-se como se fosse uma pessoa completamente nova? Se sim, quero dar boas-vindas ao seu novo eu!

"Acordar" nunca é um processo confortável. Envolve abrir os olhos para uma nova maneira de se ver e ver seus filhos. É algo especialmente difícil se você esteve adormecido por muitas décadas. Quanto mais tempo você esteve adormecido, mais desconfortável é o processo de despertar. Antes, você talvez acreditasse prontamente nas coisas; agora, está questionando cada coisa que pensa, vê ou percebe. Tenho esperança de que esteja vendo as coisas como realmente são pela primeira vez na vida. Isso pode ser uma experiência muito desorientadora e confusa.

Meu momento mais profundo de despertar como mãe foi quando tive a epifania de que nosso paradigma de criação moderno era baseado no ego. Aquele momento de compreensão foi chocante. Eu acreditava que criávamos nossos filhos movidos pelo altruísmo. E embora a criação em si possa ser um ato de altruísmo, a maneira como criamos nossos filhos muitas vezes está enraizada no egoísmo. Assim que essa consciência atingiu minha mente, tudo mudou para mim. Depois daquele momento, toda a fachada da criação de filhos foi despedaçada. Eu vi não apenas meu próprio ego na minha criação, mas também o ego em todos os outros pais e mães. Eu queria gritar bem alto: "Vocês estão vendo seus egos? Eu vejo! Aqui está o seu ego! E aqui está o seu!" Mas ninguém estava realmente prestando atenção. Eu me sentia como se estivesse falando com o vento.

Então passei por um período intenso de me sentir completamente à deriva, como se estivesse flutuando com essa nova consciência e vendo todos que conhecia, inclusive eu mesma, com olhos completamente diferentes. Quem eu era? Quem era qualquer pessoa que eu pensava conhecer? Ninguém e nada pareciam iguais. Em todos os lugares que olhava, via ego, ego, ego. Foi uma experiência muito estranha de fato!

Eu chamo esse lugar na jornada de "terra de ninguém". É onde você sente como se tivesse morrido. Veja bem, de certa forma, nós morremos nesse ponto; nossos egos morreram. Quando chegamos aqui, absolutamente nada se assemelha ao que era antes. É como se fôssemos alienígenas vivendo no planeta mais estranho.

No entanto, a jornada não termina por aqui. Essa consciência se expande para tudo ao nosso redor. Eu não apenas vi o ego em mim mesmo e em meus entes queridos, mas também nas instituições e processos ao meu redor: escolas, política, negócios — tudo. E, é claro, quanto mais ego eu via, mais dor também percebia. Essa experiência era confusa porque, por um lado, os egos evidentes me causavam repulsa e, por outro lado, a dor por trás deles partia meu coração. Conforme eu deixava de lado minha raiva e repulsa por nossos egos insaciáveis, conseguia me concentrar nas feridas por trás das nossas máscaras. Minha compaixão pela humanidade aumentou exponencialmente, assim como meu desejo de agir a partir dela. Essa é a razão pela qual faço o meu trabalho e escrevo livros como este. Minha grande paixão agora é ajudar os outros a despertarem e se libertarem de seus véus da ignorância e da inconsciência.

Se você se sente dessa mesma forma, saiba que não está sozinho. Embora essa jornada possa parecer solitária, a verdade é que muitos outros estão nela com você. Só é preciso encontrá-los. Conforme você continua a se livrar de suas máscaras de ego, você irá se aproximar daqueles que possuem uma consciência semelhante e se afastará daqueles que não têm. Haverá aqueles que se sentirão traídos pelo seu crescimento, como se você os tivesse abandonado e os deixado para trás. Enfrentar a ira dos que são ofuscados por seu avanço é uma experiência comum para os que evoluem em um ritmo mais rápido do que as pessoas ao redor. Se isso acontecer com você, fique tranquilo, isso não quer dizer que você deve parar de evoluir. Pelo contrário, deve continuar avançando. Sua próxima tribo está esperando por você. Mas é preciso continuar caminhando em direção a eles.

A parentalidade consciente muitas vezes é uma jornada extremamente solitária. Como a maioria das pessoas ao seu redor foi criada no paradigma tradicional e comportamental da raiva, culpa, vergonha e medo, suas novas abordagens podem ser desprezadas e desdenhadas. Essas respostas dos outros podem ser desanimadoras, até mesmo aterrorizantes. Você pode começar a duvidar de si mesmo e ceder à pressão dos outros para ser mais "rígido". Peço que permaneça forte e firme. Lembre-se: esses comentários sobre controle e medo vêm do antigo paradigma.

Aqueles ao seu redor que defendem esses métodos tradicionais não estão sendo cruéis com você nem estão tentando pressioná-lo. Sua maneira de criar os filhos é tudo o que eles conhecem, e é baseada no condicionamento cultural predominante. Espere resistência e compreenda isso de forma compassiva. Essas abordagens mais conscientes da parentalidade podem assustar os outros. Eles rejeitam o que é desconhecido porque não foram criados de maneira compassiva. Talvez você os lembre de tudo o que nunca foi dado a eles. No entanto, é fundamental perceber que essa resistência não é contra você de forma pessoal. As pessoas não estão te atacando. Elas estão enfrentando seus próprios medos em relação ao que essa nova forma de criação desperta nelas. Em vez de reagir, você pode dizer: "Eu te entendo. Eu entendo porquê pensa assim. Você não precisa concordar com a minha abordagem, mas é ela que vou defender. Não preciso criar meu filho da maneira como fomos criados, com base no medo e no controle. Vou criar meu filho de uma maneira nova. Você pode concordar ou discordar. É sua escolha. Mas não vou abandonar meu caminho."

Muitos pais perguntam: "E se meu parceiro não acreditar na parentalidade consciente?"

Sempre respondo assim: "A parentalidade consciente requer apenas um dos pais. Embora dois ou muitos pais seja maravilhoso, mais de um não é necessário. Apenas um é suficiente para começar a transformação. Você precisa se tornar esse pai ou essa mãe para seu filho. É melhor ter um pai ou uma mãe consciente do que nenhum."

Muitos pais têm medo de "ir contra" seus parceiros porque fazê-lo parece uma traição. Sempre respondo assim: "Quando se trata de criar seus filhos, você precisa colocar o bem-estar deles acima das necessidades do seu casamento. Seu foco precisa estar na forma mais consciente de criar seus filhos, e não em como fazer seu cônjuge ser feliz com você." Aceitar essa ideia é muito difícil para alguns parceiros. Eu entendo o motivo, especialmente para as mulheres. Nós somos criadas para sermos boas esposas. Ganhamos um senso de identidade ao sermos obedientes e complacentes. Desviar dessas qualidades para desafiar nossos parceiros carrega muita carga emocional. Temos medo de ir contra a corrente. No entanto, quando se trata de nossos filhos, precisamos sair dessa zona de conforto e quebrar nossos padrões para estar presentes para os nossos filhos.

Outro ditado em que acreditamos erroneamente é que os pais precisam ter uma frente unida. Eu sempre digo: "Sim, isso é o que é: uma frente, uma fachada e uma aparência. Não precisamos estar unidos se nosso parceiro está inconsciente. Estar unidos nessa situação significaria perpetuar a inconsciência." É compreensível que os pais enfrentem dificuldades quando ambos os parceiros não estão na mesma página em relação à parentalidade. A falta de unidade com certeza torna tudo mais difícil. Mas isso não significa que devemos adotar a postura inconsciente do nosso parceiro apenas para ficarmos unidos. Isso não é evolução; é uma ligação pouco saudável. Tais parcerias não são boas para as almas dos nossos filhos. Nossos filhos se sairiam muito melhor como seres em evolução se vissem sua mãe se posicionando contra o abuso de seu pai e lutando pelo que é certo, em vez de se juntar ao marido e maltratá-los. Claro, a curto prazo, a discordância entre os pais pode causar confusão e ansiedade nas crianças. No entanto, a longo prazo, elas entenderão como combater o abuso e a inconsciência em vez de se submeterem passivamente a eles.

Muitas vezes, um dos pais que inicialmente se recusa a adotar essa abordagem pode, ao longo do tempo, começar a usar as técnicas que vê sendo eficazes com a criança. Quando fazemos o trabalho, o relacionamento entre pai, mãe e filho floresce e a dinâmica familiar é transformada. O pai ou a mãe que estava em desacordo provavelmente vai começar a mudar sua abordagem lentamente. Você pode perceber isso em uma conversa durante o jantar ou em uma carona para a escola. Todo pai ou mãe anseia por essa conexão, e aquele que inicialmente se recusou a olhar para si mesmo pode começar a fazê-lo de forma mais regular. O importante a lembrar é que cada um de nós muda em seu próprio tempo e quando estamos prontos. O pai ou a mãe que está pronto para adotar a parentalidade consciente precisa iniciar sua jornada, não importa em que ponto o outro pai ou mãe esteja.

Este caminho de evolução e crescimento consciente muitas vezes é solitário e isolado no início, à medida que você se afasta daqueles que já não se alinham mais com você, e existe a possibilidade de você entrar em um estado de desespero e medo. Talvez você incorpore uma atitude de niilismo, sentindo que nada mais vale a pena e que você pode muito bem desistir. Quero alertar que essa é a voz do seu ego falando. Seu ego quer que você pare de evoluir, entende? À medida que você cresce e se transforma, ouve cada vez mais sua própria essência. Você fazer isso é ameaçador não apenas para outras pessoas, mas também para o seu próprio ego. Ele tentará usar todas as artimanhas manipulativas possíveis para fazer você parar de crescer. Quanto mais você cresce, menos precisa do ego, entende? Seu ego pode tentar convencê-lo de que você é um traidor por deixar para trás suas antigas crenças, ou que tudo isso é bobagem e você deve parar, ou que a Dra. Shefali é líder de um culto que quer doutriná-lo, ou que tudo é sem sentido, então você pode muito bem desistir.

Não consigo contar o número de vezes que mulheres vieram até mim e disseram coisas como "Meu marido te odeia, ele me disse para não assistir mais aos seus vídeos" ou "Minha mãe acha que você me possuiu e está me hipnotizando!". Eu rio muito desses comentários porque entendo de onde eles vêm. Só posso imaginar o medo nos corações desses entes queridos ao se verem tirados de seus pedestais e banidos do controle tirânico que antes exerciam sobre os membros da família. Essas vozes podem aterrorizar, e seu ego pode tentar convencê-lo de que você será abandonado por todos eles se continuar nesse caminho. Seu ego tentará de todas as formas levá-lo de volta a um estado anterior de consciência para que possa manter o domínio de sua psique.

Meu ego ainda se manifesta constantemente. Ele sussurra para mim que sou uma péssima mulher indiana por ter me divorciado, uma mulher descarada por ousar conquistar tanto, e uma pessoa egoísta por viver a vida do meu jeito. Muitas vezes, meu ego consegue me puxar de volta para suas trincheiras tóxicas por alguns momentos. Felizmente, minha prática de meditação me ajuda a reconhecer que esses pensamentos vêm do ego, e consigo me recuperar rapidamente.

Se você está tendo pensamentos como os que descrevi, reconheça que eles estão vindo do ego. Você pode dizer gentilmente: "Querido Ego: sinta-se à vontade para ir se f***r. Você desempenhou um papel incrível na minha vida, mas superei você. Não preciso mais de você para me proteger porque curei minha criança interior. Minha criança interior não precisa mais de proteção porque finalmente cresceu. Estou finalmente pleno e saudável. Você está carinhosamente demitido. Por favor, deixe suas máscaras na porta, pois vou queimá-las."

É assustador pra caramba abandonar nossas máscaras do ego. Acredite em mim, eu sei. No meu livro *A Radical Awakening* (Um despertar radical), descrevo esse processo em todos os detalhes dolorosos. Para mim, pessoalmente, abandonar a máscara de Reparadora e Salvadora foi o mais difícil, pois esses papéis estavam enraizados em meu cérebro feminino indiano por quarenta e quatro anos. Finalmente, consegui me livrar dessa máscara e rasgá-la em pedaços. O resultado desse processo foi medo, com certeza, mas também uma sensação profunda de liberdade.

Enquanto você lê isso, qual máscara acha que será a última a ser queimada? Qual é a mais difícil de abandonar? Quais são seus medos em relação a libertá-la? Uma das principais razões pelas quais não entramos no canal de nascimento da transformação é que temos muito medo de não sermos amados ou de não receber aprovação do outro lado. Embora seja verdade que muitas pessoas que você conhecia possam ficar para trás, também é verdade que você irá conhecer muitas pessoas novas e com ideias semelhantes na sua jornada até o outro lado.

Eu sempre lembro meus clientes: "Seu desejo de evoluir precisa ser maior do que seu desejo de permanecer igual. Quando esse desejo de evoluir for maior, você vai confiar no desconhecido e se entregar. Permanecer igual precisa parecer insuportável. Só então você vai suportar abandonar o velho e a aceitar o novo."

Agora eu te pergunto: Seu desejo de evoluir é maior do que seu desejo de manter o *status quo*? Se a resposta for sim, você está no caminho certo. Dê um passo de cada vez. Não há pressa, não há urgência. Apenas continue avançando. E, à medida que avança, mantenha-se conectado com a voz do seu saber interior. Deixe que ela o guie para onde precisa ir. Ela vai dizer exatamente qual direção seguir. Siga. Siga em frente.

COLOCANDO EM PRÁTICA

Este é um estágio para abandonar o antigo e acolher o novo. Um exercício que costumo fazer com meus clientes nesse ponto é pedir que criem duas cestas, uma chamada "Eliminação" e outra chamada "Aceitação". E toda semana eles devem jogar todas as máscaras que estão abandonando na primeira cesta e colocar os novos jeitos de ser que estão sendo incorporados na segunda cesta. Depois de algumas semanas, eles processam tudo o que mudou dentro deles. Você pode experimentar esse exercício com um amigo para que possam se ajudar nesse processo de liberação e entrega.

Outro exercício poderoso é escrever cartas. Uma especialmente terapêutica é uma carta para o seu ego. Você pode agradecê-lo por todas as maneiras como ele te protegeu, mas dizer que agora está pronto para libertá-lo, pois superou isso. Igualmente terapêutico é escrever uma carta para seu novo eu, o verdadeiro!

Você está dando à luz um novo eu, e fazer isso requer coragem e sabedoria. Aplaudo sua chegada até aqui. A jornada está apenas começando. Seus passos se tornarão uma caminhada que se tornará uma corrida, e em breve você vai subir e voar. Enquanto sente o vento te levantar em um abraço fácil, verá sua vida de cima. Verá o mundo lá embaixo e lembrará dele com carinho. Mas a liberdade do ar àquela altura vai ser inebriante demais para ser deixada para trás. Você não pode voltar ao antigo; aquela parte de você foi libertada. Você não é a mesma pessoa que começou essa jornada. Abandone quem você foi e abrace o novo. Seus filhos estão prontos para se unir a você. Eles sempre estiveram. Estavam apenas esperando você retornar ao verdadeiro lar: você mesmo.

Bem-vindo ao seu novo mundo.

A parentalidade consciente não se trata apenas de criar filhos. Trata-se de criar a humanidade. Quando entendemos seus princípios profundos e poderosos, curamos não apenas nossas antigas feridas, mas as dos outros também. Esse é o extraordinário potencial restaurador desse trabalho: ele tem a capacidade de transformar o trauma em saúde.

Família após família testemunharam o poder da parentalidade consciente em suas vidas. Isso está se tornando, de forma lenta, mas certeira, o novo modelo de criação de filhos no mundo, e você agora faz parte da ascensão global da consciência parental. Sua aceitação desses ensinamentos é fundamental na disseminação deles pelo mundo — um pai ou mãe e uma criança de cada vez. Você é um embaixador dessa mensagem e um símbolo do seu poder de cura.

Quando você se torna um pai ou uma mãe consciente, se torna um defensor e um agente de transformação neste mundo. Dessa forma, todas as crianças são seus filhos, e todo ego é seu ego. Você se vê como parte de todos, interconectado e interdependente. Quando vê as coisas dessa forma, você incorpora a consciência não apenas para seus próprios filhos, mas também para todos com quem interage. Esse é o poder dessa abordagem: ela é um remédio universal para todas as dificuldades que enfrentamos.

O que você aprendeu neste livro será válido para todas as dificuldades da sua vida. Aplique esses princípios com coragem, pois eles são universais. Volte a estas páginas várias vezes, pois esses valores levam tempo para se enraizar em nós. Afinal, estamos tentando desfazer gerações de condicionamento.

Ao se comprometer com esse trabalho, você agora é a quebradora ou quebrador do ciclo na sua linhagem familiar. Esse padrão de inconsciência termina em você. É em você que os traumas da infância acabam. Você é o último portador dos legados egoicos de gerações passadas, o último detentor da humilhação que pode estar percorrendo a família há séculos. Finalmente, você chegou ao lugar onde pode abrir mão da vergonha e da dor, pois nunca foram suas para carregar. Finalmente, você chegou ao limiar de uma consciência poderosa, onde uma nova narrativa pode ser escrita. Sei que é assustador. Mas siga o aroma de consciência e nunca mais irá se perder. Pergunte a si mesmo em cada ponto de escolha: "O que a consciência me diz?" E então siga seu caminho. Ela nunca te levará para o caminho errado. As vozes do medo e da escassez vêm do ego. Lembre-se de discernir a diferença.

As páginas da sua vida agora foram renovadas; o passado foi apagado. Essas páginas estão novas e em branco aguardando a realidade mais gloriosa de todas: a revelação do seu eu autêntico. Elas estão esperando por *você*. É hora de incorporar o seu novo eu. Você está mais preparado do que nunca para começar. O momento é agora.

Nota da autora

Que jornada você percorreu, meu querido pai ou mãe.
Você revelou partes de si mesmo que estavam escondidas
E confrontou fragmentos da sua psique que o chocaram.
Você leu palavras que queimaram, perfuraram e o dilaceraram.
Ainda assim você não parou, não é mesmo?
Você continuou virando as páginas até finalmente chegar aqui
No limiar da morte do seu antigo eu,
Onde o nascimento de um novo eu o espera.
Agora você dará passos que nunca deu antes
E falará uma língua cujos sons nunca ouviu.
Você vai tropeçar no começo e quebrar alguns ossos.
Vai perder alguns amigos e arremessar algumas pedras.
Mas, no fim das contas, seu caminho o levará à beira do penhasco
Onde você irá olhar para trás e ver o quão longe chegou do seu passado.
E então vai olhar para a frente, para os céus adiante
E, com um sorriso nos lábios, dará um passo além da beira
Em direção a um horizonte desconhecido e selvagem.
Seus filhos vão assistir enquanto você alça voo
E eles vão se alegrar, pois sabem que essa libertação
Agora faz parte do destino deles também.
Saiba que seu propósito está agora completo,
Pois você cumpriu sua mais sagrada obrigação.
Ao libertar seus filhos para suas próprias experiências de vida,
Você se tornou o guardião da essência deles.
Não há mais nada a ser feito agora
Além de continuar avançando em direção a um brilho todo seu.

Agradecimentos

Maia, minha amada filha, é sempre a musa dos meus livros sobre criação de filhos. Foi sendo mãe dela que percorri a árdua jornada do ego à essência. Sem sua presença audaciosa e autêntica em minha vida, nenhum dos meus saberes como mãe teria sido revelado.

Gideon Weil, meu editor na HarperCollins e querido amigo, tem sido uma luz brilhante iluminando este livro desde o início. Ele acreditou em sua importância crucial e permitiu que ele florescesse livremente até sua concretização. É por causa da nossa paixão mútua pela criação consciente e pela vida que somos um time perfeito.

Ferzin Patel e Tina Daroowalla, minhas duas conselheiras leais, me acompanharam na angústia de escrever este livro do começo ao fim. As melhores torcedoras que uma mulher poderia pedir, elas me apoiaram em todas as minhas dúvidas até que eu chegasse ao outro lado. Sou muito grata por ter essas irmãs em uma missão juntas.

Jon Hyman, o pai e ser humano mais incrível que conheço, me ensinou sobre a vida, a matrix, e como desconstruí-la mais do que qualquer pessoa já fez. Ele é o professor dos professores, com certeza. Palavras de gratidão suficientes ainda não foram inventadas para expressar o quanto sua mente e seu ser elevaram minha existência e impregnaram toda a sabedoria que ensino.

Impressão e Acabamento:
LIS GRÁFICA E EDITORA LTDA.